# आदिवासी
# लोक-समाज

# आदिवासी लोक-समाज

## कुछ अनुभव, कुछ अनुभूति

नरेन्द्र

नमस्कार
बुक्स

प्रकाशक : **नमस्कार बुक्स**
भवन संख्या 2/42 (दूसरी मंजिल), अंसारी रोड, दरियागंज, नई दिल्ली–110002
 / संस्करण : प्रथम, 2022 /
ISBN 978-93-5571-838-9

**ADIVASI LOK-SAMAJ** *by* Shri Narendra
Published by **NAMASKAR BOOKS**
Building No. 2/42 (Second Floor), Ansari Road, Daryaganj, New Delhi-2

# प्राक्कथन

लगभग तैंतीस साल (1980-2013) बस्तर के आदिवासी समुदाय से संयोगवश मेरा नजदीकी जुड़ाव रहा। कुछ वर्ष रहना हुआ और कुछ वर्ष आना-जाना। बचपन का एक छोटा हिस्सा उत्तर भारत के मेरे पैतृक गाँव और ननिहाल में बीता। तत्पश्चात माँ-पिता संग शहरों में रहना हुआ, लेकिन गाँव आना जाना रहा। छियासठ साल पहले के गाँव आज के गाँवों से अलग होते थे। अनजाने में गाँव की छाप पड़ी। बरसों बाद वह बस्तर के अबुझमाड़ में बचपन का गाँव पुनः उभर आया।

सत्तर का दशक कई मायनों में वैचारिक, भावनात्मक और आध्यात्मिक उथल-पुथल का दौर था। हिंदुस्तानी ग्रामीण समाज अचानक काफी तेजी से बदल रहा था। यूँ तो कई कारण थे, लेकिन मूल में कहीं साठ के दशक की हरित क्रांति भी थी। व्यवस्थाएँ बदलीं तो सामाजिक दृष्टि, सोच भी बदली। स्वयं और अन्य को देखने-समझने के ढंग भी बदले। बोली से निकल लोग भाषा में आना शुरू हुए। मुहावरे, दैनिक गपशप और किस्से-कहानियों की जीवन-शैली दरकिनार हुई। नए समाज और नई सफलताओं के स्वप्न दिखने लगे। लोग नई-नई तरह की पहल कर रहे थे। शहरों में शिक्षित वर्ग पर 1968 के नक्सलवादी आंदोलन का भी असर पड़ा। जीवन, रहन-सहन और उनके परिप्रेक्ष्य आदि की समझ पर चोट पड़ी। अनेक युवा परिवार और पेशा छोड़ सामाजिक बदलाव में कूद पड़े। पीढ़ी नई थी और पुराना तेजी से टूट रहा था। मेरी पीढ़ी के लिए काफी उहापोह का वक्त था। जहाँ एक प्रकार का उन्माद दिखता वहीं गहरे में हाथ में ऐसा कुछ न था। आधुनिकता और उसकी विश्वदृष्टि में जहाँ अनेक राजनीतिक-सामाजिक प्रलोभन झलकते, वहीं आधुनिकता की असहिष्णुता और दृष्टि का कट्टरवाद उभर रहा था।

कॉलेज शिक्षा बीच में छोड़ 1976-77 में मैं श्री अरविंद आश्रम, पुदुचेरी,

पहुँचा। वहाँ से अगले चंद सालों में विनोबाजी के पवनार आश्रम, गांधीजी के सेवाग्राम आश्रम और चंबल के बीहड़ों में बागी समर्पण से जुड़ना हुआ। सन् 1979 में मेरा छत्तीसगढ़ (तत्कालीन मध्य प्रदेश) पहुँचना हुआ, तब पहली बार बस्तर जाना हुआ। तब तक बस्तर का न नाम सुना था न नक्शे पर मालूम था। न मैं किसी ऐसे मायने में 'आदिवासी' शब्द को समझता था। छत्तीसगढ़ के बिलासपुर, रायपुर और रायगढ़ आदि जिलों में कुछ आदिवासी गाँव में जरूर जाना हुआ था, लेकिन वे अन्य गाँवों से ऐसे अलग-थलग न थे। मोटी-मोटी वैसी ही घरों की बनावट, वेशभूषा, खेती, पशुपालन, मान्यताएँ, स्वास्थ्य विधियाँ, व्यवसाय और व्यस्तताएँ और बोली के सुर-ताल जब बस्तर जाना हुआ तो काफी अलग दिखा। एक स्थिरता और सन्नाटे का वहाँ अहसास हुआ, जैसे कि यह सब होकर भी बस्तर कहीं अभी भी थमा-सा है, यद्यपि चलने को तैयार। तब देखा कि गांधीजी और आदिवासी के सहज प्राकृत जीवन में गहरे तारतम्य हैं यद्यपि न उन्होंने गांधीजी का नाम सुना था न गांधीजी कभी बस्तर गए, लेकिन इतने गहरे तारतम्य। यूँ तो खासकर उनके 'स्वराज' की परिकल्पना बस्तर में दिखती है, लेकिन वह वहाँ के अबुझमाड़ में सर्वाधिक दिखी। इतनी मुल्क के अन्य हिस्सों में न दिखी थी। विनोबा का वैराग्य अबुझमाड़ में समझ आने लगा। चंबल के बीहड़ों का सन्नाटा घोर वन से कोई ऐसा अलग न था। सन्नाटे, फैलाव और वीरान; उनसे निकली बोली, वास्तुकला, जीवन-शैली सब जगह एक सरीखी होती हैं।

सन् 1980 में मैं बस्तर के अबुझमाड़ पहुँचा। अबुझमाड़ सेंटर फॉर दी स्टडी ऑफ डेवलपिंग सोसाइटीज (दिल्ली) के एक पंचवर्षीय रिसर्च कार्यक्रम के तहत जाना हुआ। सरकारी प्रतिबंध के रहते आवश्यक मंजूरी ले ली गई थी।

अबुझमाड़, यानी 'माड़' (पहाड़ी इलाका) जो 'अबुझ' है, किसी पहेली जैसे। ये नाम बाहरी लोगों का दिया है। नितांत प्राचीन। अबुझमाड़िया बिना बाहरी उपस्थिति या हस्तक्षेप के यूँ ही रह पाएँ, जैसे हजारों साल से रहते आए हैं तो सन् 1932 में अंग्रेज कमिश्नर ग्रिगसन ने वहाँ बाहरी व्यक्ति के जाने या रहने पर प्रतिबंध लगा दिया था। यूँ तो पहले से ही कोई बाहरी आदमी न जाता था। बीहड़ और अबुझ प्रकृति से बड़ा शायद कोई प्रतिबंध न हो। अबुझमाड़िया घने वनों में बाँस और घास के छोटे झोंपड़ों में रहते। निर्जन और स्थिर वन इतना घना कि कई जगह सूरज बरसों नहीं पहुँच पाता। अनेक प्रकार की छाया-माया और ढुल-मुल आकृतियों के खेल खेलता; जादुई-सा। बिना उसके जादुईपन उसकी बात न हो पाएगी; सामाजिक

विज्ञान की भाषा में तो न हो पाएगी। उसकी तोड़-मरोड़ से मिथ्या अर्थ बनेंगे। उसकी बात तो उसी की शर्तों पर हो सकती है। अपने विस्तार, वीराने और आपसी रिश्ते लिये, दिल्ली से मात्र 60 किलोमीटर दूर, मेरे बचपन का गाँव भी कुछ ऐसा था। 1980-85 तक अबुझमाड़ में रहते, मैंने पाया कि वहाँ वह नहीं है, जिसे समाज कहते हैं। उसे बिरादरी कहा जाए। केवल मानव ही नहीं, सबकी लगभग बराबर और मिली-जुली बिरादरी। वनस्पति, मनुष्य, पशु, पुरखे, देवी, देवता, अंतरिक्ष, स्थूल और सूक्ष्म की समानांतर उपस्थिति, उससे बने तारतम्य और फासले, दैनिक जीवन की एक अहस्ताक्षेपित-सी लय और गति (या गतिहीनता), इसलिए वहाँ के गाँवों को भी गाँव न कहा जाए। औसतन 3-4 झोंपड़ों को गाँव न कहा जाए। वे बस यूँ ही रहते हैं, जैसे अलग-अलग पेड़, जंगली पशु, पहाड़ और अन्य। गाँव होने के लिए कुछ व्यस्तताएँ चाहिए, कुछ कार्य हों, जैसे कि खेती, पशु-पालन, बुनाई, लुहारी, बढ़ईगिरी आदि। इनसे एक व्यवस्था बनती है, जिसे गाँव कहा जाता है। अबुझमाड़ की व्यस्तताएँ नहीं हैं। लोग खेती, पशुपालन, बुनाई, लुहारी, बढ़ईगिरी आदि नहीं जानते। हालाँकि लोग कार्य नहीं करते, न ही जानते, न कोई जीविका न व्यवसाय, लेकिन फिर भी पिछले सौ साल की स्मृति में भुखमरी सुनने में न आई। न अपराध, न हिंसा। गिनती पाँच तक। शब्दावली कोई तीन सौ शब्दों की। मौन की संस्कृति। संप्रेषण भरपूर। गिनती और भाषा को लेकर लोग कहते कि 'हमें इस से अधिक न चाहिए।'

समय बीतता गया तो पाया कि बचपन के मेरे अपने गाँव में—मुल्क के हर अन्य गाँवों की तरह—और अबुझमाड़ के दैनिक जीवन के सुर-ताल, लय और गति में एक अदृष्ट समानता दिखी। जीवन के प्रति लगभग एक-सा ही रुख।

यह पुस्तक मेरे बचपन के गाँव और बस्तर, यानी आदिवासी और गैर आदिवासी, एक-दूजे से सैकड़ों मील दूर होकर भी उनके तारत्मयों की है, जो साझा थे। समाज और बिरादरी होकर भी बहुत सी मूलभूत समानताएँ लिए थे। दृष्टि और भाव उन्हें एक करते थे। उनमें आदिवासी, गैर आदिवासी जैसे नस्ल आदि पर आधारित कृत्रिम और सतही विभाजन न थे। ऐसे विभाजन आधुनिक ज्ञान उत्पादन, सामाजिक विज्ञान और उसके आधुनिक समाज की देन हैं। तालमेल, तारतम्य, बंदोबस्त, दैनिक जीवन और भिन्न बोलियों की सहज सुलभ रफ्तार अलग होकर भी एक जैसे थे। प्रकृति से भी सहज साझापन था। न अबुझमाड़ ने न मेरे बचपन के गाँव ने उस पर विजय पानी थी। जीवन की सहज गतिहीनता उन्हें एक धरातल पर ला खड़ा करती। ऐसा साझापन, तीव्र

गति, विशाल पैमाने और भीमकाय आकार पर टिकी आधुनिकता में न दिखा। यहीं वह पुराने समाजों से अलग हो रही। आधुनिकता ने अपना मुहावरा गढ़ा; वह राजतंत्र के मुहावरे से अलग नहीं है। पिछले तीन दशकों से मेरा गाँव आधुनिकता के चलन में आ रहा। सो अबुझमाड़ से वैसा साझापन अब नहीं है।

वहाँ पहुँचने के चंद महीनों में ही जाहिर होने लगा था यहाँ शोध कार्यक्रम न चल पाएगा। यहाँ का बोध कहीं बहुत भिन्न है; उसे शायद बोध भी न कहा जाए; वह अपने न होने में है। सामाजिक विज्ञान की पहुँच वहाँ तक नहीं है, न ही उसके बोध की। उलटे, यहाँ के परिप्रेक्ष्य में हमें अपने समाज का अध्ययन करने का सुयोग है; हम कहाँ आन पहुँचे। जो हम सरीखा न था, हमने उस सब को मिटा अपने जैसा बना डाला; कभी रुढ़िवादिता के नाम पर तो कभी प्रगतिशीलता के। पाँच-छह माह में ही शोध में रुचि घट कर समाप्त हो चली। अपने को जानने के लिए अबुझमाड़ को उसकी शर्तों पर देखना जरूरी हो गया।

क्योंकि उपरोक्त शासकीय प्रतिबंध के रहते मंजूरी पाँच साल की ही थी तो 1985 में अबुझमाड़ से निकल, मैं वहाँ से सटे इलाकों में आकर रहा। उसके परिप्रेक्ष्य में स्वयं अपने समाज को जानने का मूल विषय चलता रहा। दिल्ली और अन्य जगहों पर आना-जाना होता रहा। बस्तर से लंबे समय गायब रहना भी होता रहा, लेकिन गहरे हृदय में अबुझमाड़ बना रहा। आज भी वैसा ही है। यह पुस्तक उसी का परिणाम है। माओवादियों, रामकृष्ण आश्रम  और आधुनिकता की अन्य ताकतों के चलते सन् 2013 में बस्तर से सदैव के लिए निकल मैं वापस आ रहा। जगहें निर्जीव नहीं होतीं। उनके अपने स्वभाव और मिजाज होते हैं, पसंद और नापसंद होती हैं। यह केवल जीव का गुण-अवगुण नहीं है। समय आने पर जगहें बुलाती हैं, फिर एक दिन विदा कर देती हैं, तब दोनों ओर से न कोई पश्चात्ताप, न खेद, न विलाप।

अबुझमाड़ कुदरत की व्यवस्था है। आधुनिक समाज, आदमी की व्यवस्था। मानव निर्मित समाज के अपने बंदोबस्त, नीतियाँ, कानून, पाबंदियाँ, तौर-तरीके और रहन-सहन की विधियाँ हैं। अबुझमाड़ से देखें तो समाज कुदरत में एक उपद्रव है। बनिस्बत आधुनिकता के आदिवासी और लोक संसार कुदरत की व्यवस्था में रहे। कुदरत से जितनी दूरी होती गई व्यवस्था उतनी मजबूत होती गई। आधुनिकता का निर्माण नहीं किया गया। कुदरत से दूरी के बढ़ते यह स्व-निर्मित होती गई—दूरी का एक तार्किक परिणाम।

पुस्तक लिखने में बोली और भाषा के अलग-अलग मिजाजों पर ध्यान दिया गया है; आदिवासी-लोक-समाजों के मिजाज पर भी। भाषा सत्ता की पक्षधर होती है; सत्ता के कुछ मिजाज लिये चलती है। उससे हट बोली लैंडस्केप का मिजाज रखती है। देहात में जैसे-जैसे लैंडस्केप मिटता गया, भाषा आती गई। एक विशेष सोच और उसकी भाषा का आना और लैंडस्केप का मिटना, इन में आपसी संबंध है। लेखन में बोली और लैंडस्केप का मिजाज रहे ऐसा प्रयास रहा है।

पुस्तक मेरे अनुभव, अवलोकन और लोगों से बरसों की बातचीत और वार्त्तालाप पर आधारित है। पुस्तक में 34 अलग-अलग अध्याय हैं। हर अध्याय का विषय अलग है। सब अलग-अलग विषयों को लेकर हैं; लेकिन एक-सा मिजाज लिए। अध्याय छोटे-छोटे हैं। अबुझमाड़ और मेरे बचपन के गाँव में सब छोटा होता था—गाँव, घर, फासले और दूरियाँ, उम्र, गिनती और शब्दावली।

1 जनवरी, 2021

**—नरेन्द्र**

गाजियाबाद, उ.प्र.-20106

# आभारोक्ति

आदिवासी बस्तर संग तैंतीस साल के जुड़ाव में अनेक के साथ मिलना हुआ, कइयों के साथ रहना। सबसे अनेक तरह के आदान-प्रदान रहे। इनमें से कुछ ही नाम चुनना न्यायसंगत न होगा। इस पुस्तक के निकलने में मैं उन सब का आभारी हूँ जिन संग नजदीकी जुड़ाव रहा, वो जो मुझे आज भी याद हैं। उन सबके प्रति भी उतना ही आभार है जो समय चलते यादों से ओझल हो गए। सबने अपने-अपने ढंग से मिली-जुली और अमूल्य मदद करी। आदिवासी हो या अन्य, किसी भी समुदाय से वर्षों का जुड़ाव सदैव छोटा ही पड़ता है।

मैं अपनी माँ का विशेषकर आभारी हूँ—कि उससे जो मेरी बातचीत होती रहती शायद और कहीं न हो पाती। लगभग 1920 से उसकी बचपन और आगे की गाँव और समाज की यादें, ऐसी दृष्टि किन्हीं पुस्तकों या सेमिनारों में न मिलती। उस पीढ़ी की विवरण शैली में 'आपबीती' और 'जगबीती' दोनों समाहित हो रहते। निजी जीवन के प्रति दृष्टि; गाँव, घरों और परिवारों की बनावट; मनमुटाव, झगड़े और निबटारे; बुजुर्गों और पंचायतों के बहुआयामी बंदोबस्त; लोगों के आपसी रिश्ते; घर-पड़ोस के गाय-बैलों के किस्से; दैनिक व्यवहार और धर्म-मजहब; शब्दावली; बातचीत के प्रसंग और सलीके; हँसी-ठट्टे के विषय और तौर-तरीके आदि, ये सब कहीं और से न मिल सकते थे।

उन सब मित्रों और परिचितों के प्रति भी आभार जिनसे समय-समय पर ऐसी बातें होती रहीं, बल और स्पष्टता मिली।

मेरा आभार सेंटर फॉर स्टडी ऑफ डेवलपिंग सोसाइटीज (दिल्ली) के प्रति भी जिनके शोध प्रोजेक्ट के अंतर्गत मेरा बस्तर पहुँचना हुआ।

मेरी बेटी कुनालिका सिंह के प्रति मेरा सहज आभार है, जिसे उसके बचपन से मैं बस्तर और अपने बचपन के गाँव के किस्से सुनाता रहा हूँ; और जो बड़ी होने पर इन्हें लिखने को मुझे बाध्य करती रही।

बस्तर और छत्तीसगढ़ के बाहर मुसहर, पहरिया, संथाल, भील और गरासिया, जैसे आदिवासी लोक-समाजों के प्रति मेरा आभार रहेगा। वहाँ मेरा यदा-कदा जाना हुआ।

मेरा गहन आभार बस्तर, विशेषकर अबुझमाड़, के आदिवासी सामुदायों के लिए, जिन्होंने सहज रूप से मुझे अपने अनोखे जीवन परिवेश से जुड़ने का अवसर दिया। उनके प्रति मेरी विशेष कृतज्ञता रहेगी। अबुझमाड़ में मेरे रिहायशी गाँव-गारपा—के डुंगा, चैतु, सुकु, बुरुंगा, जुरु, फैगु, पिल्सु, दसरू, मुंगी, जाली, बुटली और कुतली के नाम उल्लेख करना चाहूँगा। उत्तर बस्तर के मेरे मित्र अस्तु—अवर्णीय और अनूठे गुणी-वैद्य, जो गाँव-जंगल अपनी घुम्मकड़ी में एक जगह टिककर न रहते, बार-बार ओझल हो जाते और महीनों-सालों बाद एक दिन फिर अचानक आन मिलते—के प्रति आभार और स्नेह आज भी उतना ही ताजा है।

—नरेन्द्र

# अनुक्रम


*प्राक्कथन* *5*

*आभारोक्ति* *11*

1. अबुझमाड़ से प्रश्न 15
2. परंपरागत बस्तर 21
3. पुरखौती के असमंजस 27
4. चिड़िया का स्कूल 33
5. निर्जन बेंगुर 39
6. अबुझमाड़ समाज में महिलाएँ 44
7. अपने पेड़ों तले चलूँगा 54
8. एक पुरातन गाँव 59
9. जन्मजात जगह 63
10. अनिकेत अबुझमाड़ 68
11. उस दिन कुछ न हुआ 72
12. अब मेरा बेटा जाएगा 75
13. देशीय तादात्म्य : दृष्टि, दर्शन और लोक-समाज 79
14. चाचा का चश्मा : एक आदिवासी दृष्टि 84
15. बुद्ध और मेरा गाँव 87
16. भुल्लन बनिया का गाँव 92

| | | |
|---|---|---|
| 17. | बड़ौत का 'दाना' अबुझमाड़ का अनकहा | 96 |
| 18. | कुछ इधर की, कुछ उधर की | 102 |
| 19. | बोली, भाषा और दुराग्रह | 107 |
| 20. | कुछ था, जो बाँधे था : गाँव सुडौल न था | 113 |
| 21. | देश से राष्ट्र की यात्रा | 119 |
| 22. | एक पेड़ दिखा : वीरानगी के समाज | 125 |
| 23. | एक है भी, नहीं भी | 130 |
| 24. | पट्टी के कुत्ते | 134 |
| 25. | दशहरे का दिन : कुछ सत, कुछ आँखमिचौनी | 138 |
| 26. | मारिया वर्थ का लेख और हिंदुस्तान | 144 |
| 27. | रोजे और रोटी में बरकत हो | 148 |
| 28. | गोद में बंदर आ बैठा | 153 |
| 29. | रुखसाना से अल्पना | 158 |
| 30. | एक गधा था | 162 |
| 31. | लोक-समाज और आदिवासी : गांधी की प्रासंगिकता | 165 |
| 32. | ये मस्तिष्क मेरा नहीं | 177 |
| 33. | एक परी थी | 182 |
| 34. | शव चुप रहा | 187 |

# 1

# अबुझमाड़ से प्रश्न

रूमी कहते हैं, 'अनदेखे को हर कोई अपने हृदय की सुथराई के अनुपात में ही देख पाता है।'

अबुझमाड़िया प्रश्न नहीं पूछता। उसकी शैली प्रश्न–उत्तर की नहीं है, न ही उसे जानने–समझने की चाह है। वह जानना नहीं चाहता; न अपने बारे में न समाज–संसार या सृष्टि के। आठ फीट की घास–फूस की झोंपड़ी और उतनी ही दूर जाना, जहाँ से पाँव सूर्यास्त से पहले वापस ला सकें—बस उतना ही वो है, उतना ही समाज–संसार। बस्तर के अस्तु कहा करते थे, पृथ्वी उतनी ही बड़ी होती है जितनी एक बार में दिख जाए। अबुझमाड़िया केवल देखता है, देख–देखकर आत्मसात् करता है और देखे में आत्मसात् होता है। यह एक बुनियादी फर्क है वहाँ और बाहरी दुनिया में। उसमें समझने–जानने का स्थान नहीं। मात्र देख, निर्विचार रहना, तब जानने–समझने की गुंजाइश निम्न हो रहती, जैसे पहाड़ को देखता है और उसके प्रति कोई विचार या प्रत्युत्तर नहीं होता। पहाड़ भी अबुझमाड़िया को देख निर्विचार रहता है। दोनों के मध्य विचार की मध्यस्ता नहीं। निश्चित रूप से हमारा अन्य देहात समाज भी पिछले चंद दशक तक जानने–समझने की उतनी ललक न रखता था; न ही विचार या बुद्धि को उतनी तरजीह देता। कुछ हद तक समाज–संसार की तरफ एक उदासीनता–सी बनाए रखता था, एक विरक्ति भाव, जैसे बहुत उलझना न चाहता हो। दूरदराज के गाँवों में चेहरों के भाव, लिबास, खान–पान, घरों की बनावट, बोली और शब्दावली, गाँव की बनावट और पसार आदि में वैसी फितरत कुछ हद तक आज भी दिखती है।

अबुझमाड़ को देखें तो भान होता है, मानव ने धर्म और दर्शन यूँ ही बनाए जैसा भूगोल और गणित। उनका उतना ही वजूद। हम जब पेड़ और पहाड़ से अलग हुए तो धर्म, दर्शन, भूगोल, गणित आदि की जरूरत पड़ी। अबुझमाड़ में अलगाहट नहीं तो ऐसी माया और मारीचिका भी नहीं। अलगाव से अ–स्त्रैण आया।

अबुझमाड़ में अलगाहट नहीं। उसकी बात एक ही है। बात ही एक है। शायद इसका उसे भी पता न हो। उसकी ललक भी नहीं, भनक भी नहीं। उससे कोई सरोकार नहीं, इसीलिए अपनी अव्यक्त बात में है, उस एक ही बात में जिसका अनादि जैसा वो बीहड़ अंधकारमय वन सुराग तक नहीं देता। उस बात को गर्भ में वैसे ही छिपाए, जैसे अबुझमाड़िया को। बीहड़ वन का उजाला भी अंधकार जैसा। अंतर इतना कि उजाले में सूर्य होता है पर उजाले में भी सब उतना ही छिपा, अप्रत्यक्ष जितना रात्रि के घुप्प, रहस्यमय अंधकार में। दिखता पहाड़ लक्षण मात्र है; उस उजले-अँधेरे बीहड़ का, जहाँ अबुझमाड़िया अप्रत्यक्ष में है। अनादि का वो बीहड़, अंधकारमय वन ऐसे द्वैत से परे होता, जहाँ अनेक होते हैं। बात ही एक है।

मैं ये बातें इसलिए कह रहा हूँ, क्योंकि बिना उपरोक्त के अबुझमाड़ पहुँच न पाएँगे। अनादि का वो बीहड़ अंधकारमय वन 'डेटा' और एक-अनेक हो गुमराह करेगा, जैसे मरिन तान पौधा। राह चलते छू जाए तो घर पहुँचकर भी घर नहीं पहचान में नहीं आता।

यदि कहा जाए कि अबुझमाड़ में समाज न हो संग-साथ है तो अतिशयोक्ति न होगी। जैसे नदियों, पेड़ों, पहाड़ियों, पशु-पक्षियों, दिशाओं, रहस्यों और विस्तार आदि का आपसी संग-साथ। इनके गाँव या कस्बे नहीं होते, न समाज। गाँव, कस्बे, समाज तो कर्मठों के होते। न ये अपनी कोई संरचनाएँ अलग से गढ़ते। शहरी समाज की तरह गाँव समाज की एक संरचना है जो बड़ी मात्रा में मानव निर्मित है। उस संरचना के कुछ गुण हैं। गाँव गुण आधारित है अन्यथा गाँव न हो संग-साथ हो रहे। गुण हैं तो उसे गाँव कहा जाता है। गाँव होने के लिए आबादी की एक न्यूनतम संख्या जरूरी है। चार जनों से गाँव नहीं बनता। उसके कुछ निश्चित कारोबार हैं, कुछ कार्यकलाप—कृषि, पैदावार, लुहारी, बढ़ईगिरी, तेल घनी, शिल्प, कताई-बुनाई, जैसी व्यस्तताएँ आदि। वह व्यवस्थाएँ इजाद करता है। कुएँ या तालाब जैसे इंतजाम करता है। कुछ योग्यताएँ और हुनर रखता है, जो न हों तो गाँव चल न पाए। सत्तापूर्ण और सत्ताहीन का कुछ वर्गीकरण होता है, कुछ प्रशासनिक सरंचनाएँ और ढाँचे इन कारोबारों और कार्यकलापों को चलाते हैं। गाँव के होने में उसकी अपनी एक सत्ता है, जो संग-साथ में नहीं होती। संग-साथ सत्ताहीन, व्यवस्थाहीन, समाजहीन है।

जिन्हें अबुझमाड़ के गाँव कहा जाए, उनमें उपरोक्त की उपस्थिति नहीं मिलती। व्यस्तताएँ भी लगभग नहीं ही होतीं। गीत गाते, अठखेलियाँ करते, चिढ़ते-चिढ़ाते

वन में भोजन एकत्रित करने जाना, मधुमक्खी का छत्ता ढूँढ़ते घूमना, नदी किनारे बैठ मछली पकड़ना, प्राचीन चूल्हे पर महुआ शराब बनाना, पेड़ तले चिड़िया के जाल बनाना, तीर की नोक तेज करना आदि। इतने ही काम हैं और इनमें रोजमर्रा का काम एक भी नहीं। इनमें कोई ऐसे वर्गीकरण भी नहीं हो पाते। वर्गीकरण के नाम पर एक-दो वृद्ध, अनुभवी लोग अवश्य होते हैं, जिनसे मशविरे किए जाते हैं, जैसे गाँव में बीमारी फैलने लगे, मनमुटाव होने लगें या अधिक बाघ दिखने लगें या पुराना स्थान छोड़ नई बसाहट का स्थान चयन करना हो, किसी बिगड़े देवता को सुधारना हो आदि। रह-रहकर कोई ऐसे बड़े काम नहीं होते सो मशविरे के अवसर भी कम होते। उलझन नहीं। शायद सबसे बुनियादी फर्क व्यस्तताओं का न होना है। किसी भी सामान्य समाज में कुछ-न-कुछ व्यस्तताएँ रहती हैं। समाज में गाँव को एक बुनियादी इकाई माना गया है तो जहाँ गाँव न हो वहाँ समाज कैसे हो? तीन-चार छितरी झोपड़ियाँ, जहाँ न व्यस्तताएँ न व्यवसाय, ऐसे को गाँव न कहा जाए, न ही पारा या टोला। उसकी शायद कोई संज्ञा न हो। कोई अन्य शब्द गढ़ा जाए।

जैसे-जैसे मेरा रहना बढ़ता गया अबुझमाड़ गाँव, समाज, इतिहास और राजनीति आदि के चौखटों से उबरा दिखा, जैसे उसका कुछ मानव की पहुँच से ऊपर उठ हो रहा हो। 'मानव की पहुँच' आदि भी छलनेवाली अभिव्यक्तियाँ हैं। उन्हें समझने की चाह भी शायद जोखिम भरी है।

बहरहाल, अबुझमाड़ प्रश्न नहीं पूछता। मैं जितने वर्ष वहाँ रहा किसी ने नहीं पूछा कि दिल्ली से यहाँ क्या करने आए। दिल्ली में क्या करते हो या यहाँ कितना समय रहोगे। वहाँ से बाहर निकलते ही लोग पूछते, 'अबुझमाड़ में क्या करते हो?' जब मैं कहता कि रहने के अलावा मैंने कुछ नहीं किया (क्योंकि कोई भी कुछ नहीं करता) तो सुननेवाले को अच्छा न लगता, हालाँकि अब अबुझमाड़ या बस्तर से सदा के लिए निकले कुछ साल हो गए पर आज भी लोग पूछ लेते हैं कि मैं अबुझमाड़ क्यों गया, क्या प्रयोजन था और क्या किया, बिना किए कैसे रहे? बहुत सारे प्रश्न रहते हैं। बहुत बुनियादी फर्क है यह। अलबत्ता, अबुझमाड़ में मुझे केवल एक प्रश्न याद आता है। गारपा के सुकु ने पूछा था। हम नदी में मछली पकड़ रहे थे। 'आप के देश में लोग बिना शादी किए इतना समय कैसे रह लेते हैं' (तब तक मैंने शादी नहीं की थी)?

अबुझमाड़ प्रश्न-उत्तर शैली, जान-ज्ञान के बाहर रहता है। उसे सेमिनार विधि में न घसीटा जाए। सवाल-जवाब सेमिनार ही हैं। उसके रुझान और अंत:स्थिति

देखें तो वह सेमिनार से अलग रहना चाहता है। उसे कुछ साबित तो करना नहीं है और न ही कुछ सही या गलत ठहराना। वहाँ पहुँचने के पहले मैं बरसों सवाल-जवाब, जान-ज्ञान की विधि में रह लिया था। जहाँ एक ओर थकान हो चली थी, वहीं दूसरी ओर हाथ भी कुछ न आया। शुक्र है न आया। नहीं तो जिस यथार्थ में दिशाएँ ही नहीं वहाँ दिशा होने का भ्रम हो जाता। अबुझमाड़ से खाली हाथ लौटे। भरे हाथ लौटते तो व्यर्थ लौटते। जो हाथ था वह भी काफी छूट रहा।

ज्यों प्रश्न पर सारा अबुझमाड़ संकोच से भरा हो। संकोच कि प्रश्न उत्तर की दिशा और पथ एवं गंतव्य पूर्व-निर्धारित कर देता है। शायद हर प्रश्न की बात न हो, लेकिन अकसर ऐसा होता है, जैसे उत्तर का उद्देश्य प्रश्न द्वारा निर्धारित सीमा में रह उसे संतुष्ट कर खरा उतरना हो, जैसे उत्तर का निज अपना स्वभाव न हो। मूलत: अपनी उड़ान और राह तय करने को उत्तर भी उतना ही स्वच्छंद होना चाहिए, जितना प्रश्न। स्वाभाविक से तात्पर्य है, 'अपने स्वभाव का।' जहाँ न प्रश्न, न उत्तर, न ज्ञान न अज्ञान, न उनकी फाँक हो। ये मुद्दे ही नदारद हों। जिसमें बेलगाम उड़ान और स्वच्छंदता नहीं, मन और कंधे बोझिल हों वो कैसा ज्ञान? वो 'स्वच्छंद' शायद ज्ञान भी न हो। जैसे बीहड़ वन। उसकी केवल ध्वनि है। एक मद्धिम-सी 'हम्मम्मम्म' जो सुनाई दे भी, न भी। वह केवल अपने आंतरिक, स्वभाव में होती। उसकी बात एक ही है।

कभी कोई पूछ लेता है, अबुझमाड़ का कोई मौखिक इतिहास तो होगा? इतिहास (या भूगोल, रसायन शास्त्र, भौतिकी) क्यों चाहिए? आदमी एक रोज पैदा होता है और एक रोज चला जाता है। दोनों के बीच जीवन होता। उसका क्या लेखा-जोखा? वहाँ के लिए जीवन जीवन है, ज्ञान या उद्यम नहीं।

पिछले दिनों अबुझमाड़ के संदर्भ में एक मित्र ने पूछा कि मैं वहाँ के बारे में कैसा महसूस करता हूँ? 'महसूस' तो अंदर की यात्रा है। बिल्कुल एकाकी। कैसे बताई जाए? एकाकी की यात्रा जहाँ सुखद है वहीं उसका संप्रेषण जोखिम भरा। उसके लिए दूसरे को होना पड़ता है। बिना दूसरे के संप्रेषण संभव नहीं। दूसरा हो तो गलतफहमियाँ और विवाद हो रहते हैं। अबुझमाड़ निर्विवाद है। दूसरे की अवधारणा हो तो डेमोक्रेसी हो रहती है, व्यस्तता, व्यवस्था आ रहती हैं, इसलिए कोशिश रहती है दूसरे से वहाँ की बात न करूँ। जो एकाकी और निज है। एकाकी और निज की बात पब्लिक कैसे हो? पब्लिक तो पब्लिक की ही बात हो सकती है। उसके लिए अनेक होना पड़ता है; खुद को भी अनेक होना पड़ता है। डेमोक्रेसी और उसके तंत्र

को होना पड़ता है; राज्य और समाज को होना पड़ता है; धर्म और दर्शन को भी होना पड़ता है; इस और उस को भी। जहाँ एक भी नहीं वहीं संप्रेषण है। संप्रेषण मात्र मौन है, नि:शब्द। निजता की श्रेष्ठता है कि वह किसी विशेषण रहित की तलाश में नहीं होती, न ही उससे मोहित होती, न ही दबाव में आती। जिधर मुँह उठा, चल पड़ी। बे-रोकटोक। उसमें न एक, न अनेक है, न निज, न अ-निज। ज्यूँ हवा, त्यूँ दृष्टि। वह जन्म से बेलगाम है। अबुझमाड़ को जाना नहीं जा सकता, बस बेबाक स्वछंदता में महसूस किया जा सकता है। स्वछंदता निज है। जानने का प्रयास भ्रम बनाता। जो अ-निज हो, आदम-कद से बड़ा हो उसे ही जानने की ललक हो सकती है। अबुझमाड़ मात्र आदमकद है। उसे जानेंगे तो ज्ञान और शब्द में आ छितरना हो रहेगा। अधिकांश जान-ज्ञान छितराव है; धर्म और दर्शन भी।

मुक्ति और ज्ञान के नाम पर बाहरी दुनिया ने जितना अर्जन किया, उतनी बँधी है। मुक्ति, ज्ञान, अध्यात्म, धर्म, विचार, मानस और मार्क्स रोग के लक्षण हैं। जिसको जितनी मुक्ति की ललक है, वो उतना अधिक रोगी हुआ। अबुझमाड़ की दृष्टि से कहें तो ऐसा स्वयं और आस-पास को बीमार करता है। उतने अधिक प्रयोजन, तकनीक, विचार और आध्यात्मिक-धार्मिक-राजनीतिक-आर्थिक आदि प्रयोजन करता है। कुत्ता कुएँ में पड़ा रहेगा तो पानी साफ कैसे आएगा। जो ललक, खोज और एकत्रण से मुक्त है, सो कुछ नहीं करता; अ-उद्यमी है, जैसे पहाड़ और नदी। अबुझमाड़ खोजी या उद्यमशील न हो मुक्त है। वह केवल देखता है। वह भोजन भी एकत्रण नहीं करता। भोजन उपलब्ध है, वह खाता है। 'भोजन एकत्रण' आदि हमारी भाषा की ऐंठ है। पिछले कई दशकों में हमने जितना लोकतंत्र, समाज, स्वातंत्र्य, ज्ञान-बोध, समता, अर्थव्यवस्था आदि पर लिखा है उतना प्रकृति पर नहीं, इसीलिए कि प्रकृति अब हमारी चेतना से लगभग निकल चुकी या विकृत हो चुकी। अब वह हमारी बातचीत में भी नहीं आ पाती। अबुझमाड़ में प्रकृति का अर्थ है उसके अन्य स्वरूपों के समान होना—पशु, पेड़, पहाड़, कीट-पतंग, छाया-प्रेत-पुरखे आदि। हमें उन बाबत लिखने की आवश्यकता नहीं लगी।

वह धरती को देखने और उस पर जीने का सलीका है।

वहाँ पर केवल छुट-पुट लिखता हूँ; दो-तीन सफे। इशारों में कहता हूँ। इशारे का ही भान है। उस असलियत का शायद भान से अधिक कुछ न मिले! उसे निज अपने लिए लिखता हूँ। आदिवासी, बीहड़ या उनका विवरण आदि तो बस भान दिलाते हैं। कई सोचते हैं, आदिवासियों या बीहड़ पर लिखता हूँ। निज अपने लिए

लिखता हूँ। पढ़नेवाला नहीं है। लिख-पढ़ तो मैं ही रहा हूँ। बातचीत तो खुद से ही हो रही है। 'दूसरा' शरीरों और उनके गणित-गिनती से आता है, जब दूसरा हो तो बातचीत मुश्किल हो रहती है। चट्टों-बट्टों के कारोबार जैसा। मस्तिष्क की यात्रा हो रहती है। मस्तिष्क कारोबारी है।

अबुझमाड़ गिनती और गणित से बाहर रहता। 'द परसूट ऑफ एनलाइटनमेंट ऐंड हैप्पीनेस' से बाहर। सत्य और असत्य तो उसे जीने न दें। किंतु ऐसी संवेदनाएँ अब वहाँ पहुँच रही हैं; कभी रामकृष्ण मिशन, कभी माओवादी तो कभी अकादमिक द्वारा। सब एक ही तरह की संवेदना पहुँचा रहे; तिस पर आपसी मतभेद, मुठभेड़ भी रखते। यह कैसी प्रपंचना!!!

□

# 2

# परंपरागत बस्तर[1]

परंपरागत गुणीज्ञान, इसे तो आप ही लोग जानेंगे। मैं जानता तो फिर यहाँ न बैठा होता। आप जानते हैं, इसीलिए आपके साथ बैठने का विचार हुआ। थोड़ा-सा मुझे बस्तर देखने का मौका मिला पिछले सालों में। परंपरा से मेरा आशय केवल गुणी परंपरा नहीं है। बस्तर में मैंने देखा कि हर चीज में परंपरा जैसी कोई चीज दिखती है। पूरा समाज ही एक परंपरा है, कितना अलग है बाहरी समाज से; और इस समाज में भी अलग-अलग चीजें हैं। एक ही परंपरा में भी अलग-अलग परंपराएँ हैं। अलग-अलग जगहें हैं। दंतेवाड़ा एक तरह का है, कोंडागाँव और तरह का। काँकेर एक तरह का तो अबुझमाड़ और भी अलग तरह का। सारे बस्तर का समाज एक तरह का है, ऐसा देखने को नहीं मिलता। हर जगह अलग परंपराएँ और तरीके हैं, रहने के ढंग भी अलग हैं। खाने-पीने के तरीके अलग हैं, इबादत के भी। भाषा और बोली के तो और भी। उठने-बैठने के भी। इलाकेवार चलने-बैठने के भी ढंग अलग और आपके बालों में जो पंख सजा है, उसे देख जाहिर है आप बस्तर के कौन से भाग से हैं। तो ये सब इतना अलग-अलग और फिर भी एक जैसा।

तो सबसे पहली बात तो यह है कि परंपरा क्या है बस्तर की? कैसी दिखती थी और कैसी दिखती है? दिखती भी है या नहीं? क्या गुण है उसका? क्या मिजान और बंदोबस्त हैं? जब मैं शुरू में आया तो बस्तर में मुझे परंपरा दिखती थी। क्या-क्या खाते हैं, क्या-क्या पहनते हैं। रीत-रिवाज क्या हैं, घर-द्वार की बनावट कैसी है, समाज-गाँव की प्रशासनिक व्यवस्था कैसी है, पटेल[2] की क्या भूमिका है, गायता[3] की क्या, आर्थिक-सामाजिक ढाँचे कैसे हैं, बाहर से आ रही आर्थिक व्यवस्था के प्रभाव आदि। आहिस्ता-आहिस्ता देखा कि इसके पीछे और बहुत कुछ है, कि आदिवासी बस्तर की जो परंपरा है उसके पीछे कुदरत के मिजान और बंदोबस्त हैं। चल रही संसारिक व्यवस्था से एक तुलनात्मक विच्छेद! व्यक्ति, परिवार और

समाज के द्वंद्व से परे। ये जो घर की बनावट है, वेश-भूषा है, खाने-पीने के ढंग हैं, राजनीतिक-सामाजिक ढाँचे, मुनाफे बजाय पुरुषार्थ आधारित आर्थिक व्यवस्था, समाज-गाँव के प्रशासनिक बंदोबस्त, लिंग व्यवस्था, दूरी और फासलों की मर्यादा, ये प्रकृति से ही निकला हुआ है। ये केवल मानव निर्मित नहीं है। प्रकृति के गुणों से निकला हुआ है। उससे जो जुड़ाव रहा है बस्तर समाज का, उस गुण से निकला है; और वो जुड़ाव-संवाद बस्तर समाज ने आज तक किसी-न-किसी रूप में कायम रखा है। सुनने-देखने में आता है कि वो जुड़ाव अब टूट भी रहा है, लेकिन बचा है अभी भी; विधि-विधा बची हैं, किसी सूक्ष्म जीवंतता के लक्षण अभी भी बचे हैं, चलन बचा है। तो धीरे-धीरे देखने-समझने में आया कि यहाँ परंपरा कोई अलग चीज नहीं है। प्रकृति का ही विस्तार है। उसकी बोली, बोलने का ढंग, उसके चलने का ढंग, गिनती, शब्दावली, इबादत का ढंग, झगड़ने या झगड़े सुलझाने का ढंग, गाँव-समाज में निर्णय करने का ढंग, न्याय-अन्याय की अवधारणा, मृत्युपरांत शोक का ढंग, घर या गाँव की बनावट, रोग या उपचार के स्वरूप, शिकार करने का ढंग, देवी-देवता, पुरखे या प्रेत से संबंध बनाने-निबाहने का ढंग, ये सब प्रकृति से ही निकला हुआ है, जैसे आधुनिक समाज में दिखता है कि परंपरा कोई सामाजिक चीज है, समाज ने बनाई है। यहाँ इसमें समाज का तनिक हस्तक्षेप जरूर रहा है, लेकिन ज्यादातर तो कुदरत का ही सिलसिला है।

शुरुआती छह-आठ महीने बीतने के बाद मैंने बंडा से पूछा था कि अपने पच्चीसियों कुत्ते, बिल्ली, मुर्गे, मुर्गी, बकरियों समेत आप लोग 8'×8' के इतने छोटे से झोंपड़े में खचाखच क्यों रहते हो। झोंपड़ा बड़ा क्यों नहीं बनाते, कोई रोक-टोक, नियम-नीति तो अबुझमाड़ पर लागू नहीं होता। जंगल कटाई या जमीन आदि पर पूरी छूट है। बंडा ने बताया था कि अबुझमाड़ में घर, घर के बाहर है। अबुझमाड़िया के लिए उसके छोटे-से झोंपड़े के बाहर है। इतने अनंत घर को और बड़ा कैसे बनाएँ? तो मुझे सोचना पड़ा। अध्ययन तो मैं उनका करने गया था, लेकिन अब मुझे अपने बारे में सोचना पड़ा। खुद को देखूँ, खुद को समझूँ। उस समाज और काल को देखूँ-समझूँ जिनसे मैं आता हूँ, तब किसी गंभीर मायने में अबुझमाड़ से शायद ये मेरा पहली बार रू-ब-रू होना हुआ हो, जैसे आँखों पर धूल जमी हो। मैं तो घर को अंदर मानता था। वो कहता है बाहर है, खुले विराट में। असमंजस वाली बात थी। पहले कभी न सुनी थी। वो कहता है अंदर तो रैन बसेरा है। सिर्फ रात भर ही गुजारनी है। सुबह उठ के घर चले जाना है तो दिखने में लगा कि ये जीवन दृष्टि

और संवेदना ही ऐसी है, ये चलन ही ऐसा है। इसका घर ही ऐसा है। दिखने में तो घर, घर लगा, लेकिन बाहर निकला।

मैं गुणी परंपरा पर नहीं बोल पाऊँगा। आप ही बोलेंगे, लेकिन परंपरा यहाँ जो देखने-समझने को मिली कि वह कैसी दिखती-लगती है, दिखती भी है या नहीं, इसी का अनुभव मैं आपसे बाँट सकता हूँ। तो बस्तर के अर्थ में प्रकृति या उसके अर्थ में साक्षेप जुड़ाव—यही इस परंपरा का द्योतक है। प्रकृति की लय और निरंतरता को अविरोध कायम रख पाना, ये यहाँ की संवेदना, ऊर्जा है। केवल पेड़-पौधे ही नहीं इस रिश्ते में सब आ गया। जो दिखता है वो भी, जो नहीं दिखता वो भी। देवी देवता भी आ जाते हैं, आत्मा-परमात्मा भी। भूत-प्रेत भी, पशु-पक्षी भी। जल तो है ही, मिट्‌टी तो है ही, वायु भी—गिनती करें तो समाप्त न होगी तो इतनी अनंतता के साथ रिश्ता रख पाना, हर क्षण का रिश्ता, ये बस्तर में ही अधिकतम देखने को मिला। आदमी का आकार कहाँ खत्म हुआ, प्रकृति का कहाँ शुरू, ये भेद कर पाना मुश्किल हो जाता है। आदमी बैठा है पेड़ के नीचे, झाड़-झंखाड़ आसपास हैं तो देखकर भी दिखना मुश्किल हो जाता है कि आदमी बैठा है। झाड़-झंखाड़ आदमी जैसा लगता है, आदमी झाड़-झंखाड़ जैसा। कौन कहाँ खत्म हुआ, कहाँ शुरू!!! तो इस तरह का जो जुड़ाव रहा, इससे अन्य परंपराएँ, निकलीं। गाँव-घर की वास्तुकला परंपरा, उपचार परंपरा, कला की परंपरा, उपयोग और संवर्धन की परंपरा, दूरी और फासलों की परंपरा, आर्थिक पुरुषार्थ की परंपरा अन्य और आदि। ये निकली हैं, उस हर क्षण संपूर्ण जुड़ाव से। केवल मानव निर्मित नहीं है।

मैं झोंपड़े की बात कर रहा था। झोंपड़े के अंदर वही है, जो बाहर है—शून्यता और रिक्तता। जहाँ रिक्तता है वहाँ सबके लिए गुंजाइश है। बाहर प्रकृति में सबके लिए गुंजाइश है। पत्थर के लिए भी है, पशु के लिए भी, पेड़ के लिए, देवी के लिए, पिशाच के लिए, आत्मा के लिए, अच्छे के लिए भी, बुरे के लिए भी। सभी तो रहते हैं प्रकृति में। सभी तरह के प्राणी, सभी तरह के अप्राणी या जिन्हें बाहरी दुनिया में अप्राणी मान लिया गया है। सभी रहते हैं। प्रकृति व्यापक है! वहाँ की व्यापकता काव्य में ही मुखरित हो सकती है। काव्य इशारा मात्र ही कर सकता है। पूरा बस्तर एक इशारा है।

चौखट है, लेकिन दरवाजा नहीं है। खोलने या बंद करने का साधन नहीं, नहीं बनाया। हर समय खुला है। बंद कुछ भी नहीं। वर्जित नहीं तो पशु भी आ सकता है, पिशाच भी। कोई भी आ सकता है। मना नहीं है। कुछ उपाय करूँगा। मना नहीं

करूँगा। ये आ सकता है ये नहीं—ये सोच तो यहाँ में देखने में नहीं आती। सबके लिए स्थान है। जो यहाँ का है, उसके लिए तो है ही, जो नहीं है उसके लिए भी है। जो बाहर से आया है, उसके लिए भी उतना ही स्थान है। सदियों से बाहर से आकर कुम्हार, लुहार, बढ़ई, जुलाहा, जोगी-ब्राह्मण, कारीगर, व्यापारी, बहुत से लोग आ बसे हैं और यहीं के हो रह गए। तो वो एक समझ कि जब प्रकृति में सबके लिए स्थान है तो उसी प्रकृति का वो एक छोटा-सा हिस्सा, जो मेरा घर-गाँव है, उसमें भी सबके लिए स्थान है। उसमें मुझे भी रहना है, औरों को भी रहना है; जो अच्छे लगते हैं उन्हें भी रहना है, जो नहीं लगते उन्हें भी। जो व्यक्त है उसे भी रहना है, जो अव्यक्त है उसे भी। भूत, भविष्य, सूर्य, पृथ्वी, आकाश, पुरखे, देवी, देवता, पिशाच को भी रहना है। जीवन और मृत्यु को भी। साँप, बिच्छू, बाघ, भालू कोई भी आ सकता है। आ भी जाते हैं। उसमें उस घर का आदमी तो सोता ही है। उसकी पत्नी सोती है, बच्चे सोते हैं, बकरियाँ, कुत्ते, बिल्लियाँ, मुर्गे-मुर्गियाँ, देवी-देवता सभी रहते हैं। पुरखे का भी स्थान तय है। बीच में आग जलाने की भी जगह छोड़नी पड़ती है। 8×8 का छोटा-सा स्थान, जिसमें उस सबका स्थान और समावेश है, जो प्रकृति का है, उसके गुण का है। इस नियम से बचाव नहीं हो सकता तो इस तरह की, जो सोच और परिकल्पना है, मुल्क में हर जगह देखने में नहीं आती। पेड़, पौधे, जल, जंगल, जमीन, मिट्‌टी, पशु, पक्षी, मछली, पानी, तालाब, आकार, आकाश, यह सब तो हैं ही। अंधकार, रात्रि, दिन, आत्मा, देवी-देवता, भूत-पिशाच, पुरखे आदि। प्रकृति की इतनी विराट सोच एवं विराट परिकल्पना के साथ निरंतर सगोत्रता, पहली बार अबुझमाड़ में ही देखने को मिली।

इससे जुड़ी गुणी परंपरा है, वो भी इसी समझ से पैदा हुई। गुणी बाहर से सीख कर नहीं आया। झाड़-फूँक; मंत्रोचारण; कान फूँकना; जड़ी-बूटी, वायु, आकाश से संवाद; प्रेत-संवाद; हड्‌डी जोड़ना; पंदकी झाड़ पर रहने और उड़ने वाले साँप की परछाई से हुए लकवे का उपचार; बुद्धि पलटने पर आपसी मनमुटाव का उपचार आदि गुणी बाहर से पढ़-सीखकर नहीं आया। यहीं की मिट्‌टी और मानस में पल-पोस के सीखा है। मेरे कहने का यह आशय नहीं कि बाहर जो पद्धति है, उसका स्थान नहीं है। आज बाहरी डॉक्टरी भी चल रही है, उससे भी लिया जा रहा है। उसका भी स्थान है। अस्पताल से भी इलाज लिया जा रहा है, लेकिन फर्क क्या है दोनों में? उस पद्धति में जो यहाँ की मिट्‌टी-मानस से निकली और जो किसी और स्रोत से निकल यहाँ आन पहुँची? दोनों के लिए उपचार क्या है? रोग की क्या

अवधारणा है? बीमार, बीमारी और उपचार की अवधारणाएँ क्या हैं? उपचारक कौन होता है? उपचार गुण को ताक पर रख हो सकता है?

कुछ समय पहले एक गुणी[4] से मेरी बातचीत हुई। वे कह रहे थे बाहरी पद्धति कभी ठीक भी कर देती है, कभी नहीं भी करती। आदमी मर भी जाता है। अस्पताल में भर्ती हो मर भी जाता है। ऐसा ही गुणी परंपरा में है। जो आदमी बीमार है, वो गुणी के पास आकर भी मर जाता है। डॉक्टर के पास जाकर भी मर सकता है। दोनों के पास बच भी सकता है और मर भी सकता है। गुणी बता रहे थे कि ऐसा बड़ा फर्क तो नहीं है, लेकिन एक फर्क जरूर है, अगर किसी को अस्पताल में भर्ती भी किया तो पहले तो पैसे नहीं होते। सरकारी अस्पताल में भी कुछ तो खर्चे होते हैं, दवा-दारू के खर्चे; ऊपर से ऊल-जुलूल खर्चे भी लिए जाते हैं। इलाज के इलावा, बीमार के पास जो रहेगा उसका भी खर्चा होता है। किराया, भाड़ा, खाना-पीना और अन्य भाग-दौड़। कई इंतजाम होते हैं। देखना पड़ता है। अस्पताल में यदि बीमार की मृत्यु हो गई तो डॉक्टर कहते हैं—'उठाओ इसे, जल्दी बेड या फर्श खाली करो, दूसरा भर्ती करना है'। देर होने पर डाँटते भी हैं, गाली-गलौच भी करते हैं। देर हो ही जाती है। वह रोने का समय होता है। सगा चला गया तो विलाप आता ही है। उस वक्त मैं रोऊँ या इंतजाम करूँ? उस समय तो रोना आता है। सारा समाज, सारी दुनिया ऐसे ही करती आई है, लेकिन डॉक्टर कहता है, 'उठाओ और ले जाओ इसे यहाँ से।' स्थिति ऐसी बन जाती है कि रोना छोड़कर देखना पड़ता है रकम कहाँ से लाऊँ बिल पटाने को। सगे को गाँव ले जाना है। गाड़ी महँगी है, एंबुलेंस नदारद। उधर अस्पताल गाली दे रहा हैं, 'उठाओ, उठाओ। मुर्दा कब तक यहाँ पड़ा रहेगा? ऐसे अस्पताल कैसे चलेगा?' गुजरे प्रिय का बहुत अपमान सुनना पड़ता है, अपना भी। गुणी परंपरा में हमारे यहाँ इलाज करा कोई मर जाता है तो गुणी उसके साथ रहता है। श्मशान तक उसके साथ रहता है, तब तक जब तक कि वह उस पंचतत्त्व में विलीन हो जहाँ से वह आया था वहाँ न लौट जाए, तब तक उसका साथ देना है। यही गुणी का धर्म है। यही उपचार का भी धर्म है। प्रारंभ यहीं से होता है।

गुणी ने कम शब्दों में बड़ा फर्क बताया। पंचतत्त्व से निर्मित हो कुछ भी बेकार या खत्म नहीं होता। इलाज करते मृत्यु हो भी जाए तो पंचतत्त्व में विलीन होने तक उपचार चालू है। उसका साथ वहाँ तक देना है। उसे खदेड़ना नहीं है। मर गया तो सबके लिए बेकार हो गया। बाहरी पद्धति कहती है ले जाओ इसे ये बेकार हो गया। गुणी परंपरा कहती है पंचतत्त्व में विलय होने तक उपचार चालू है, गुणी साथ है।

गुण चाहे गुणी का हो या अन्य का या वस्तु–पदार्थ का, जीवन का मूलतत्त्व है। उसके बिना जीवन की परिकल्पना संभव नहीं। परंपरा उस गुण की स्मृति, पहचान और अभिव्यक्ति है। अपनी अभूतपूर्व सत्ताओं समेत नई दुनिया इसके चारों तरफ सिमट आई है। एक नई परिस्थिति पैदा हुई है, जिसमें गहरी और विराट् विस्मृति है। बस्तर की परंपरा का जो अंदरूनी जीवन है, वो यहाँ के मानव का भीतरी संसार है जिससे वह दुनिया, अपनी और धर्म एवं दायित्व की पहचान बनाता है। वह उस ज्ञान और लय की एक जीवंत अभिव्यक्ति है। बस इतनी ही है।

## संदर्भ–

1. ग्राम सलेह्भाट, बस्तर, में आयोजित पारंपरिक–गुणी गोष्ठी में किया गया परिचायक संवाद, 6.2.2007
2. मुखिया
3. पुजारी, सिरहा
4. वैध, उपचारक

**स्रोत**—'बस्तर बंधु' (साप्ताहिक) 25 फरवरी–2 मार्च, 2007

□

3

# पुरखौती के असमंजस

हम तीन साथी—पिल्सु, जनार्दन और—मैं खसगाँव से कोई दो-ढाई किलोमीटर बाहर एक तीन एकड़ जमीन के टुकड़े पर रहते थे। जमीन गाँव ने दान दी थी। गाँव से परिचय पुराना था। सालेहभाट बाद हमें कोई ठौर-ठिकाना भी चाहिए था तो जमीन उचित समय हो गई। उज्जड़-उजाड़, अपने तिकोन पर दो जंगली नदियों का संगम लिए थी। अड़तालीस किस्म के ढाई हजार नए-पुराने पेड़, झुरमुटवाले। झुरमुट तले साँवला-सा सूर्य अनेक छाया बनाता। नदियों की तरफ गड्ड-मड्ड उतराव। अनेक चट्टानें और ऊँची घास तले हजारों झड़े पत्ते, उनके नीचे पनियाँ साँप और बिच्छू। दो-दहाई हिस्से पर गोलाकार, छिछली धस्कन—किसी रोमन एम्फीथिएटर जैसे। दोनों ओर बहते पानी और झड़ते-उड़ते पत्तों का स्वर। चारों तरफ पेड़ों से ढंपे पहाड़। इन सबके बीचोंबीच बसा बस्तर का पुरातन कुछ—उसे नाम देना मुश्किल होगा।

अबुझमाड़ भी तो इन तीन एकड़ जैसा ही था। ये जैसे वहाँ का नन्हा रूप हो। हम इससे छेड़छाड़ न करना चाहते थे। सारा बस्तर छेड़छाड़, उलट-पुलट किया हुआ है—कहीं सड़क द्वारा, कहीं माओवादी द्वारा, कहीं जन-संगठन, कहीं बोली हटा भाषा द्वारा, विचार-विचारधारा द्वारा, कहीं सविंधान द्वारा। मुल्क का सारा लोक-समाज ही ऐसा हुआ पड़ा है। हमने घास और बाँस की तीन नन्ही झोंपड़ियाँ बनाईं। झोंपड़ियाँ नन्ही ही हो सकती हैं, अन्यथा टिक न पाएँ। काठ के ऊँचे खंभे पर कबूतरखाना बैठाया। वहाँ से जंगली कबूतर हमारों को उड़ा ले गए। कबूतरखाना आखिर तक खंभे पर बैठा रहा। खसगाँव पर बैठी धूल जैसे किसी की बाट में हो, जैसे अन्य जगहों पर बिना मंदिर गाँव पूर्ण नहीं होता, बस्तर में बिना घोटुल नहीं होता तो पारंपरिक तरह से घास-बाँस का एक घोटुल भी बनाया। उसे किसी अजाने, गए काल के नोस्टेल्जिया के रहने के लिए बनाया। 'नोस्टेल्जिया-निवास'

कहें तो अतिशयोक्ति न हो। हम तीनों की दिली इच्छा थी कि ये तीन एकड़ बस्तर का नोस्टेल्जिया निवास हो। आने वाले समय में नोस्टेल्जिया बेघर हो रहे, ऐसी शुरुआत यहाँ भी जोर पकड़ चुकी है। बस्तर के उस गए काल के हम साक्षी तो न थे पर हवा में अभी भी उसे देख-सूँघ पाते, उसके अस्पर्श अवशेष महसूस हो जाते। सारा बस्तर ही नोस्टेल्जिया है। अभी भी अपने अतीत के करीब रह लेता है। यहाँ लगभग हर अहसास वापस घुमा वहीं ले चलता है और आदमी पीछे-पीछे हो लेता। बार-बार लौटना क्यों आवश्यक है, पुराना बस्तर जानता था। आदिवासी या अन्य लोक-समाज अतीत को दैनिक जीवन के ताने-बाने में पिरोए रखते थे। कभी बोली की हौली लय में, कभी दैनिक जीवन की गतिहीनता में, कभी अकर्मण्यता में, कभी किसी अस्पष्ट-सी ओट में। ऐसा कुछ न करें कि उससे दूर छिटक जाएँ। अब छत्तीसगढ़ी, हिंदी, अंग्रेजी, सड़क, जन-आंदोलन, विचार और संविधान आन रहे तो सो अब संभव नहीं। यहाँ अतीत भाषा में हो नहीं पाता; कहीं नहीं हो पाता। भाषा लोक की नहीं होती। वो संविधान और आधुनिकता की कहती है; अन्य सब विस्मृत करती है। जितने वापसी के रास्ते बंद हो रहे उतनी उलट-पुलट हो रही, जैसे कोई-कोई बोली अब न बोली जाती हो; कोई पगडंडी वापस न आती हो। कुछ समय पहले, जहाँ हर पगडंडी लौट के आती थी, अब न आती हो—कैसा होगा वह गाँव! कैसे होंगे वहाँ के लोग! पाँच-दस साल पहले तक भी बस्तर समाज में घोटुल जैसे रोज अँगुली पकड़ लौटा ले चलता था। अब घोटुल बंद हो रहा तो हमने उसे बना, 'लौटने' को समर्पित कर दिया।

गाँव ने बताया हमसे पहले उस जमीन पर न कोई आदमी था, न कुछ होता था। वो वर्जिन लैंड थी। कभी उपयोग में न आई। देवी-देवता, पूर्वज, पिशाच, कई तरह की छाया-माया, रहस्यमयता एवं अन्य वहाँ या आसपास की खोहों-कंदराओं या हवाओं के बवंडरों में रहते थे। वहीं खेलते और नदियों में नहाते-धोते। हमें जमीन और ये बे-हद विरासत—देवी-देवता, पूर्वज, पिशाच, पेड़, पौधे, पहाड़, चट्टान, धस्कन, नदियाँ, छाया-माया, साँवला सूर्य, अंधकार और रहस्य, स्वर, मौन और उनके बीच हमें स्व होने की छूट—बिना कुछ किए, अकर्मण्यता में मिले। जब धरती मात्र रहने के लिए हो तो भरपूर होती है।

यूँ तो जमीन का नाम नहीं धरते, बहरहाल, समय बीतते हम उसे 'पारंपरिक स्थल' कहने लगे तो गाँव ने अपने ढंग का नाम दिया—'पुरखौती'—पुरखों की। भू-राजस्व विभाग के दबाव और चेतावनियाँ आती रहीं पर दैव-वश हमें पुरखौती

की मिल्कियत लेने का कदाचित् न औचित्य हुआ न कोशिश। जहाँ जो किसी का नहीं—अ-स्वामित्व—लोक समझ में सहज था, वहीं विभाग समझ न पा रहा था। उसकी दृष्टि में हर का स्वामी होना आवश्यक है। जो किसी के नाम नहीं, उसे न वह होने दे सकता है न रद्द कर सकता—एक बवाल बन रहता है। रद्द के लिए भी कबूलना पड़ता है कि फलाँ के नाम से रद्द की गई; कबूलने के लिए भी किसी के नाम होनी चाहिए। तो या तो हम जमीन गाँव को लौटा दें या स्वयं राजस्व विभाग हड़प ले। गाँव ने अपनी सभा में प्रस्ताव पारित कर उसे हमें सौंप दिया था। राजस्व विभाग बे-हद का नाप-जोप कर उसे चिह्नित भी कर गया था, लेकिन हम उसे अपने नाम या किसी भी नाम कराने न गए। अबुझमाड़िया के झोंपड़े के बाहर फैला घर-जैसा बे-पैमाइश किसके नाम हो? झोंपड़ी तो सिर्फ रात का आश्रय थी तो वो बाहर फैला असीम घर किसके नाम करें? कैसे पैमाइश और मिल्कियत करें?

यूँ तो कॉमन लैंड्स—गोचर, तालाब, मंदिर—भी किसी व्यक्ति-विशेष के नाम नहीं होती, लेकिन उन पर किसी-न-किसी की मिल्कियत रहती है, नाम और हक रहते हैं—गाँव के ही सही। पार्लियामेंट के किसी अधिनियम से उन बे-पैमाइश को कॉमन बनाया गया, पैमाइश और पहचान दी गई, आदिकाल की अकर्मण्यता में कर्मण्यता बुई। यह कितना बड़ा हस्तक्षेप और व्यवधान रहा!!! उसका ऐसा आस्तित्व पार्लियामेंट से आया। पार्लियामेंट की दृष्टि में कोरी पड़ी बेनाम जमीन का आस्तित्व नहीं। कॉमनज पर आधुनिक समाज की मान्यताएँ-अवधारणाएँ और शासन-प्रशासन के नियम और मंसूबे चलते हैं। ऐसों के अंतर्गत मकसद बना उन जमीनों के कारोबार चलते हैं। मुल्क में ऐसी कोई जमीन नहीं, जो केवल जमीन हो। सब मकसद, बीड़ा, नाम लिए।

हमें उस जमीन की बेमकसदी की चाह थी।

तो तीन एकड़ धरती किसी की न हुई। न किसी के नाम की, न किसी के काम की। अबुझमाड़ को देखें तो धरती ऐसी ही होती है। आधुनिकता ने ऐसे रेफेरेंटस ढहा दिए, जो जमीनों की बेमकसद कल्पनाओं को जन्मते हैं, अन्य यथार्थ से व्यवहार कराते हैं। माओवादिओं के आने तक पूरा अबुझमाड़ मानव के निर्मित तमाम मंसूबों से बाहर बैठा ऐसा ही एक इशारा था। उसपर किसी का स्वामित्व न था—न स्टेट, न इनसान, न किसी इनसानी इदारे का; न उसकी सोच, न कर्म का। न स्वयं अबुझमाड़ का। वो बेहद और बेमकसद में जीता था। बिना अबुझमाड़ बाकी बस्तर हो नहीं पाता। स्वयं होने में बस्तर आधुनिक तंत्र और उसके समाज का घुप्प निरोध

था। आधुनिक समाज ही आधुनिक तंत्र से आसक्ति रखता है—उसके विरोध की ही सही। विरोध ला-इलाज आसक्ति है। विरोधी का ही विनाश करती है। विरोध के बाहर बैठे समाज दीगर बात करते हैं—देवी-देवता, पूर्वज, पिशाच, कई तरह की छाया-माया, रहस्यमयता, खोह-कंदरा, पेड़, पौधे, पहाड़, चट्टान, साँप, बिच्छू, धस्कन, नदियाँ, साँवला सूर्य, रहस्यात्मक अंधकार, स्वर, मौन और उनके बीच होने की बे-हद छूट। एक साथ कितनी विविधता, बहुरूपता और मौजूदगियाँ!!! कैसे दैनिक जीवन के अन्य मूल्य, मुद्दे, अनुभूति और अनुभव बनते! तंत्र पर केवल चर्चा हो सकती है; बोलचाल, गपशप या अन्य कुछ नहीं। हमारी पुस्तकें, सेमिनार, गोष्ठियाँ आदि अब एक-सी ही बात करते हैं। ऐसी बात अपनी अलग भाषा और संवेदना/संवेदनहीनता बनाती है, जिसका समाज से कोई ऐसा जीवित लेन-देन नहीं रह जाता। वो भाषा समाज को समाप्त कर और तंत्र की होकर ही बोली जा सकती है।

जो किसी का नहीं, किसी के नाम का नहीं, वो परे का हुआ—गए काल में पूरा बस्तर ऐसा था। परे का स्वामित्व नहीं हो सकता। उसकी हदें नहीं होतीं, न नाप-जोप, न चिन्ह-अचिन्ह, न आस्तित्व न पहचान-पैमाइश। अनिश्चित, वो मानव समाज के लिए एक अनूठी दृष्टि, संवेदना और आस्था बनाता, जिससे धरती पर रहना सुगम हो चलता। किसी असाधारण की आवश्यकता न होती। बस्तर से जब से अ-स्वामित्व गया तो उस तरह की दृष्टि और बोली भी गई—इसके परिणाम प्रकृति, जल, जंगल, जमीन और स्त्री के साथ रिश्ते पर हुए; पुरुष के नारीत्व पर हुए। वो कर्म-अकर्म भी गया, जो धरती को निरंतर उपलब्ध बनाता। उसका आर-पार वहाँ से आता जहाँ से धरती आई। उस अजाने का धारण बस्तर ने हजारों-लाखों साल किया। अब वो धरती छुप रही। अब पाने को जितना उसके पीछे दौड़ते हैं, वो उतना आगे खिसक जाती है।

यूँ तो कुछ करना जरूरी नहीं होता पर उस टुकड़े पर कुछ करने की विवशता भी महसूस होती रहती। अकारण-सी विवशता, जैसे कर्म-कृत्य के अलावा न हमें कुछ आता हो, न सृष्टि में कुछ होता हो, जैसे हमारे कुछ किए बिना सृष्टि अधूरी रह जाएगी। दूसरी ओर पारंपरिक बस्तर का, विशेषकर अबुझमाड़ का कुछ है, कुछ स्वयंभू, कुछ आत्मा जैसा जो करने पर बिखर रहता।

पशेपश रहती। करने के भीतरी-बाहरी दबाव महसूस होते। करना जोर मारता, न-करने के यदा-कदा धिक्कार भी महसूस होते। करते तो स्वामित्व आता; जमीन पर न सही, कर्म पर आता। कर्म और स्वामित्व का एक लीलना है। अनुभव से

तो यही लगता था कि कर्ता और धरती में पारस्परिकता नहीं होती; जैसे कर्म एक पैमाइश-शुदा, नपे-तुले संसार से आया हो। अबुझमाड़ के अनुभव से यही पाया था कि अकर्म की धरती से उतनी ही पूर्ण आत्मीयता है, जितनी देवी-देवता, पूर्वज, पिशाच, पेड़, पौधे, पहाड़, चट्टान, धस्कन, नदिया, स्वर, मौन की। अबुझमाड़ तो मेरे मन में रहता ही था तो लगता कर्म इन अ-हस्तपेक्षित तीन एकड़ वर्जिन लैंड को भंग ही करेगा। ये अभी जैसी भी है, स्वयंभू है। करने की विवशता के बावजूद हमें ऐसा कुछ न दिख रहा था जिसे करने पर उसकी आत्मा को ठेस न पहुँचे। उस धरती पर करना। जो कुछ भी करने को नहीं कह रही—निरात्म लगता। कभी हम विचार-बुद्धि की यात्रा में होते, कभी उस के बाहर सुख-चैन में। विचार अपने गोरखधंधे करते रहते। बस्तर के विचार-बुद्धि से फासले में उसका अल्लहड़पन है, जो उसे बहुत-कुछ से दूर रखता है।

समझ न आता तीन एकड़ पर ऐसा क्या करें, जो आत्मा के आचरण जैसा हो।

मन में करने और न करने की फाँक थी। दो मन हो असमंजस में रहना भी निरात्म था। मैंने अबुझमाड़ को कभी असमंजस—निरात्म में न पाया था। उसका सदा एक पौएज रहा। द्वंद्व-विलाप न दिखा। ज्यों धरती से सहमत हो द्वंद्व-विलाप से परे हो—आत्म-गौरव वाले समाज की और क्या बुनियाद होती होगी? ज्यों अबुझमाड़ जानता था धरती पर मात्र रहने का हर विकल्प अधूरा होगा। द्वैत—विलापी—समाज न सहमत हो पाते हैं, न धर पाते। धरती पर विकल्प, सभ्यता खोजते-बनाते रहते; कुछ-न-कुछ करते रहते हैं। पर इन तीन एकड़ों पर देवी-देवता, पुरखे, पिशाच, शेर, भालू, तेंदुआ, बिलाव, साँप, बिच्छू, पक्षी, पेड़, चट्टान, दिशाएँ, आकाश आदि काल से रहते आए हैं। कभी किसी ने करने का कोई बीड़ा न उठाया। संतों जैसे।

बरसों पहले से हम तीनों की एक कल्पना थी कि सामाजिक व्यवस्था, राजनीतिक बंदोबस्त, गवर्नेन्स, न्याय, अर्थ, आजीविका, जंगल, धरती या आकाश आदि से जो भी अभिप्राय, अवधारणाएँ, परिभाषाएँ, समझ, ज्ञान और कौशल आदि बाहरी दुनिया को चलाते आए हैं, आदिवासी समाज अपने मूल-मुहावरे में उन्हें कैसे देखता-समझता है; या उन्हें गौण, व्यर्थ मानता है। हम इसे 'दूसरे छोर से संवाद' (Dialogue from the Other End) कहने लगे। अन्य कल्पनाओं की तरह हमारी भी निराकार थी। निराकार होकर भी हमें दौड़ाती-हाँकती रही। हर कल्पना जैसे उसका भी निजीत्व था। उसे भी जैसे संपर्क विकार का भय था। अप्रकट की अतृप्त चाह से आती वो निजीत्व के या किसी ओट-परदे या गर्भ में ही हो सकती

थी। लोकतंत्र जैसी आस्थाओं के विपरीत वो पब्लिक डोमेन की नहीं होती। उसे पब्लिक, साकार, करना उसके स्वभाव से अलग करना है। कल्पित जब बोध गर्भ से निकल आकार-विचार का हो रहता है तो गति पाता है। केवल कल्पना और मृत्यु निराकार हैं। उनमें आकार-विकार नहीं तो हम 'दूसरे छोर से संवाद' को कल्पना से आगे-पीछे न ले जा पाए। न ऐसी पहल हुई, न संस्थापन, न पंजीकरण, न लोग जुटाए, ये सब एक तरह का धक्का लगाना होता। धक्का गति और हिलान पैदा करता है; रेस्टलेस कंफ्यूजन होते हैं, शायद ये हमारे निजी क्षय का भी प्रमाण था। शायद हम एक आत्मघाती कल्पनालोक, सम्पर्क विकार के आतंक में रह रहे हों। शायद हमें निराकार कल्पना के अलावा कुछ न चाहिए था। उस जमीन पर 'दूसरे छोर से संवाद' शुरू न हो पाया, वहीं चुक रहा।

अंततः हम बच न सके।

समय बीतते, लुप्त होती आसपास की पारंपरिक जड़ी बूटियाँ बचाना जरूरी लगा; उस भाषा-मुहावरे को भी जिसके बिना बस्तर की पारंपरिक चिकित्सा पद्धति अधूरी है। बीड़ा उठा तो एक बगीचा लग गया। हालाँकि बस्तर की परंपराओं में कुआँ नहीं है पर एक खुद गया। गर्मी में नदियों का पानी उतर जाता तो कनस्तरों से कुएँ का पानी जड़ी-बूटियों में देते। गर्मियों में, जहाँ सारा जंगल सूख नंगा हो जाता और जानवर यहाँ-वहाँ हो जाते, बगीचा हरा-भरा रहता। दो-तीन महीनों के लिए बस्तर सूख जाता और एक अन्य आयाम में आ रहता। हर साल के ऐसे सूखे के बावजूद बस्तर का बाहरी-भीतरी घनत्व बढ़ता रहता। किसी आदिकाल से चला ये कोई क्रम बगीचे द्वारा टूट गया। हमारे द्वारा दिए आयाम में बगीचा सूखे नहीं यह अनिवार्य था। हम संवर्धन और अनिवार्यता की दृष्टि, कर्म और तर्क में आन फँसे। किसी-कुछ से आत्मीयता, वासना हो रही; जड़ी-बूटियों और बस्तर को ले भय और चिंता हो रहे। ऐसी वासना खसगाँव को कभी न हुई थी। उसको हम से नया मुहावरा मिला। उसके तीन-चार घरों वाले हमारे पास के एक छोटे टोले ने भी कुएँ से पानी लेना शुरू कर दिया। हमें वाह-वाही मिली।

खसगाँव और अबुझमाड़ से हम छिटक गए।

ये सब कैसे और क्यों हुआ कहना कठिन है; रहेगा। कहने में बहुत असमंजस और अशांति है।

कहना कठिन होगा, लेकिन शायद इसी कारण बस्तर से मैं सदा के लिए लौट आया। जनार्दन की मृत्यु हो रही। पिल्सु कहीं बिखर रहे।

□

# 4

# चिड़िया का स्कूल

अबुझमाड़ में सोन नदी किनारे हल्बा आदिवासियों का गाँव है। गाँव का नाम सोनपुर है। पूरे अबुझमाड़ में सोनपुर एक मात्र गैर-माड़िया गाँव है। इसमें लगभग सत्तर परिवार रहते हैं। हल्बा पुश्तैनी किसान हैं। घरों की दीवारें मिट्टी और छतें देसी खपरैल की हैं। एक हैंडपंप भी है। बाकी डेढ़ हजार किलोमीटर क्षेत्र में अनुमानित तेरह हजार माड़िया आदिवासी हैं। उनके तीन-चार झोंपड़ों वाले लगभग दो सौ सत्ताईस छोटे-छोटे गाँव हैं। माड़ियाओं के झोंपड़े घास-बाँस के हैं। न वे खेती जानते हैं, न अपनी गायों-बकरियों को दुहना। बस लँगोटी पहनते—अमूमन कपड़े की, कहीं-कहीं छाल की। सोनपुर ही एक गाँव है, जिसमें स्कूल है। ईंट और सीमेंट के बने होने पर भी इसके दोनों कमरों में पानी रिसता है। दीमक के कारण उसके दरवाजों और खिड़कियों के कपाट टूटकर गिरे बरसों हो गए। सो सदा खुले रहते हैं। दीवारों का सीमेंट जगह-जगह तिड़का हुआ। अनेक जगह गड्ढे, छेद और तरेड़ें हैं। फर्श टूटकर असमतल, मिट्टी का। दिखने में लगता है स्कूल में बरसों से मरम्मत नहीं हुई।

ऐसी ही एक दीवार के छेद में एक चिड़िया घोंसला बना रहती है। आसपास के बीहड़ जंगल में अनगिनत पेड़, लताएँ और झाड़-झंखाड़ छोड़ वो स्कूल में ही रहती। मुल्क के देहात के स्कूलों में बहुत सारी चिड़ियाँ ऐसे ही रहती हैं।

घोंसले का घास नीचे लटका, टपकता, उड़ता रहता। चिड़िया रह-रहकर फुर्र से अंदर आती और बिना घास पर ध्यान दिए बाहर निकल, फिर आसमान में उड़ जाती। चहचहाते, लहराते अंदर आना और कक्षा के दो-एक चक्कर काट फिर बाहर उड़ जाना, इसी में उसे आमोद और आनंद होता।

हर सुबह वर्मा गुरुजी छड़ी लिये सरपट घर-घर जाते और सोए बच्चों को जगाते। उनींदे और नंगे ही स्कूल हाँक देते। गुरुजी वैसे भी थोड़े सख्त और सरपट

तबीयत के हैं। हमेशा जल्दी में रहते हैं। होनहार पहले ही जग जाते और नदी पार तैर निकलते, कबूतर पकड़ते, खरहों का पीछा करते, नदी किनारे केंकड़े निकालते, पेड़ों पर चढ़ नदी में कूदते-खेलते।

वर्माजी सप्ताह में छहों दिन पहाड़े पढ़ाते। वे हेडमास्टर हैं। उइके जी शिक्षक। उइके जी बे-मियाद छुट्टी पर रहते। सौ किलोमीटर दूर अपने गाँव से हर पहली तारीख को आते, महीने भर की हाजिरी भरते और वेतन उठा लौट जाते। घर पर उनकी जरूरत होती, अनेक चीजों की जरूरत होती है, वेतन की भी। वृद्ध माँ, पिता, पत्नी, बच्चे, मवेशी, धरती और समाज सब को उइके जी की जरूरत होती है। उनके आह्वान को नकारा नहीं जा सकता। जन्म स्थान, गाँव, पुरखे, पशु, धरती और मानव की एक पुरातन मिलनसारी है। इस बीच ही मनुष्य पैदा होता, जीता और फलता-फूलता है। राजतंत्र जीवन और समाज के आयोजन करने का सामर्थ्य नहीं रखता, न ही संवेदना। तंत्र मुलाजमत और जुड़ी बाध्यता के सिवा कुछ नहीं मुहैया करता; वेतन दे, बाकी सब छीन लेता है। वर्माजी एक हजार किलोमीटर दूर भिंड-मुरैना के रहने वाले हैं। उइके जी के गाँव के प्रति भाव को आदर से सराहते हैं। उनका भी गाँव है, वहाँ उनकी जन्मस्थली, परिवार, पुरखे और धरती रहती है। उनसे अलग-थलग होने के अपने अधूरेपन को वे महसूस करते हैं। गर्मियों की छुट्टी में वहाँ जाते हैं। अपना गाँव धरती पर सहज जीवन की बुनियाद है। वह मानव होने की एक निश्चित रीत है, जो समस्त सृष्टि से बातचीत कराती है। इसीलिए देहातों में सामाजिक बहिष्कार का डर मौत से भी बदतर माना गया। मृत्यु तो तात्विक के विस्तार को और स्थापित करती है। समाज में ही व्यक्ति हर प्राणी-अप्राणी से जुड़ता है। समाज-विहीन समस्त संग सगोत्रता से वंचित हो रहता है। उइके जी राजतंत्र से बहिष्कार का जोखिम उठा सकते हैं पर समाज-बाहर का न उठाएँगे।

स्कूल क्या, त्योहार है। शोर-शराबा, हल्ला-गुल्ला, धूमधाम। वहाँ बिना रंगों के रंग हैं। वर्माजी पहाड़े चीख-चीख याद कराते हैं। टूटे-फूटे फर्श पर आड़ी-तिरछी कतारों में बैठे बच्चे उतनी ही पंचम ताल में वापस गाते। स्कूल का सब कुछ टूटा-फूटा, आड़ा-तिरछा है, लेकिन चीखने में एक-सुर, एक लय, एक स्वर। तारतम्य में दायाँ हाथ उठा-उठा चिल्लाते। अचानक खिड़की से एक बिल्ली कूद अंदर आती और दूसरी से सर्र निकल जाती। पीछे एक बदहवास कुत्ता कूद आता और उसी तरह बाहर फाँद जाता। पीछे-पीछे कई बच्चे भी दौड़-फाँद रहते। वर्माजी के पहाड़े अपशब्दों में बदल जाते। उनके अपशब्दों में बदजुबानी है, बदनीयती

नहीं। आधी क्लास बाहर दौड़ गई। वर्माजी के गले को राहत मिल जाती, कई बीड़ियाँ फूँक जाते जब तक कि बच्चे अंदर न लौट आते। अब कुत्ता साथ लिए।

वापस जमीन पर बैठ पहाड़ों का दोहराव फिर जोर पकड़ता। पहाड़ों के साथ लोटते कुत्ते को सहलाया-खुजलाया जाता। चिड़िया फिर फुर्र से अंदर लहरा आती और दूसरी ओर से निकल जाती, जैसे गाँव अपना स्कूल दुरुस्त नहीं करता, वैसे ही वो घोंसला न सँवारती। वर्माजी के पहाड़े गाते कुछ बच्चे पिरामिड बने घोंसले तक पहुँच जाते और चिड़िया की टपकती घास वापस जमा देते। मरम्मत, मुर्रोव्ता, परोपकारिता और शिक्षण साथ-साथ होते। ऐसा रोज होता। कभी पिरामिड गिर जाता, तब उत्पात, कहासुनी, हँसना, रोना, हाथापाई। वर्माजी कइयों के कान ऐंठते। इस बीच पहाड़े जैसे-तैसे चालू रहते।

गाँव की तरह स्कूल में विद्यार्थी नहीं हैं—केवल बच्चे हैं। बच्चे भी खुद को विद्यार्थी नहीं मानते। खुद को स्कूल का न मान गाँव का मानते। ये सोनपुर की उपलब्धि है।

बाकी गाँव की तरह, स्कूल के अहाते में गोबर, बाम्बियाँ, रोड़े-पत्थर, बिल, पत्ते और टहनियाँ बहुतायत में बिखरे हैं। बाँस की बाड़ में उतने ही मुहाने हैं, जितने गाँव के गाय, बैल, बकरियाँ, कुत्ते, बिल्लियाँ और सूअर बना सकते हैं। बाड़ी में ये 'उल्लंघन' गाँव के अपने ठहराव हैं, जिनके बाद बाड़ पुनः गति पाती है। बाड़ के भंग-अभंग में, भंग-अभंग फर्श में, भंग-अभंग खिड़की-दरवाजों-दीवारों में, भंग-अभंग पहाड़ों और कतारों में गाँव के सतत ठहराव और गति हैं। इस अनित्य में गाँव का नित्य है। ये अनित्य-नित्य, पूर्ण-अपूर्ण गाँव के दैनिक जीवन की सहज चलयमानता है। वो उसे उपासता है। गाँव दोनों में जीता।

एक बकरी खिड़की पर चढ़ भीतर झाँक रही है। पहाड़े सुन बीच-बीच में मिमियाती है। एक नानी अपने अधीर नवासे को गोद में लिये एक मुहाना फाँद स्कूल आन पहुँची है। रोता-बिलखता, बेकल नवासा लिए नानी ठहरी-सी चाल चली आ रही। नानी के साथ कुछ गायें भी चल रहीं। नानी और गायों की चाल एक जैसी। गाय रहस्यमयी-सी बाम्बियों के पास आ बैठीं। नानी उल्लासमयी कक्षा में। मंत्रमुग्ध हो, बेकल नवासा अब शांत हो उल्लास में आ गया। गुरुजी, पहाड़े, बच्चे, नवासा, नानी, बकरी, बाम्बी, कुत्ता, बिल्ली, गायें—सब एक साथ हैं।

चिड़िया ने अपना घोंसला यहीं बनाया।

कुछ देर बाद नवासे को एक बच्चे के हवाले कर नानी खट्टी-भाजी और भात

पकाने घर लौट जाती। उइके जी की तरह उसे भी प्रतिज्ञाएँ निबाहनी हैं। जंगल से बेटी-दामाद आएँगे, स्कूल से नवासे-नवासी भी दौड़ पहुँचेंगे। उइके जी की तरह वहाँ नानी की जरूरत है। दोनों की एक वृत्ति। पूरा बस्तर एक वृत्ति।

दलिया पकाते समय स्कूल जलसा हो रहता। कुछ बच्चे लकड़ियाँ गिराते-उठाते ढो लाते। कुछ और पतीले माँजने नदी की ओर दौड़ जाते। कुछ दौने हेतु पत्ते लाने भाग जाते। दलिया पकते ही आपस में छीना-झपटी, कहा-सुनी, नाराजगियाँ और अकसर हाथापाई। इस कोलाहल में वर्माजी दलिया निगलते चार अपशब्द और कह डालते। गाँव के कुत्ते, बकरियाँ, गायें, सूअर मुर्गे-मुर्गियाँ द्रुत आन पहुँचते हैं। चिड़िया भी फुर्र से लहराती, मँडराती आ रहती है। पूरे गाँव का जलसा है।

पुरातन वन बिना भेदभाव जीता है। अपनी मुद्रा में, कोई तपस्वी-सा समभाव लिए। देखने में अव्यवस्थित, बेढंगा और बेतरतीब। स्कूल भी ऐसा ही लगता है कि जैसे कोई नियम, तौर-तरीके न हों, सब अ-नियोजित, बेढब हो, लेकिन ये बे-नियमी वैसी ही है जैसी झोंपड़े की आड़ी-तिरछी आकृति की, नदियों के डोलते-डालते बहाव की, परस्पर लिपटी वनस्पति की, आड़ी-तिरछी पगडंडी की, दूर के क्षितिज में किसी अनियोजित, अस्पर्शीय, अबूझ इशारे की, रोजमर्रा की गपशप में आगे-पीछे दौड़ती आपसदारी के मूल्यों की, लोगों के उठने-बैठने-चलने के ढंग की, दैनिक जीवन की अप्रत्याशित अनिश्चितताओं की। ऐसी बे-नियमी स्वयं या अन्य से कदाचित् सवाल नहीं करती; न ही उत्तर देती। वन इतना ही है। इसी अनाम अध्यात्म से सोनपुर का स्कूल और उसका व्यवहार अपनी ऊर्जा पाते।

सोनपुर और उसका स्कूल कोई मिथकीय रचना नहीं है। समूचा बस्तर सौ साल पहले तक भी ऐसा ही था, यद्यपि तब स्कूल न थे। अबुझमाड़ और भी पीछे जाता है। राजतंत्र का दंभ इन्हें मिथकीय कह, हटाना है। उसकी दृष्टि में सोनपुर, उसका स्कूल और अबुझमाड़ उससे अलगाव के लक्षण हैं। हटा कर ही दम भरेगा। कृषि-पूर्व का लँगोटीवाला बाकी अबुझमाड़ और कृषि करता पूर्ण वस्त्रधारी सोनपुर साथ-साथ जीते-मिलते हैं। कोई विलगाव-अलगाव नहीं। एक-दूसरे के अनुकरण नहीं। स्वछंद हो हल्बा और माड़िया अपनी-अपनी वृत्ति जीते, अपनी मिलनसारी करते। न आपत्ति, न आक्षेप। सहज रूप में—यही लोक-समाज है, जिससे बहिष्कृत होने कोई तैयार नहीं।

सोनपुर या मुल्क का कोई और गाँव—मार्क्सवादी, समाजवादी, गांधीवादी, उदारवादी, निरपेक्षवादी या अन्य कोई 'वैकल्पिक' नहीं होता। ऐसा होना सोनपुर

के स्वभाव में नहीं। केवल गाँव भर है जो हर रचित कटघरे के बाहर झूलता, अपनी धरती और आकाश से अनुरूपता करता, उन्मुक्त है। मार्क्सवादी, समाजवादी, गांधीवादी या अन्य कोई 'वैकल्पिक' तंत्र बेघरों की जमात है। तंत्र बेघरों पर जीता है। बेघरों की धरती से अनबन में ही अपना सत और प्राण पाता है।

स्कूल में सोनपुर के ऐसे सार तंत्र पर प्रतिदिन विजयी होते हैं पर घट भी रहे हैं। तंत्र के दायरे बढ़ रहे हैं। जल्द ही स्कूल के फर्श और बाड़ बिना ठहराव की निरंतरता हो रहेंगे। व्यवहार, पाठ्यक्रम, खिड़की, दरवाजे, दीवारें गाँव के न रहेंगे। अंतरिक्ष घट रहेगा। आकाश वापस लौट रहेगा। चिड़िया बेघर हो रहेगी। बच्चे विद्यार्थी हो रहेंगे, तब स्कूल कुजात, अशिक्षित और असभ्य हो रहेगा।

ऐसे इलाके में जहाँ कभी किसी तरह की घोषणा नहीं होती, अप्रैल आते वर्माजी परीक्षाफल की घोषणा करते हैं। नतीजे सुनाए जाते हैं, लेकिन बच्चों को कदाचित् मालूम नहीं होता वे किस क्लास से किस में आन पहुँचे। परीक्षाफल भी एक मेले जैसा; सब चहचहा रहे, जो पास हुआ वो भी, जो नहीं हुआ वो भी। पास हुओं की तरह फेल हुओं को भी नहीं मालूम फेल होना क्या होता है। इतना पता होता है कि गुरुजी को एक मुर्गा भेंट किया जा सकता है—तंत्र से लेन-देन, मोल-भाव ही हो सकते हैं। उसकी प्रवृति और मुहावरा नेगोशिएश्न का है। अप्रैल गुरुजी का मुर्गा-माह हो रहता है। भुने या उबले भोजन से ऊब, इस माह मैं अपने गाँव से आ वर्माजी के यहाँ डेरा डाल लेता हूँ। उनकी निष्कपट डींग कि सारे अबुझमाड़ में मसालेदार मुर्गा पकाने वाला उनके बराबर कोई नहीं, सच है। मुर्गा खाते-खिलाते वे और डींगे हाँकते हैं—दादाओं की शेरों से हाथापाई, चंबल के घड़ियालों से मुठभेड़, फसली पैदावार, नदियों के समुद्र-से उफान आदि। वहाँ के बारे में वर्माजी खूब वाहवाही करते हैं—दूर बैठ अपने गाँव की कमी उन्हें अखरती है। अपने गाँव को हर तरह से सजाने की उनकी ललक मन भाती है।

अपनी उल्लासित, उत्साहित उमंग में स्कूल में शायद ही कोई क्षण उबाऊ या निष्प्राण होता हो। स्कूल उसी कथा का है, जिससे गाँव, उसके लोग और भू-दृश्य आते हैं—सब एक-दूसरे में गुँथे, प्राण फूँकते। छोटे-बड़े, मानव, पशु, अंतरिक्ष, आकाश सब एक साथ; बिना दूसरे के कोई प्राण नहीं पाता, जैसे अबुझमाड़िया के नन्हे-से झोंपड़े में होता है—सब स्वागत योग्य हैं, सबको समर्थन। सबके लिए है—केवल गुरुजी, बच्चों और पहाड़ों के लिए नहीं। अपने स्वभाव और बे-नियमी में वह उतना ही स्थान तंत्र को भी देता है। सब खुला सपाट है। रोक-टोक नहीं। सब

का है; किसी का निषेध नहीं। गाँव, उसकी धरती, जंगल, पत्थर, पहाड़, पशु-पक्षी, कीड़े-मकोड़े, दसों दिशाएँ, वायु और आकाश अपने सार और अर्थ लिए हर दिन स्कूल में आ बैठते हैं, बच्चों और गुरुजी जैसे। सत जैसा पूरी सृष्टि में है, वैसा ही सोनपुर के स्कूल में। सब दृश्य-अदृश्य आते हैं, मनाही नहीं। स्कूल का ऐसा खुला पाठ्यक्रम गाँव का स्वयं अपना, स्वदेशी है। यहाँ तंत्र का शासन नहीं चल पाता। यही तंत्र पर गाँव की दैनिक विजय है। इन बच्चों की बाहरी आधुनिक समाज में कोई जगह न हो पर इनके घर, जंगल, पहाड़, पशु-पक्षी, नाना-नानी, आह्वान और प्रतिज्ञाएँ अपने मुकाम पर विराजमान हैं। अपने बच्चों के लिए ऐसा ही रखना, गाँव की यही विरासत और प्रतिज्ञा है। इस पाठ्यक्रम में उइके जी, नानी और चिड़िया का भी उतना ही स्थान है, जितना गाँव होने के मनोरथों और मुरादों का, धरती पर जीने के उस अदब का जो सोनपुर का अपना निजी है।

सोनपुर और उसका स्कूल प्रतिदिन ऐसे ही जीते हैं। ऐसे ही उसके लोग, पेड़, नदी, पहाड़, मवेशी, आकाश और अंतरिक्ष। 'चिड़िया का स्कूल' का बस इतना ही गर्भ और सार है।

सोनपुर निकटतम सड़क नारायणपुर (निकटतम कस्बा) से लगभग 4 घंटे का पैदल रास्ता है। करीब सत्तर हल्बा परिवारों के इस गाँव में एक जोगी परिवार और एक पनका (वाद्ययंत्र बनानेवाला समुदाय) परिवार भी रहते हैं। बाकी अबुझमाड़ में अन्य कोई स्कूल नहीं।

## संदर्भ–

1. कुछ बरस पहले 'लिबरेटड जोन' के नाम पर माओवादियों ने, गाँव के निज को तहस-नहस कर दिया। गाँव के अब दो हिस्से हो गए—सोनपुर और नया सोनपुर

□

# 5

# निर्जन बेंगुर

उतना याद नहीं पर दोपहर का वक्त रहा होगा। मैं बेंगुर नदी पर आ रुका। पहली बार अबुझमाड़ जा रहा था। प्राचीन और एक-दूजे से गुँथे देव-से पेड़ों, बेहिसाब पौधों, बेढब झाड़ियों और लिपटी लताओं के आधे-अँधेरे झुरमुट से आसमान कहीं-कहीं झाँक रहा था। बदशक्ल और बदरंगी चट्टानों, उतरती-चढ़ती खाइयों, ऊँची-ऊँची बाम्बियों, चिरकाल से एक-सी लगती पगडंडियों और मुँह बाए गुफाओं के मौन में शोर करता बेंगुर का पानी उस मौन को तोड़ न पा रहा था। पानी की आवाज भी मौन थी, जैसे समूची निर्जनता ने अपना गुप्त स्वर फिर पा लिया हो। मौन और स्वर एक-दूसरे में गुँथे। कुदरत ऐसे रूप भी लेती है कि वीरान भी हो आबाद भी—इसका कोई शब्द न गढ़ पाएगा। यूँ कि जैसे हर चीज अपनी जगह पर हो। जो गूढ़, गुप्तार्थ और रहस्यमयी हो, सो घुरकाता भी है। उस आधे-अँधेरे झुरमुट के बीच खटका महसूस हुआ। वह किसी ऐसे आतंक से आया, जो सदियों से मेरे भीतर रहा हो और जिससे मैं अनजान रहा होऊँ। व्यक्ति कितना जानता है? जान सकता है? जाने भी क्यूँ? क्या करना है जान कर?

जानने और करने की चाह एक अनावश्यक, अंतहीन व्याकुलता से आई दिखी। मानव समाज और उसकी दिशाओं-व्यवस्थाओं पर इसके परिणाम दिखाई दिए।

अबुझमाड़ का अधिकांश ऐसा है, जो समझ न आएगा। जो समझ, शब्द और जानने से हट के है, उसे समझना नितांत अनावश्यक और असंभव है। उसके झुरमुट में व्याकुलता नहीं। हर चीज अपने स्थान पर है। निरंतर व्याकुलता के परे आधुनिक आदमी का वो अ-घटित, जिससे शब्द के रहते वो रू-ब-रू न हो पाएगा। अ-घटित को शब्द न चाहिए। उसकी गुत्थियाँ और परतें उन बेलौस लिपटे देव-सरीखे पेड़ों, पौधों, झाड़ियों और लताओं के आधे-अँधेरे की तरह हैं, जो

बुद्धि से परे है। उन्हें बुद्धि, शब्द और समझ न पाट पाएँगे। यहाँ रहते लगा बुद्धि, शब्द और समझ होने को छिपाते-दबाते हैं, शायद इसीलिए अबुझमाड़िया की कुल शब्दावली 3-500 शब्दों से अधिक न हो। शब्दों का वह अधिक भोग नहीं करता। न ही बुद्धि का करता दिखता। यहाँ वो फेकल्टीज या योग्यताएँ न चल पाएँगी जिन्हें बाहरी दुनिया ने शीर्षस्थ माना। यहाँ मानव होने के संकल्प, मंसूबे और उद्योग निरर्थक लगे।

मैं निकटतम सड़क (नारायणपुर) से लगभग 18-20 किलोमीटर चल आया होऊँगा। झोले में रखी रोटी, दाल और गुड़ का समय हो आया था। भूख, पानी और सुस्ताने के लिए बेंगुर नदी पर आ रुका था, लेकिन चाह खत्म हो रही। बीहड़ कोई खयाली, रूमानी मुकाम न था। यहाँ आदमी का निशान तक न था। उसका दूर-दूर तक सुराग नहीं। लगा, जैसे ये प्रजाति ही न हो। भूख और आराम के लिए अन्य का होना जरूरी है—सोहबत और संगत, परिवार, पड़ोसी, कुनबे, गाँव, आबादी, समाज। था तो सिर्फ अँधेरे-सा झुरमुट और उसकी कठोर-सी रहस्यमयता। सारा अबुझमाड़ ही ऐसा है। बेंगुर पर मैं व्यर्थ सिद्ध हुआ।

कुदरत इतनी समूची हो तो शब्द उसकी ध्वनि को बाधित करता है। शब्द का स्वभाव ही डिसरपटिव है; मौन को बाधित करना। वह बोलता है, सुन नहीं पाता। यहाँ देख लगता है सृष्टि में शब्द और उसकी परिणति—ह्यूमन सिविलाइजेशन—नदारद है। सिर्फ गुँथा, नि:शब्द मौन है। यहाँ शब्दों की बाहर जैसी भरमार होती तो सिविलाइजेशन होती, उसके संकल्प, मंसूबे और उद्योग होते; उनसे उत्पन्न दैनिक जीवन की रफ्तार होती। अबुझमाड़िया उनके अनुसार अपना चलन करता, तब ध्वनि और उसका मौन विरूप होते। ह्यूमन कल्चर इज ए ह्यूमन कन्स्ट्रक्ट—मानव होने की डींग। साथ-साथ ह्यूमन कल्चर मानव की शायद प्राचीन और प्रथम मृत्यु-इच्छा भी। उस झुरमुट में कुछ भी रहा हो, मृत्यु नहीं थी, तब एक विनय भाव उमड़ा। वह विनय सामाजिक-सांस्कृतिक-धार्मिक न हो, मौन सृष्टि थी। जिसमें व्यक्ति भी अपने शब्द, सोच और कर्म में मौन-गौण हो रहे। अबुझमाड़ जैसे जानने, समझने और होने की खलबली के उधर जा पहुँचा हो। जैसे बाहरी समाज को तान्देंन मारिन पोदेल्ला छू गया हो। यहाँ आम उगता यह पौधा राह चलते किसी को छू जाए तो वह कुछ वक्त के लिए याद्दाश्त खो बैठता है। दरवाजे पर पहुँचकर भी घर ढूँढ़ता रहता है।

टेक्नोलॉजी की तरह, शब्द और संस्कृति—मानव की अधीनता, निर्भरता

या सहयोग में हो न पाएँगे। इनका निहित तर्क मानव से स्वातंत्र्य और उस पर हावीपन का है, जैसे खासकर पिछले 3-500 सालों में आदमी का निरंतर उद्योग बीहड़ प्रकृति से स्वतंत्र हो उस पर हावी होना रहा है, वही उद्योग शब्द-संस्कृति का आदमी से रहा कि आदमी उनकी अधीनता करे। वक्त गुजरते शब्द की जो सूरत बनी वो बीहड़ के आधे-अँधेरे से निकाल पूर्ण प्रकाश में ला खड़ा करने की प्रतिज्ञा करती है (छह सौ साल पहले की अंग्रेजी में 'शब्द' का मायने 'प्रतिज्ञा' हुआ करता था)। सत्रहवीं शताब्दी तक यूरोप में वन को अंधकार, अज्ञान और दुरात्माओं का प्रतीक माना जाता था; उसके नाम पर बच्चों को डराया जाता था। बस्ती-शहर को ज्ञान और प्रकाश का उद्‌गम माना जाता था। प्रकाश के लिए वह व्याकुलता आज भी है।

अबुझमाड़िया पढ़ता भी नहीं लिखता भी नहीं; उसके पास बोलने के लिए उतने शब्द भी नहीं। उस परिवेश में इतने शब्द चाहिए भी नहीं। उसकी वैसी बस्तियाँ भी नहीं (एक गाँव मात्र 3-4 घरों का होता है)। उसके बोले शब्द के इर्द-गिर्द एक छुआ-मुआ मौन रहता है, जैसे कि वह पहाड़ को देख रहा है पर बिना शब्द के। बेंगुर का पानी पत्थरों से टकराता तेज बह रहा है पर बिना शब्द के—ऐसे विश्राम में जिसकी अनुभूति कथाओं में होती है। कथाएँ जैसे उस पहले मौन से पुनः मिलने की ललक हो जो कहीं बिसर रही।

बात उतनी झुरमुट-झाड़ या निर्जन-आबाद की नहीं; न ही उन्हें रूमानी करने की। बात उसकी है, जो अधिकांश धरती से उजड़ चुका। शायद उसका कोई शब्द न हो। वो लुका-छिपा-सा धरती की बिसरती कथा-कहानियों में मिलता है। कथासरित सागर, जातक कथाएँ, हितोपदेश, विक्रम-वेताल, अरेबियन नाइट्स, प्रेमचंद, इंतेजार हुसैन, लातिन-अमरीकी कहानीकार आदि—ये केवल कथाएँ-कहानियाँ नहीं हैं। उनकी कथात्मकता उन्हें बेंगुर से जोड़ती है; उनके आपसी लुके-छिपे स्पंदन को जोड़ती है; उस स्पंदन से जिसको आदमी यदा-कदा अनुभूत करता है। उनके शब्द मौन हैं, व्याकुल नहीं। हर कहानी कथात्मक नहीं होती। जो कथात्मक नहीं, मौन नहीं हो सकता—काफ्का और कैम्यु कथात्मक नहीं हो सकते। वे बिना कथाओं की कहानियाँ लिखते हैं। उन्होंने शब्दों के स्वर को चुना, मौन छितरा दिया। यूरोप के अंधे बीहड़ निखर कर जितना प्रकाश में आ रहे थे, उद्योग-शब्द-संस्कृति उतने सुदृढ़ और मुखर हो रहे थे। जो कथात्मक है सो मौन है। आधे-अँधेरे का है। जो मौन है सो कथात्मक; बेशक उसकी कहानी न भी हो।

अबुझमाड़ बिना कहानी की कथा है; न कथानक, न रूपरेखा, न पात्र, न शब्द, इसलिए वहाँ कहानियाँ नहीं। बस गिनी-चुनी, कहें तो मात्र 4-6 लाइनों की।

माओवादी वहाँ शब्द, उसकी व्याकुलता और एनगेजमेन्ट्स लाए। अपनी तमाम शक्ति और सत्ता के बावजूद ऐसा उत्पात तो भारतीय राजतंत्र भी न कर पाया था जो माओवादियों ने मुट्ठी भर सालों में कर डाला। शब्द—काफ्का, कैम्यु, नित्श्जे, लोकतंत्र, समाजवाद, मार्क्स और माओ—व्याकुलता की एनगेजमेन्ट्स की कहानियाँ हैं। वे गुँथ न पाएँगी। माओवादियों ने बेंगुर के मौन स्वर में व्याकुलता बो दी। व्याकुलता मौन में नहीं गुँथती।

मैं उठ फिर चल पड़ा। ये बात जनवरी 1980 की है। चंद महीने पहले तक अबुझमाड़ का नाम भी न सुना था।

अबुझमाड़िया की बोली में बहुत सारी चीजों के लिए शब्द नहीं है। कोई घटना घट रही है, लेकिन उसके लिए शब्द नहीं। जो घटा है, उसके लिए शब्द न होना। जैसे 'बिगड़ने' के लिए कोई शब्द नहीं है। छप्पर, कुल्हाड़ी की धार, तीर की नोक, देवी-देवता, पुरखे आदि अपने क्रम में बिगड़ते रहते हैं, लेकिन बिगाड़ के लिए कोई शब्द नहीं है। बिगड़े तीर को शब्द न देना—ये कैसी अनुभूति होती है, इसकी समझ आसान नहीं। जैसे बिना शब्द पहाड़ को देखना। कैसी होती होगी वह अनुभूति?

घटना के लिए शब्द का आना, जैसे किसी अतिक्रमणकारी ने भीतर आ बेजा कब्जा कर लिया हो। किसी निरीह की जमीन पर कोई शक्तिशाली बेजा कब्जा करता है तो जो गुजरती है निरीह ही जान पाता है। उस घटना में बहुत कुछ हो रहता है। वो पैनी अनुभूति शब्द के परे है तो बेंगुर बह रही है, आधे-अँधेरे के प्राचीन झुरमुट में। उस घटना का अतिक्रमण करनेवाला कोई नहीं। अन्य जगह जहाँ ताना-बाना अभी तक गुँथा नहीं, जहाँ व्याकुलता हो, झुरमुट नहीं—वहाँ शब्द आ घटता है। शब्द ही घटना हो रहता है। घटना गौण। हम कैसे यथार्थ में जी रहे हैं? कहीं छले गए?

'सार्वजनिक' और 'समकालीन', जैसे जुमले आधुनिकता के मिथक हैं। माओवादी जैसा मानस इतना सार्वजनिक, समकालीन और प्रत्यक्षता का है कि समझ न पाया कथात्मकता बहुत निज, इंटिमेट स्पंदन है। इट इज एन इवेंट इन प्रिविसी। सतत सृजन-प्रजनन की प्रिविसी। इट इज नॉट ए पब्लिक एक्ट बट वन इन अनोनिमिटी ऐंड अननोवेब्लिटी। माओवादी एक ऐसी दुनिया से आया, जो जानने

पर तुली है। जानने की ललक में माओवादी, गांधीवादी, समाजवादी, पर्यावरणवादी, न्यायवादी आदि सब एक हैं। सबको सबकुछ जानना है। कुछ अजाना न रहे। 1990 से जब माओवादी अबुझमाड़ में भरपूर आन पहुँचे तो ऐसे लोगों में चले आए, जिनकी अजान में आस्था है। अबुझमाड़ को जानने से सरोकार नहीं। न-जानने की ध्वनि सुनता है। उसे शब्द की दरकार नहीं। अबुझमाड़िया के लिए शब्द उस ब्लैंक को भरता है, जिस ब्लैंक में वो जीता है, जैसे बेंगुर का रहस्यमयी मौन और घुप्प रात की अथाह निष्क्रियता!!! ये हैं ब्लैंक, नि:शब्द।

बेंगुर के मौन और राम के वनवास में अंतर नहीं। वनवास से अधिक प्रिविसी और किस में होगी? जीवन उसके एग्जाइल में है, जैसे अबुझमाड़िया का घर उसके झोंपड़े के बाहर, एग्जाइल में है; इतना कि जहाँ आसमान भी कहीं-कहीं से ही झाँक पाए। लिविंग इज एन अन-परिसीडेंटड इवेंट ऑफ प्रिविसी। अबुझमाड़िया के घर के समान जो भीतर से बाहर आए वो घर आ रहता है—एन एक्ट ऑफ एग्जाइल। जीवन का अनुनाद बीहड़ वन ही हो सकता है। दोनों इस तरह सहज-सुगम हैं।

वो निज-इंटिमेट धरती से लंबे समय पहले उजड़ चुका।

छाया का अपना स्व नहीं होता; वो पराए का धारण कर आस्तित्व पाती है और छलती है, वैसे ही ज्ञात अज्ञात की ओट में, अनुनाद में, आस्तित्व पाता है, स्वयं में नहीं। वो स्व-हीन अतिक्रमणकारी है। तान्देंन मारिन पोदेल्ला की तरह छलता है।

जो अज्ञात नहीं वो कहीं नहीं।

इसीलिए काफ्का, माओ या आधुनिकता की अबुझमाड़ से बात नहीं हो पाती।

आधुनिकता का संकट अति सूक्ष्म गहरा चुका है। अब स्टेट-सोसाइटी-लोकतंत्र, जैसी बहसों या प्रयोजनों से कुछ न आएगा। वे कॉस्मेटिक करेक्शन्स से ज्यादा कुछ नहीं।

कोई दो घंटे और चलने के बाद, उठते धुएँ से अनुमान लगा मैं सोनपुर आ पहुँचा।

□

# 6

# अबुझमाड़ समाज में महिलाएँ

अबुझमाड़ के आदिवासी समाज में महिलाओं की स्थिति जानने लिए वहाँ की पृष्ठभूमि जानना मददगार रहेगा।

कैसे भी हों, पूर्व-आधुनिक समाजों में मुद्दे बहुत कम हुआ करते हैं। इस अर्थ में वे सहज और सरल होते हैं। समाज केवल मानव और उसकी बनाई व्यवस्थाओं, प्रक्रियाओं, संस्थाओं, प्रथाओं आदि से पूर्ण नहीं होता। मनुष्य, पशु-पक्षी, पेड़-पौधे, नदी-पहाड़, आकार-फासले-विस्तार, दिशाएँ, अंतरिक्ष-आकाश, कर्म-अकर्म के आपसी मेल-जोल से समाज बनते हैं। तब जीव की लय और गति तय होती है। निखालिस 'मानव समाज' एक मनगढ़ंत चीज है—उसमें रिश्ते भी मनगढ़ंत। आधुनिक समाज पुराने समाज से अकसर सवाल करता है। उसके सवाल एक असहज और मात्र 'मानव-समाज' से आते हैं। दोनों के मूल्य, आस्थाएँ और मुहावरे अलग हैं। दोनों एक-दूसरे की लय और तारतम्य अकसर बहुत कम पहचानते हैं। पुराना समाज अमूमन सवाल नहीं पूछता, उत्तर भी नहीं देता। ऐसे समाज और उसके रिश्तों को आधुनिक मानस के मापदंडों से देखना न्यायोचित न होगा। अनेक ऐसे शब्द और आस्थाएँ हैं जो दूसरे समाज में नहीं होते तो सवाल अकसर भ्रांत करते हैं। आदिवासी समाजों को उनके मापदंड से ही देखा जाए। खासकर, जिन्होंने आधुनिकता की झलक या तो न देखी हो या महज-मात्र ही।

आप द्वारा जो प्रश्न मुझे भेजे गए, बहुत डायरेक्ट हैं—सीधी रेखा जैसे। प्रकृति में डायरेक्ट या सीधा कुछ भी नहीं। सहजता के लिए प्रश्नों के क्रम को आगे-पीछे करना पड़ा। सो उसके लिए क्षमा। कुछ के तीखेपन को फीका करना पड़ा; कुछ को नकारना भी पड़ा। आशा है, इसमें आपको आपत्ति न होगी। अबुझमाड़ का सामाजिक संदर्भ देखते हुए मेरा यह लेख शायद आपके हर प्रश्न का उत्तर न दे पाए, लेकिन इशारे जरूर देगा, ऐसा मेरा मानना है। अबुझमाड़ स्वयं एक इशारा है।

अलग-अलग समाजों में अलग-अलग पृष्ठभूमियाँ होती हैं जिनसे उनके जीवन, पारिवारिक एवं सामाजिक संरचना तथा रिश्तों का चलन बनता है। ऐसे में एक के सवालों के ध्येय और धरातल दूसरे से अलग हो रहते हैं; या दूसरे के नदारद होते हैं। एक धरातल के जवाब दूसरे धरातल के अनुसार गढ़ना न तर्कसंगत होगा न न्यायसंगत। सवाल पूछने वाले समाज और जवाब देनेवाले समाज की पृष्ठभूमि अलग हो सकती है, होती भी है। जैसे जब मैं अबुझमाड़ में था तो वहाँ मेरा होना एक नयापन था, जिससे विशेषकर भीतरी गाँव अभ्यस्त न थे। मेरे या मेरे 'देश' के बारे में जानना चाहते थे तो थोड़े-बहुत साधारण-से प्रश्न पूछ लेते, लेकिन प्रश्न गढ़ने में उन्हें कठिनाई होती, जैसे अपनी चमड़ी से बाहर निकल कुछ कर रहे हों; जैसे नाम आदि के बाद पता न हो और क्या पूछना है। वे कभी न पूछते कि मैं दिल्ली में क्या करता हूँ, न ये कि यहाँ क्या करने आया हूँ, परिवार में कितने लोग हैं आदि। दूसरी ओर, बाहरी समाज ये पूछने में कभी न चूकता कि अबुझमाड़ में क्या करता हूँ। चालीस साल बीत गए, बाहरी समाज आज भी ये सवाल पूछता है। तो दोनों समाजों का मानस क्या है जिससे वो गति या गतिहीनता पाता है? वो मानस कहाँ से, कैसे आया? पुराने आदिवासी को जानने में बहुत से शोध और विश्लेषण यहाँ चूक रहते हैं।

आदिवासियों को दो भागों में विभाजित करना सार्थक होगा। पहला वो जो परिवर्तन, विकास आदि (और संबंधित दृष्टि/मूल्य) की धारा से जुड़ आधुनिक हुए हैं और अपने जीवन को सफलताओं-असफलताओं, कर्म-कांड आदि के मापदंड से आँकते हैं; दूसरे वो जो पूर्व-आधुनिक हैं और मनुष्य-निर्मित व्यवस्थाओं, प्रक्रियाओं, संस्थाओं, प्रथाओं तथा इनसे उत्पन्न सवाल-जवाब आदि के दायरों से परे हैं। इस बाद वाले वर्ग में अबुझमाड़िया जैसे समुदाय आते हैं। दशक 1980 के आखिरी वर्षों में यहाँ भी माओवादी एवं रामकृष्ण मिशन जैसी बाहरी ताकतें बाहरी दृष्टि और व्यवस्थाएँ लिए आ रहे।

अबुझमाड़ में मेरा रहना 1980-85 तक हुआ। सो इस लेख का संदर्भ उतना ही माना जाए। बाकी वक्त उससे सटे बस्तर के अन्य हिस्सों में बीता।

अन्य पुराने समाजों की तरह अबुझमाड़ अकर्मण्यता की संस्कृति है। वहाँ मौजूद लगभग सारी व्यवस्थाएँ बीहड़ प्रकृति की हैं। जीवन की आवश्यकताएँ जितनी हैं उतनी व्यवस्थाएँ बीहड़ वन बनाता है तो मनुष्य का कर्म कम हो रहता है। अन्यथा, जिस बरतन का पेंदा नहीं उसे समुंदर भी नहीं भर सकता। यहाँ मनुष्य

के लिए बहुत कम काम हैं। बीहड़ वन खान-पान, आश्रय, दवा, आपसी सहयोग और मेल-जोल, आमोद और आनंद जैसी तमाम आवश्यकताएँ पूरी करता है। यद्यपि बाहरी समाज की तरह कर्मठ नहीं, न कर्मठता को कोई दर्जा देता, न उस जैसी व्यवस्थाएँ और सरंचनाएँ रखता न मूल्य, फिर भी वहाँ न भुखमरी है न लाइलाज रोग, न हिंसा, न गैर बराबरी, न ही महिला विरुद्ध छेड़खानी, बलात्कार या अन्य अपराध जिनसे बाहरी समाज वीभत्स रूप से व्यवहार करता है। विशेषकर महिलाओं को लेकर कोई अपराध कदाचित् सुनने में न आया। कहना होगा किसी समाज को आँकने के ये मापदंड—भुखमरी, लाइलाज रोग, हिंसा, महिला असम्मान, असमानता—अबुझमाड़ के न हो आधुनिक समाज के हैं। इतनी अभूतपूर्व उपलब्धियों और दावों के बावजूद यह समाज अपने ही मापदंडों पर खरा नहीं उतरता।

महिला-पुरुष संबंध जानने के लिए यह जानना जरूरी है कि अबुझमाड़ के गाँव और प्रकृति में ऐसा विभाजन नहीं। गाँव बीहड़ वन में है, बीहड़ वन गाँव में। चार झोंपड़ी का गाँव बीहड़ का ही विस्तार है, इसीलिए शेर, भालू, साँप, बिच्छू, भूत, पिशाच आदि गाँव में आते-जाते या रहते। झोंपड़ी भी बीहड़ की आकृति ही है। गहन-गुँथे जंगल में खड़े शेर को पहचानना आसान नहीं, वैसे कहीं खड़े अबुझमाड़िया को भी नहीं। प्राणी का आकार कहाँ खत्म हुआ और बीहड़ वनस्पति का कहाँ शुरू, कहना आसान नहीं। वनस्पति के रंगरूप, ढाँचे और प्राणी के रंगरूप, ढाँचे में ऐसा स्पष्ट अंतर नहीं। यदि हम पशुओं को आदर भाव से उन जैसे होकर देखें तो अबुझमाड़िया के जीवन में और शेर, भालू, तेंदुए, कुत्ते, बिल्ली, पक्षी, साँप-बिच्छू, पेड़-पौधे, पहाड़, नदी के रहन-सहन में ऐसी कोई स्पष्ट दिखनेवाली विभाजन रेखा नहीं। सब नग्न या लगभग नग्न। पशु भी भोजन पाने बाहर निकलता, मनुष्य भी। पशु की तरह अबुझमाड़िया भी दिन भर झोंपड़ी के बाहर जीवन चलाते—शिकार, मछली-केंकड़ा, भोजन एकत्रण, मिलना-जुलना, महुआपान, सम्भोग, नाच-गान, परवरिश, जन्म-मृत्यु आदि सब बाहर होता है। बाहर को ही घर मानते। झोंपड़ी केवल रात्रि-आश्रय है, इसलिए दिन भर वीरान रहती, वन आबाद रहता।

जैसे सब प्राणी-अप्राणी, अविभाजित, किसी एकमात्र लय के अलग-अलग गुण-भाग हों।

एक औसत दिन का कार्य भोजन पकाना, दोने-पत्तल बनाना, सूखे कद्दू

के खोल में पास नदी या झरने से पानी भर लाना या वहीं पी आना, चटाई झोंपड़ी के बाहर या भीतर रखना, शाम समय छोटे-बड़े द्वारा महुआ पीने के दोने बनाना, एक-दूसरे की कंघी करना या बालों में फूल गूँथना, नाच-गान और गपशप करते सो रहना। कभी-कभार सिहाड़ी की रस्सी बुनना, जलती लकड़ी द्वारा एक-दूसरे के बाल 'काटना', बाँस चटाई बुनना, कुल्हाड़ी, तीर या चाकू की धार बनाना, पक्षी फाँसने के जाल बुनना, झोंपड़ी के तल में दीमक की जाँच करना, मन हुआ तो टीले पर बैठ शहद की मक्खी की बाट जोहना या बाँस के बुने जाल में फँसी मछलियाँ निकालने चले जाना। ये काम महिला-पुरुष दोनों करते हैं, यद्यपि पुरुष थोड़े ज्यादा। चूहे का शिकार अकसर बच्चे करते हैं। महिला-पुरुष में जो प्राकृतिक अंतर हैं, जैसे प्रजनन और स्तनपान, सो हैं। इनसे महिला का दर्जा प्रभावित नहीं होता।

एक औसत दिन में इससे अधिक काम नहीं होता। बाहरी समाज में ऐसे कार्यों को अकसर स्त्रैण, पौरुष-विहीन माना जाता है।

भोजन एकत्रण (फूड गेदरिंग) सप्ताह में दो-तीन बार होता है। महिला, पुरुष और बड़े बच्चे सब साथ-साथ भोजन एकत्रित करने जाते हैं। कुत्ते, बिल्लियाँ और कभी-कभी बकरियाँ भी साथ हो लेती हैं। हँसते-खेलते जाते हैं। गाँव जैसे मेले जा रहा हो। गीत-गाने, चुटकुले, टाँग-खिंचाई, काम-तफरीह, कंद-मूल, फल-फूल, पत्ते, बाँस की कोपलें, छाल, जंगली आम, कद्दू, हरी मिर्च, खट्टी-मीठी घास, मछली, केंकड़े, मेढक आदि पकड़ना, सब हो रहा है। भोजन एकत्रण अति सरल है तो पकाना भी सरल। शिकार के जानवर, पक्षी या मछली की खाल या केंकड़े का खोल उतारना आदि ज्यादातर पुरुष करते हैं तो उबालना या भूनना और दोने-पत्तल बनाना महिलाएँ। अकसर भूनने का काम गपशप करते पुरुष भी करते हैं और यदा-कदा दोने-पत्तल भी बनाते हैं। महिला के मासिक धर्म में पुरुष और बच्चे भोजन पकाते हैं।

बच्चों की परवरिश भी भोजन जैसी सरल। उसमें कोई खास देखरेख नहीं की जाती, न आवश्यकता होती है। परवरिश में माँ-पिता की भूमिका शायद सबसे कम रहती है। परवरिश अपने आप हो जाती है। बीहड़, भोजन, परिवेश, परवरिश—एक स्पष्ट तारतम्य और समरूपता है। जन्म पर नाभिरज्ज कटने के पश्चात् अनुष्ठान या विधियाँ नहीं होतीं। नामकरण अवश्य होता है, लेकिन असली नाम गोपनीय रहता है। अकसर किसी पुरखे का ही नाम दिया जाता है। असली नाम सार्वजानिक नहीं किया जाता, परदा रहता है। पिशाच-प्रेत-दुरात्मा के जोखिम रहते हैं। उपनाम ही

सार्वजानिक किया जाता है। सुथरे उपनाम न रखे जाते। बंडा, गंडा, सुक्की आदि जैसे रखे जाते। माँ-पिता के सिवाय असली नाम अन्य को न पता होता, अकसर पति-पत्नी को भी एक-दूसरे का नहीं पता होता। गए चालीस-पचास साल तक ये प्रथा कई कृषक समाजों में भी रही। लड़की-लड़के की परवरिश भी कोई अलग तरह से नहीं होती, क्योंकि बचपन से बुढ़ापे तक दोनों लगभग पूर्णतः नग्न ही रहते हैं। विशेष शारीरिक विभेद की वैसी पहचान या कबूलियत नहीं तो परवरिश के भी विभेद नहीं। नाभि को छोड़ बाकी शरीर न ढाँपा जाता—आदमी पतली लँगोटी बाँधता तो महिला पतला लुग्गा। नाभि के ऊपर और नीचे दोनों नग्न रहते हैं। माँ द्वारा स्तनपान के अलावा बाकी परवरिश अपने आप होती है। भोजन एकत्रण पर जाते तो दो-तीन माह के शिशु को घर छोड़ दिया जाता है। वहाँ वह अन्य बच्चों—पिल्ले, बिलौटे, मेमने, घेंटे, चूजे और मानव शिशु—संग रहता। अबुझमाड़िया जन्म से ले मरण तक पेड़-पौधों, पशु-पक्षियों, नदी-पहाड़ों, अंतरिक्ष-आकाश के संग रहता है। अपने को उनसे कोई ऐसा अलग नहीं देखता। उनसे निर्धारित लय और चलन में परवरिश और जीवन चलते।

जीवन सहज और सरल है तो बाहरी समाज जैसे अबुझमाड़िया परिवार में निर्णय आदि लेने की नौबत नहीं आती तो शादी या संतान के निर्णय भी परिवार में नहीं लिए जाते। संतान कब हो या न हो मापदंड बाहरी समाज के निजी अपने हैं। उन दंपती के बीच संतान मुद्दा नहीं होती। संतान तो अपने आप हो जाती है। विवाह पूर्व घोटुल में माँ से प्राप्त जड़ी-बूटियों का ज्ञान, बूटी-विशेष की शरीर-विशेष से उपयुक्तता और अन्य विधियों से लड़की अपने शरीर और प्रजनन प्रक्रियाओं को नियंत्रित करती है। लेकिन विवाह पश्चात् इस ज्ञान का पत्नी द्वारा प्रयोग देखने-सुनने में नहीं आया। अमूमन संतान दो होती हैं। प्रसव पर चंद दिनों के आराम के अलावा ऐसी कोई सुविधा नहीं होती, न ही आवश्यकता। बच्चे को जन्म अकसर माँ अकेले ही देती है। वह उकडू बैठ अपने शिशु को जन्मती है।

यदि उम्र ज्यादा नहीं तो विधवापन में महिला-पुरुष दोनों शादी कर लेते हैं। निरंतर सोहबत और सहचर्य यहाँ जीवन की बुनियाद है—उसका मूल रस मनुष्यों में ही सहचर्य नहीं, मनुष्यों और अन्य में भी उतना ही होता है।

बीहड़-आधारित सामाजिक और पारिवारिक 'सरंचना' ऐसी है कि एकल औरतें या पुरुष नहीं होते। इसकी नींव बहुत पहले पड़ जाती। बच्चे ग्यारह-बारह साल के हो जाएँ तो रात में उनका घोटुल में रहना-सोना अनिवार्य है। वहाँ

विवाहित का प्रवेश वर्जित है, खासकर रात को। जब पहली बार घोटुल प्रवेश होता है, तब से माँ-बाप के घर पर रात्रि सदा के लिए तज दी जाती है। घोटुल में सबको गाँव से अलग नाम दिए जाते हैं। माँ-बाप के दिए गाँववाले नाम विसर्जित हो रहते। चूक पर सजा होती है। व्यस्कता आने पर घोटुल में लड़के-लड़कियों की जोड़ियाँ बन जाती हैं। छोटे लड़के-लड़कियाँ बड़े लड़के-लड़कियों से देखा-देखी में आपसदारी, अनुकूलता और लैंगिक संबंध समान रूप से सीखते हैं। सिखाना-बताना नहीं पड़ता। प्रजनन और उसकी क्रियाओं का ज्ञान उतना ही अलौकिक और पवित्र माना जाता है जितना गुणी या वैध का। ऐसा ज्ञान माँ अपनी घोटुल-सदस्या बेटी को बताती है। दूषण के भय से पुरुषों को यह ज्ञान नहीं होता। कभी कोई लड़की घोटुल में गर्भधारी हो जाती है तो अनब्याही होकर भी अपने बच्चे को जन्मती है। तब या तो वह बच्चे के पिता से शादी कर लेती है या आपसी अनुकूलता न होने पर, किसी अन्य से। बच्चा दोनों के पास पलता है। बच्चा अपनी माँ का है—बस यही पर्याप्त होता है। अनब्याही माँ या बच्चे को कदाचित् तिरस्कार से नहीं देखा जाता। किसी दुरात्मा, भालू और यदा-कदा जंगली सूअर छोड़ अन्य को तिरस्कार से नहीं देखा जाता।

घोटुल गाँव के बीच होकर भी अलग होता है। लिंगो देव का वास होने के नाते—चंद्रमा बीच आकाश चढ़ने तक—गीत-संगीत, नाच-गान, हँसी-मजाक, चुटकुले, कहानियाँ-कहावतें-किस्से आदि चलते हैं। परोक्ष-अपरोक्ष में परंपरा-स्मरण, संबंधों के स्वस्थ व्यवहार और मूल्य, घोटुल की साफ-सफाई, लकड़ी बीनना, पानी भरना, चटाइयाँ बिछाना-उठाना, समस्याओं के सुलझान, घोटुल 'प्रबंधन' के सलीके और अन्य जिम्मेदारियाँ समान रूप से चल रही होती हैं। कुछ जिम्मेदारियाँ व्यक्तिगत तो कुछ सामूहिक होती हैं। कल बड़े हो इन्हें गाँव ऐसे ही चलाना है। सुबह होते घोटुल समाप्त हो रहता, तब गाँव का हो जाता। लड़के या लड़की की तब घोटुलवाली पहचान विसर्जित हो रहती है, गाँव का नाम और पहचान लौट आते हैं। ये हर दिन होता है। दिन में घोटुल से बाहर निकलने पर लड़के-लड़की में लैंगिक संबंध न होते (यद्यपि लुका-छिपी तब भी हो जाते—सबको पता होता)। घोटुल में लैंगिक संबंध में पहल ज्यादातर लड़की की तरफ से होती है। अकसर लड़के पहल नहीं करते। जब लड़की लड़के के बालों को कंघी कर सजाती है तो यह उसकी ओर से संकेत होता। बाहर रात्रि मेले में पहल ज्यादातर लड़के की तरफ से होती है। मेले में दोनों का लैंगिक संबंध अपने सखा/

सखी से न हो अन्य से भी हो जाता है। अनुकूलता अनुसार शादी होने तक साथी बदल सकते हैं। शादी बाद घोटुल की सदस्यता समाप्त हो जाती है और तब पति-पत्नी अपनी झोंपड़ी बना परिवार और गाँव-परिवार चलाते हैं।

यौन संबंध में अनुकूलता नहीं तो पत्नी पति से अलग हो सकती है; ठीक जैसे घोटुल में होता है। अलगाहट की स्थिति में पति-पत्नी दोनों की सुनवाई होती है। अपर्याप्त यौन संबंध के मामले कम होते हैं, लेकिन होते हैं। ऐसे में पत्नी की एक-तरफा सुनवाई भी हो सकती है। वह गाँव के बड़े बुजुर्ग से निसंकोच अपनी पीड़ा कहती है। उस समय पति गाँव में मौजूद नहीं तो पत्नी के हित में एक-तरफा फैसला हो जाता है। वह अन्य से शादी करने को मुक्त हो जाती है। जहाँ शादी करने में दोनों की रजामंदी थी, वहीं यौन-संबंध अपर्याप्त होने पर तोड़ने में पत्नी को पहल करने की छूट है। शादी टूटने के अन्य कोई ऐसे विशेष मसले नहीं होते; अमूमन शादियाँ कायम रहती हैं। शादी के बाहर लैंगिक संबंध नहीं होते। गाँव इतने छोटे कि काफी कुछ ऐसा है, जो संभव नहीं होता। 'पति-पत्नी' जैसे शब्द इस्तेमाल नहीं होते। मेरी अपनी याद में ऐसे शब्द तो हाल तक बाहरी लोक-समाजों में भी न होते थे। 'फलाने की माँ या पिता', 'आदमी-औरत' या मायके-गाँव के नाम से संबोधन होता था।

जब भाषा बोली से संवाद करती है तो अनर्थ होते हैं। दो भिन्न या विपरीत मान्यताएँ बात कर रही होती हैं।

शादी के मसले पर लड़का-लड़की निर्णायक होते हैं। इसमें घोटुल में दस-ग्यारह साल का सहचर्य सहायक होता है। जहाँ घोटुल की सदस्यता कम हो—पाँच-छह लड़के-लड़की ही हैं तो शादी अन्य गाँव में होती है। वहाँ का लड़का 'ल्हम्सेना' बन लड़की के घर आ तीन ऋतु रहता है। लड़की के घर के काम में हाथ बँटाता है—बीहड़ से भोजन एकत्रित करने और पकाने में सहायता करना, बरसात के पहले छप्पर बदलना, आवश्यकता हो नई झोंपड़ी बनाना, ईंधन लकड़ी लाना और अन्य काम। घर के सदस्य की तरह रहता है। लड़की के साथ-साथ उसके माँ-पिता भी 'ल्हम्सेना' को आंक रहे होते हैं। क्योंकि घोटुल का सहचर्य लड़की और 'ल्हम्सेना' का रहता है तो शादी के विषय पर लड़की की इच्छा ही चलती है।

जैसे मेहमान परिवार का न हो गाँव का होता है, एकल बुजुर्ग भी गाँव की जिम्मेदारी होते हैं। बच्चे भी उतने माँ-पिता के न हो गाँव के होते हैं, वैसे ही कोई

अपाहिज महिला या पुरुष है तो जिम्मेदारी गाँव की होती है। गाँव औसतन 3-4 झोंपड़ियों के होने कारण कोई कतरा नहीं सकता। अपाहिजी ज्यादातर पेड़ से गिर या भालू-जंगली सूअर द्वारा होती है या एक प्रकार के उड़ते गिद्ध की छाया से शरीर में लकवा हो रहता है। ऐसा दुर्लभ ही होता है—पाँच वर्षों में कोई अपाहिज मेरे देखने में न आया; एकआध बार सुना जरूर।

गुणीजन ही वैध होते हैं। गुणी अकसर पुरुष ही होते। उपचार में देवी-देवताओं की मुख्य भूमिका होने कारण ऐसा ज्ञान अलौकिक और पवित्र माना जाता है। जैसे प्रजनन प्रक्रियाओं और रोकथाम का ज्ञान माँ घोटुल-सदस्या अपनी बेटी को बताती, वैसे वैध पिता बेटे को बताता है। दूषण न हो, इसलिए ज्ञान वहीं तक सीमित रहता। यदि बेटे की रुचि नहीं तो अन्य किसी लड़के को बताया जाता है। काले जादू के प्रकरण होते हैं लेकिन डायन की प्रथा नहीं है। गुणी ही जादू फेरते। गुणी पिता या भाई ज्यादातर अपनी बेटी या बहन के असफल प्रेम प्रसंग को ले लड़के पर जादू फेरते, लेकिन ऐसा कभी-कभार ही होता।

यह ध्यान योग्य है कि जो भी मानव निर्मित है—झोंपड़ी, परिवार का आकार, गाँव का आकार, एक से दूसरे गाँव के फासले, सूर्य रहते तय करने वाले फासले, कर्म आदि—सब छोटा है। बीहड़ के कारण दूसरे गाँव से संबंध कम ही रहते हैं तो सारे गाँवों का न हो, समाज एक गाँव का ही हो रहता। चार छोटी-छोटी छितरी झोंपड़ियों के समाज में पुरुष या महिला की सामाजिक सत्ता आदि के प्रश्न खड़े नहीं हो पाते।

सघन रूप से धार्मिक, इस समाज में कोई औपचारिक धर्म नहीं है। जीवन-शैली और दैनिक व्यवहार धार्मिक हैं। ईश्वर के उतने बखान नहीं, जितने छोटे-छोटे देवी-देवताओं के होते। ग्राम देवी, कुल देवी, स्वास्थ्य देव, आमोद-प्रमोद का देव, कलह मिटाने की देवी, भ्रम हटाने की देवी, सुख-कल्याण का देव, नृत्य-गान-खेल का देव आदि। मड़ई मेले में पाट देव खूब खेलते हैं। चार नौजवानों के कंधे चढ़ इतना खेलते हैं, अपनी पूरी शक्ति से आगे-पीछे-दाएँ-बाएँ, उन्हें इतना दौड़ाते-कुदाते हैं कि गिरते-पड़ते वे कभी-कभी लहूलुहान हो जाते। खेल में हृष्ट-पुष्ट लड़के ही उन्हें बोहते। देवी-देव अकसर पुरखे होते हैं—माँ-पिता या अन्य पुरखों से बेहतर संतान की भलाई और कौन कर सकता है? मंदिर आदि नहीं होते; गाँव किनारे चंद छोटी लकड़ियाँ या पत्थर रख कुछ प्रतीकात्मक कहीं-कहीं दिख जाता है। ज्यादातर वन में पवित्र साजा पेड़ तले इनकी सरल पूजा-अर्चना होती।

गाँव के लोग पेड़ के नीचे बैठ जाते, गुणी कुछ मंत्र बोलता और आवश्यकता हो तो मुर्गे या बकरे की बलि होती। उन्हें पका वहीं खाया जाता या बाघ के लिए प्रसाद-रूप छोड़ दिया जाता और सब गाँव लौट आते। कोई ऐसे अनुष्ठान न होते तो किसी की धार्मिक सत्ता भी नहीं बन पाती। महिलाओं या पुरुषों की समान सहभागिता पर ऐसे प्रश्न नहीं खड़े होते। गाँव में बुजुर्ग इक्का-दुक्का ही होते हैं; जीवन-मृत्यु, अस्वास्थ्य, विफल ब्याह, गाँव कहीं और बसाना है आदि मसलों पर उनसे मार्गदर्शन लिया जाता है, लेकिन इसे सत्ता न कहा जाए। सत्ता की शब्दावली असमानता, उत्पीड़न और अन्याय के पूर्वाग्रहों पर चलती है। जहाँ जीवन की लय सरल और सहज हो वहाँ ऐसे पूर्वाग्रह अप्रासंगिक हैं। महिला-पुरुष में संपत्ति का बँटवारा इसलिए नहीं होता कि संपत्ति की अवधारणा नहीं है; एक बाँस चटाई, बाँस या कद्दू के चार बरतन, चार-पाँच तीर और एक धनुष, दो-एक चाकू, एक कुल्हाड़ी, बाँस से बने मछली के जाल, एक लँगोटी या लुग्गा और बालों में सजी कंघी के सिवा 'संपत्ति' नहीं होती। यह बात जरूर है कि धनुष या चटाई मैंने बनाए तो मेरे माने जा सकते हैं, लेकिन इनका इस्तेमाल अन्य भी कर सकता है; उन पर मेरा विशेषाधिकार नहीं है। वो सबका है। जो एक घर में सो दूसरे में भी है तो मिल्कियत या संबंधित न्याय-अन्याय के प्रश्न नहीं खड़े हो पाते।

आदिवासी हों या गैर-आदिवासी, बाहरी समाजों में महिला-पुरुष के संबंधों में जो बिगाड़ आया (माँ-बाप-बच्चों, भाई-बहन, दोस्तों, काम-काज-तफरीह, घर-बार और खान-पान आदि से संबंधों में भी वैसा ही आया) वो प्रकृति-निर्मित तारतम्य को उजाड़ कर आया। तो महिला-पुरुष संबंध कोई सामाजिक-राजनीतिक न्याय का ही मसला नहीं रह जाते। न ही इनका सुलझाव ऐसे हो सकता है। सामाजिक-राजनीतिक—कौन्सटीट्यूशनलिज्म—किसी समाज का स्वास्थ्य नहीं बना पाएगा। पृथ्वी और उसपर जीवन का वो चलन जो वन, नदी, पहाड़, पशु, पक्षी, विस्तार, आकार और फासले, ऋतु, अंतरिक्ष, आकाश, घुप्प रात और सूरज आदि के मेल-जोल से आता है—उस समूची, आत्मसात हुई सृष्टि की लय और चलन का बिगाड़ है। इस बिगाड़ को कोई संविधान, टेक्नोलॉजी या मानव-व्यवस्थाएँ न सुधार पाएँगी। इसने जीवन के हर क्षेत्र में तोड़-मरोड़ किया। ऐसे बिगाड़ और उसकी सूक्ष्मताओं को हम कमतर न आँकें। यह बिगाड़ अत्यधिक सत्ता हासिल कर चुका है, जिसे वापस फेरना शायद अब असंभव हो। जहाँ मानव केंद्र न हो मात्र अंश रहा तो प्रकृति ने आवश्यकता अनुसार किया; आवश्यकताएँ

भी कम रहीं, कर्मकांड भी कम रहे, आपसी विभाजन भी कम रहे और सृष्टि की जिस लय से मानव निर्मित होता है, वो लय भी रही। तोड़-मरोड़ और विकृति या तो नहीं रही या कम रही। आधुनिक समाज की कर्मठता मानव-केंद्रित है। हम कर्म का बखान करते और उसी की भाषा बोलते हैं। ये रुग्ण भाषा मानव और प्रकृति तथा महिला और पुरुष के रिश्तों के तारतम्य बिगाड़ती है।

न्याय-अन्याय या बराबरी-गैर-बराबरी जैसे मसले प्रकृति में नहीं हैं। अप्राकृतिक मानस कौन्सटीट्यूशनलिज्म है। इस मानस ने प्रकृति-आधारित तारतम्य का उजाड़ किया। महिलाओं की समस्याएँ ईजाद हुईं; जैसे वाष्प इंजन ईजाद हुआ। इससे समानता या न्याय की अपेक्षा निरर्थक है।

मानव, पशु, कीट-पतंग, वनस्पति, मिट्टी-पानी, आकाश-अंतरिक्ष के संग रह अबुझमाड़िया समुदाय अति नम्र, अहिंसक और भद्र समाज है। आधुनिक मापदंड से यद्यपि उसे असभ्य और गरीब कहा जाएगा, परंतु वह अति उदार समाज है। गारपा गाँव की वृद्धा, बुलकी कहा करती थी, 'हमारा बीहड़ वन निष्पाप और अपराध-बोध से मुक्त है।' महिलाओं की स्थिति हो या अन्य, अबुझमाड़ का शायद इससे बड़ा सत्य न हो।

□

# 7

# अपने पेड़ों तले चलूँगा

*जो अच्छा होता है वह बीरबहूटी की तरह धीरे चलता है। उसकी रेल से नहीं बनती। अच्छा करने वाले के मन में स्वार्थ नहीं रहता। वह जल्दी नहीं करेगा। वह जानता है कि आदमी पर अच्छी बात का असर डालने में बहुत समय लगता है, बुरी बात ही तेजी से बढ़ सकती है।*

**—महात्मा गांधी, हिंद स्वराज**[1]

भानुप्रतापपुर-अन्तागढ़ रोड से दस किलोमीटर भीतर फूलपुर गाँव है। एक कच्चा रास्ता वहाँ पहुँचाता है। आसमानी रास्ते से फूलपुर अबुझमाड़ की उत्तर-पूर्वी सीमा से लगभग तीस किलोमीटर होगा। खसगाँव, मेरा रिहायशी गाँव, अबुझमाड़ से लगभग पचास किलोमीटर होगा। दोनों गाँव अबुझमाड़ का थोड़ा-बहुत विस्तार जैसे हैं। थोड़ा-बहुत वहाँ का लिए चलते हैं। दैनिक जीवन की लय—उस तरह की बोली और गुफ्तगू; उस तरह के लेन-देन; चेहरों के भाव; उठने, बैठने, चलने के ढंग; घरों के छितराव; समय की बहुतायत और सुस्तायापन; चुपचाप-सी पड़ी धूल, जैसे सोई हो; लकड़ी के खभों पर कबूतरखाने; गाय, बैल, बकरी, कुत्ते, बिल्ली आदि।

उन दिनों मुझे बस्तर की गुणी परंपराओं में रुचि हो रही—जड़ी-बूटी, तंत्र विद्या, मंत्र उपचार, देव आना, कान फूँकना, हड्डी जोड़ आदि। विशेषकर मंत्र विद्या मुझे पहेली जैसी लगती। अकसर कोई गुणी खसगाँव में मेरे यहाँ आ जाता। हम किसी के यहाँ चले जाते। वे अपने यहाँ की कोई जड़ी ले आते, हमारे यहाँ की ले जाते। उठ-बैठ बढ़ती गई। बातें होतीं, जानकारी और समझ के लेन-देन होते, दोस्तियाँ होती, पारंपरिक स्वास्थ्य संबंधित किस्से कहानी, कहावतें, गीत-गाने होते। साथ लाए चावल पकाते और दौने बना खाते। पच्चीस-तीस गुणीजन पैदल

या साइकिल पर आ जाते। हमारी झोंपड़ियाँ छोटी थीं तो पेड़ों तले ही रहना, खाना-पकाना, सोना-उठना होता। नदी नहाते, महुआ पीते। अहिस्ता-अहिस्ता उठ-बैठ बैठकों में बदल गईं।

एक जड़ी-बूटी बगीचा भी लग गया, हालाँकि बस्तर की परंपराओं में कुआँ नहीं है पर एक बन गया। गर्मी में नदियों का पानी उतर जाता तो बाल्टियों से कुएँ का पानी जड़ी बूटियों में देते। गर्मियों में जहाँ सारा जंगल सूख नंगा हो जाता, बगीचा हरा-भरा रहता। आदिकाल से चला कोई क्रम—जब सबकुछ सूख रहता है—टूट गया। खसगाँव का तीन-चार घरोंवाला एक छोटा टोला पास था। वे भी पानी लेते रहते। अबुझमाड़ के करीब रहकर भी मैं उससे छितरने लगा।

ये बात 2009-10 की होगी। मैं अपने गुणी मित्र सुकलाल नुरेटी से ऐसी ही एक बैठक के बाबत मिलने फूलपुर आया था। उस दिन मैं जिला मुख्यालय काँकेर (लगभग सौ किलोमीटर) से आया था। सुकलाल से मिल खसगाँव लौटना था। गुणी बैठक की तैयारियाँ चल रही थीं—घास छील बैठने की जगह बनाना, लीपना, लकड़ियाँ बीनना, चूल्हों के लिए उपयुक्त पत्थर इकट्ठे करना, दौनों के लिए पत्ते, नदियों पर उतराव के रास्ते ठीक-ठाक करने आदि। काँकेर के एक नौजवान साथी, दिनेश, मुझे काँकेर से फूलपुर अपनी गाड़ी में लाये थे और कच्चे रास्ते खसगाँव छोड़ काँकेर लौट जाते। फूलपुर-खसगाँव का रास्ता करीब सत्तर किलोमीटर होगा।

सुकलाल घर पर न थे। गाँव से तीन किलोमीटर बाहर लाड़ी गए थे। लाड़ी बस्तर समाज की एक बहुत गहरी और व्यवहारिक प्रथा है। प्रलोभनों भरा सांसारिक जीवन और बैरागी जंगल के बीच मध्यस्थता करती, बिना दीवार की घास-फूस वाली, वह एक छोटी-सी झोंपड़ी होती है—यात्रा का कोई पड़ाव जैसा। उसका परोक्ष कारण तो भालू, जंगली सूअर आदि से फसल की हिफाजत करना होता है, इसलिए जंगल में लाड़ी ज्यादातर खेत किनारे होती है। फसल कटने तक व्यक्ति तीन-चार महीने नितांत अकेला वहीं रहता है। अपरोक्ष कारण यह कि व्यक्ति साल में तीन चार माह एकांत में जीवन संन्यासी-सा कर सके। संसार के अनुराग और कलह से दूरी बना पाँच इंद्रियों से फासला पा सके। उन महीनों आदमी नमक, मिर्च, तेल, हल्दी आदि वाले भोजन से दूर रहता। जमीन पर उठता-बैठता-सोता। स्त्री को न देखता न संग करता। गाँव कदाचित् न जाता। काया और जीवन के जुटे सामान से तुलनात्मक दूरी बनाना बस्तर एवं भारत के अन्य देहाती समाजों का पुराना स्वभाव रहा है।

सुकलाल घर न मिले तो मैं लाड़ी चल दिया। पहुँचा तो देखा खसगाँव वाले

आजा (नाना) भी वहीं थे। आजा कोई सत्तर साल के रहे होंगे। सारा खसगाँव उन्हें आजा कहता। मोतिया वाली शरारती आँखों और चेहरे की अनेक झुर्रियों में एक उन्मुक्तता दिखती, जैसे जीवन में हर तरह की छूट लिए हों। आदिवासियों के हिसाब से जरा ऊँचे कद के थे। हमेशा लँगोटी में रहते। सर्दियों में एक फटा-पुराना, धूल-धूसरित, बिना बाजू और बिना बटन वाला, कमर तक का काला कोट पहनते। आधा बस्तर ऐसा काला कोट पहनता है। कुछ तो गर्मियों में भी पहन लेते हैं। कोट आदि की उनकी अपनी कोई रीत नहीं है तो कोट की क्या उत्पत्ति है, कैसे-कहाँ से आया, कब आया मुझे नहीं मालूम। आदिवासियों को भी शायद न मालूम हो। जानने या मालूमियत में ज्यादा रुचि न रखते। बस पहनते।

आजा पारंपरिक बातों के धनी थे। पुराने किस्से, कहानियाँ, कहावतें, गीत, संगीत, नृत्य, चुटकुले सब बताते। पुरखों, देवी-देवताओं की कहानियाँ, कर्मकांड आदि सब हँसते-हँसाते सुनाते। बैठे कुछ सुना रहे हैं तो शरीर में हलकी थिरकन करते और धीमे-धीमे मटकते खड़े हो कोई नृत्य शुरू कर देते। न ढोल न बाजा, न समय न पहर, न वजह। नाचते ही नाचते और भी लोग नृत्य में जुड़ जाते। सब हँसते-गाते नाच रहे हैं। उस क्षण दुनिया पूर्ण हो रहती। आदिवासियों में नाचने-गाने को लेकर हिचक कम होती है, लेकिन आजा में कतई न दिखती। हर समय तैयार मिलते। गुणी बैठक में आ बैठते, स्वास्थ्य के किस्से सुनाते, नाचते। क्योंकि हम गाँव से दो-तीन किलोमीटर बाहर रहते थे और मेरा रोज बस्ती जाना न होता तो पता न लग पाया आजा कब फूलपुर गए। मिलने पर बताया कि लगभग पंद्रह दिन से सुकलाल के यहाँ इलाज कराने आए हैं और आज वापस लौट जाएँगे। सुकलाल गुणी तो थे ही, आजा के मित्र भी थे, वैसे भी कोई रोगी किसी गुणी के घर जा इलाज होने तक रह सकता है। गुणी अकसर साधनहीन होकर भी अपने खर्चे पर मरीज को रखता।

तीनों में हालचाल पूछने के बाद यहाँ-वहाँ की बातें हुईं। साप्ताहिक हाटों पर माओवादियों के बढ़ते दबाव और हिंसा की बातें हुईं, लुप्त होते गुणी ज्ञान और अन्य परंपराओं की वर्तमान में गुणी होने के कानूनी जोखिम और अन्य ऐसी बातें। शाम होने लगी तो सुकलाल से चुटकी भर तंबाकू ले मैंने विदा ली। मैंने आजा से गाड़ी में बैठने का आग्रह किया तो उन्होंने आनाकानी की; इधर-उधर पाँव घिसराने लगे। पुनः पूछने पर दोहराया कि वापस तो आज ही जाना है पर गाड़ी से इनकार कर दिया। मैं असमंजस में था कि क्या हुआ ? बहुत पूछने पर बोले कि मैं पैदल ही

आया था और वैसे ही जाऊँगा। आज से तीसरे दिन गाँव में मिलूँगा। मैंने कहा कि तीन दिन के बदले गाड़ी तीन घंटे में पहुँचा देगी। आजा न माने और चलने लगे कि अगले गाँव अँधेरे से पहले पहुँचना है। मुझे अटपटा लग रहा था तो पूछ लिया मेरे साथ क्यों न आएँगे। उम्र भी हो चुकी है और बीमारी से भी उठे हैं। तीन दिन जंगल में पैदल चलेंगे तो फिर बीमार हो रहेंगे। खिसियाए-से बोले कि न, तुम जाओ। मुझे गति और गाड़ी न भाएँगी। तीन दिन का रास्ता तीन घंटे में पूरा हो रहा तो फिर बीमार पड़ जाऊँगा। पैदल आराम होगा। रास्ते में लड़कपन के दोस्तों से मिलूँगा, छोटों को आशीर्वाद दूँगा, समधी के यहाँ रात गुजारूँगा, धरती पर चलूँगा, नदियों में नहाऊँगा, अपनी पहाड़ियों पर चढ़ूँगा-उतरूँगा, अपने पेड़ों तले चलूँगा। सारी उम्र इन्हीं ने पोसा है। यही जिंदा रखे हैं। मेरा अनुभव और आत्मा अन्य गवाही नहीं देते। तुम्हारी गति मुझे बीमार कर देगी। गति हम आदिवासियों को नहीं भाती।

रास्ते भर मैं गाड़ी में सोचता रहा कि गति के इस दौर में सब कुछ त्वरता से किया जाता है, यूँ करने और करते रहने के इतने अधिक कारण और दबाव हैं, समय की इतनी कमी और इस सब में तीव्र गति की प्रबल वैधता है तो बस्तर समाज के भीतरी गाँवों में अभी भी ऐसा क्या अनछुआ बचा है कि आखिरी हद तक बाध्य करनेवाले छलों और विवशताओं से स्वयं को रोकते हैं। वो सब जिससे बाहरी जीवन अपनी वैधता पाता है। चंद घंटों में व्यक्ति अन्य महाद्वीप पहुँच जाता है, पलक झपकते ही इंटरनेट और फोन पर काम हो जाते हैं तो यहाँ के भीतरी गाँव ऐसे जीवन से क्यों कतराते हैं।

बस्तर या अन्य देहात के जीवन में गति घाटे का सौदा है। जहाँ अपनों से मिलना न हो पाए, आशीर्वाद देना-लेना न हो पाए, अपने पेड़ों तले उठना-बैठना न हो तो जीवन घाटे का सौदा है। ऐसी व्यवस्थाएँ टिकाऊ नहीं रह पातीं।

आजा जैसों के जीवन में घास-फूस की, बिना दीवार की छोटी-सी लाड़ी कोई तो भूमिका निबाह रही है। आज भी वे लाड़ी में रह, अपनी धरती पर चल, बिना आलोचना किए राजतंत्र से सक्रिय असहमति कर रहे।

गति में रह गतिवान का विरोध न हो पाएगा। गतिशून्य होना ही गति की काट है। ये काट तो बिना शब्द कहे अपढ़, पिछड़ा और हाशिए का अति साधारण आदमी ही कर रहा है। गतिशून्यता की भाषा भूलकर शहरी, शिक्षित और काबिल वर्ग गति में सम्मिलित हो उसे और सत्तावान बना रहा। उसका विरोध भी करता है और उपभोग भी। उसके तौर-तरीके-मान्यताएँ भी पोषित करता। हमारा संकट

सूक्ष्म हो बहुत गहरा चुका। अब इसका आर-पार नहीं दिखता। छछूंदर न निगलते बन रहा, न उगलते।

कुछ साल पहले आजा चल बसे। जीवन की जिस लय से वे आते थे, उसमें जन्म-मृत्यु, तारीखें या घटनाकाल महत्त्वपूर्ण नहीं।

## संदर्भ–

1. अनुवादित अमृतलाल ठाकोरदास नाणावटी, नवजीवन प्रकाशन, 1949

□

# 8

# एक पुरातन गाँव

*पश्चिम के लिए पर्याप्त है कि विचार या कृत्य में तार्किक मजबूती हो। चीन के मानस के लिए तार्किकता के औचित्य से अधिक आवश्यक है मानव के सहज स्वभाव से उस विचार या कृत्य की अनुकूलता।*

**—लिन यूतांग**

मेरा देश, मेरे लोग

इर्द-गिर्द फैली पहाड़ियाँ। पहाड़ियों तक घनघोर पुरातन वन। पहाड़ियाँ भी वन से ढकीं। अभेद्य, बीहड़ वन जिसमें कहीं-कहीं सूर्य वर्षों नहीं पहुँचता। इन्हीं के बीच पठार पर बसा गारपा।

छितरे सात झोंपड़ों का यह गाँव अबुझमाड़ का बड़ा गाँव है। गाँवों का औसत आकार तीन-चार घर का, प्रत्येक घर में पाँच-छह सदस्य। औसतन 8'×10' आकार के बाँस, घास और पत्तों से बने इन झोंपड़ों में परिवार के कुत्ते, बिल्लियाँ, बकरियाँ, मुर्गियाँ और यदा-कदा सूअर भी रहते हैं। इस परिवेश में जीवन सदियों से चला आया है। बीहड़ में रचे-बसे, ओत-प्रोत गाँव की पहचान मुश्किल से हो पाती है। अकसर पहचान आसमान में उठते धुएँ से होती है। कहीं-न-कहीं किसी गिरे पुरातन पेड़ का तना धीमे-धीमे सुलगता है। यही गाँव के आदिमकाल जैसे चूल्हों का स्रोत है। अन्यथा कंकड़ और कच्ची रेशम के जुंजल को उँगलियों से रगड़ आग सुलगाई जाती है।

गारपा अबुझमाड़ का सबसे बड़ा गाँव है। यूँ तो सबसे बड़ा गाँव दक्षिण-पूर्व कोने में स्थित ओरछा है। इसी के नाम से अबुझमाड़ ने अपना औपचारिक, प्रशासनिक नाम पाया—ओरछा विकास खंड। ओरछा अबुझमाड़ तक जानेवाली एक मात्र सड़क का अंतिम छोर है। इस छोर के तीन तरफ वन, घाटियाँ, नदियाँ,

पहाड़, गुफाएँ और बीहड़ के अनेक रहस्य। चौथी तरफ आती वह सड़क जो आधुनिकता, विकास एवं अंतरराष्ट्रीय अर्थ व्यवस्था की अभेद्य सत्ता, जकड़न एवं प्रपंचना को प्रतिबिंबित करती है। यह सड़क पुरातन अबुझमाड़ को उस बंदोबस्त से जोड़ती है जिसमें साझे ऐतिहासिक अनुभव, पारस्परिकता या बराबरी का संवाद संभव नहीं।

प्रशासनिक स्तर पर ओरछा अबुझमाड़ का सबसे बड़ा गाँव है। सौ से भी अधिक घर; विकास खंड, वन विभाग, लोक निर्माण विभाग आदि अन्य कार्यालय; पुलिस चौकी; स्वास्थ्य केंद्र; स्कूल, सौर-ऊर्जा, हैंडपंप, दुकानें, जीप, बस व अन्य गाड़ियाँ सब मौजूद हैं, किंतु व्यवहार में अबुझमाड़ के गाँव इसे अपना नहीं मानते। एक दूरी बनाए रखते हैं, यद्यपि आत्मीय दूरी। गारपा या कोह्कामेटा, एह्नार या नेलनार या अन्य गाँव में न सड़क है, न बिजली, न स्वास्थ्य केंद्र, स्कूल, हैंडपंप, कृषि, दुकान, व्यवसाय या जीविका। न ही आधुनिकता की अन्य उपस्थितियाँ, जिन्हें मानव कल्याण, खुशहाली, न्याय एवं स्वातंत्र्य का प्रतिनिधि तथा प्रमाण मान लिया गया है। भुखमरी, गरीबी, गैरबराबरी, हिंसा, अन्याय, बेरोजगारी, कुपोषण या इन के अन्य परिणाम अबुझमाड़ में देखने में नहीं आते। न सर्वे, न संविधान, न चुनावी प्रक्रिया, न प्रशासन। पिछले वर्षों में यद्यपि एक तर्क यहाँ तक पहुँचा और पूरे क्षेत्र में लैंड-माइंस का जाल बिछ गया। ओरछा का तो मौन टूट ही चुका, इस एक और बाहरी सत्ता के आगमन से पहली बार बीहड़ और भीतरी अबुझमाड़ का पुरातन मौन भी टूटा। एक नई भाषा एवं दृष्टि उत्पन्न होने लगी। परिवर्तन, क्रांति, न्याय आदि की उस भाषा के ताने-बाने को न तो अबुझमाड़िया समझता है, न बोल सकता है, न ही आत्मसात कर सकता है। उसके अनुभव में इसका समावेश तब तक संभव नहीं जब तक वह अपने पुरातन परिवेश, परंपराओं, ज्ञान, एवं स्वयं के अनुभव की निजता को एक ऐतिहासिक या साक्षात् विकृति न मान ले; होने के अहसास एवं अनुभव में खींचतान न हो। लगभग सौ साल से पूरा बस्तर इस विसंगति का शिकार रहा है। विसंगत बस्तर की पैठ अब गहरी है। भारतीय राजतंत्र, सरकारें, राजनीतिक पार्टियाँ, बुद्धिजीवी वर्ग, सामाजिक संगठन, जन-आंदोलन, मीडिया या अन्य ऐसी व्यवस्थाएँ—सभी ने अबुझमाड़ को ऐसे विसंगत बंदोबस्त एवं तंत्र के अंतर्गत ही जाना, परखा। अब बाकी बस्तर अबुझमाड़ को विसंगति मानता है। अबुझमाड़ के स्व एवं तारतम्य को केवल साधारण लोक मानस अनुभूत कर सकता था। उसे प्रारंभ से हाशिए पर रखा गया।

विकास, आधुनिकता या इनसे जुड़ा परिवर्तन सीमाओं तथा मर्यादाओं को लाँघने की अभूतपूर्व सत्ता है। गाँव की सीमा कहाँ समाप्त होती है या वन की कहाँ शुरू, यह केवल अनुमान से जाना जा सकता है, जैसे जीवन और उसके तात्पर्य। झाड़-झंखाड़ से गुजरती पगडंडी पर चलते अबुझमाड़िया की आकृति कहाँ शुरू हुई और वन की कहाँ यह भी निगाह तुरंत नहीं जान पाती। अनुमान से जाना जाता है। यही बात झोंपड़े के आकार की है, यही प्रकृति की आकृति की भी। रंग, रूप और पारस्परिक व्यवहार, सब का समावेश, जैसे अबुझमाड़ एक अपरिमित अनुमान हो।

ओरछा समावेश को उल्लंघित करता है, सबको छितराता है, अन्यथा समावेश तो है। समावेश को दायरे देनेवाली सीमा और मर्यादा भी है। घर, घोटुल का विस्तार या आसपास की हदें उस अपार फैलाव में अबुझमाड़िया की स्थितता को इंगित करती हैं। स्थित की मर्यादाएँ सीमाबद्ध हैं। वे स्व को नहीं लाँघतीं। उनमें निज की स्थितता उल्लंघनीय नहीं, उनके परे नहीं। उन मर्यादाओं का उल्लंघन दूसरे की स्थितता में रहकर ही हो सकता है, जैसे विकास और भूमंडलीकरण में, हिंसा और लैंड माइंस में या निज से परे की अन्य अवधारणा या व्यवहार में।

वह दिन भर में उतनी ही दूर तक चलता है कि शाम ढले अपने गाँव लौट सके। पैदल मापनीय है, फासले अमापनीय। वह पैदल चलता है और अपार फासलों पर विजय नहीं चाहता, आकार या आकृति पर भी नहीं। झोंपड़े के फैलाव की भी मर्यादा है, उससे अधिक न हो। गाँव के आकार की भी, अन्यथा अनर्थ होगा। पारस्परिक या प्रकृति से व्यवहार की भी मर्यादा है। पुरखे और देवी-देवता इसी परिधि में वास करते हैं। उल्लंघन से नए तर्क जन्मेंगे, नई ऊर्जाएँ प्रकट होंगी; परिणाम होंगे, अस्थितता होगी। अभेद्य बीहड़ भी अपनी मर्यादा तोड़ेगा। परिणाम होंगे।

अबुझमाड़िया के लिए तात्पर्य विजय या स्वामित्व से नहीं, सान्निध्य से है। बुद्धिवाद या तर्क से नहीं, कल्याण से है। सान्निध्य एवं कल्याण की मर्यादा के भीतर तात्पर्य, कर्म, सोच, ज्ञान एवं स्व का निजित्व सुलभ तथा प्राप्य है। सीमा पार निर्जन, बीहड़, रहस्मयी और अभेद्य, अप्राप्य और समझ के परे। वहाँ स्व और प्रकृति की सगोत्रता का संबोधन नहीं। आदिवासी मित्र अस्तु[1], कहते हैं, 'सीमा मूलतः अजानी होती है। उसका अहसास लाँघने के उपरांत होता है। विसंगति की प्रपंचना टिकाऊ हो जाए तो लाँघने के अहसास से हम लंबे समय तक वंचित रह

जाते हैं। रोग, कलह, हिंसा एवं व्यापक पागलपन होता है, तब देर हो चुकी होती है। वापस लौटना सदैव संभव नहीं रहता।'

वे मर्यादाएँ एवं व्यवहार, मनुष्य से बड़े, अ-मापनीय मर्यादाएँ एवं व्यवहार—मनुष्य की कल्पना, विचार या परिश्रम से उत्पन्न हुए नहीं दिखते। उस अमापनीय का गौण यथार्थ—मनुष्य। उस मनुष्य का इस अमापनीय से सान्निध्य—बस यही है गारपा।

## संदर्भ–

1. कोंडागाँव के निकट रहनेवाले अस्तु जड़ी-बूटी तथा मंत्रोचारण द्वारा उपचार करते हैं

□

9

# जन्मजात जगह

बड़े शहर से एक परिचित अबुझमाड़ आए थे। साल-दो साल रहे। एक दिन बातें हो रही थीं। उन्होंने तपाक से कहा, 'मैं यहाँ शोध करने आया हूँ, काव्य गढ़ने नहीं।' मैं विस्मित हो खामोश हो गया। वक्त चलते मुझे लगने लगा था अबुझमाड़ तो महाकाव्य है।

आज तक उनसे दुबारा, वैसे जिक्र करने का जोखिम न हो पाया। उनकी बात के पीछे व्यवस्था की, एक समर्थित दृष्टि की, बहुत बड़ी सत्ता थी जिसको झेल पाने का सामर्थ्य मुझमें न था। बस्तर और अबुझमाड़ और उनसे निकली जीवन-शैली को केवल शोध, तथ्यों या आँकड़ों (और इनसे बने नैरेटिव) में देखना अबुझमाड़ में हस्तक्षेप होता। सत्ता और समर्थन हैं तो उस नैरेटिव को मुखर होने में संकोच नहीं होता। प्रबल आत्मविश्वास इन्हीं से आते। देखने-सुनने में तो सत्ता की दृढ़ता अकाट्य ही लगती है।

कहीं जाएँ तो सालों-साल बिताएँ। हो सके तो जहाँ से आए वहाँ से जड़ें काट लें। ओत-प्रोत हो जाएँ; न आगा रहे न पीछा। बेमकसद हो रहें। मकसद से न आएँ, न रहें, न लौटें। रहना तो 'यूँ ही' होता है। उसमें दीवानगी रहती है। जगह और आदमी में बातचीत होने लगती है। उसकी अ-सुनी बात सुनने लगती; अपनी भी। ओत-प्रोत न होंगे तो लैटिट्यूड एवं लौंगिटयूड और नक्शानवीसी हो रहेंगी। लौटें तो अपनी दृष्टि, लय और गति बदल के लौटें। वहाँ के कुछ छुटपुट व्यसन भी लेकर लौटें तो बुरा नहीं। जो ले गए थे, हो सके तो छोड़ भी आएँ। यह उस स्थान के लिए सर्वोच्च आभार और आदर होगा—ये न होंगे तो न जगह होगी न आदमी। वही लेकर लौटे तो खाली हाथ लौटे। इनसे न जगह होती न जीवन।

मेरी तरह परिचित भी ऐसी जगह से आए थे जिसका लैंडस्केप नहीं। सिर्फ लैटिट्यूड एवं लौंगिट्यूड हैं; उनसे पैदा हुए सोच, कर्म, व्यवस्थाएँ और सरचनाएँ हैं।

उनमें दृढ़ आत्मबल है; परस्पर समर्थन है तो लैंडस्केप न चाहिए। ये सब सत्तावान होते। सत्ता को ही इनकी आवश्यकता पड़ती। उपरोक्त परिचित थे तो कुछ हद तक व्यवस्था विरोधी पर व्यवस्था का समर्थन हो या विरोध—बिना सत्ता नहीं हो सकता। समर्थन या विरोध, दोनों को सत्ता चाहिए। अटूट रिश्ता है। मंसूबे-मकसद सत्ता की ही पैदायश हैं। अबुझमाड़, बाकी बस्तर या बचपन का मेरा गाँव—इनमें ये न दिखते थे। एक ओर जहाँ बिना सत्ता के ये हों नहीं सकते, वहीं दूसरी ओर बिना समर्थन के ये पूरे भी नहीं होते। लैटिट्यूड या लौंगिट्यूड में पारिवारिक-सामाजिक संरचना, उपयुक्त-अनुपयुक्त के चक्रव्यूह, तरक्की, आत्मबल, खाना-पीना, उठना-बैठना, ओढ़ना-पहनना, रिश्ते-शादी-ब्याह वगैरह के एकमात्र आधार और वजह ये ही होते। जहाँ लैंडस्केप है वहाँ संकोच होते, संशय होते, दुविधा और अनिश्चय होते, खटके होते, आत्मबल एक बुदबुदाहट से प्रभावित होते, नम्रता और शर्मशीलता होते। मुझे नहीं मालूम आदिवासी किसी आनुवंशिक वजह से शर्मीले होते हैं या नहीं। इतना जरूर कहा जा सकता है उनका शर्मीलापन उनके लैंडस्केप से आता। वो लैंडस्केप एक अलहदा राजनीतिक-सामाजिक-पारिवारिक संरचना और सोच बनाता। वहाँ आर्थिक सरंचना न होती; उसकी प्रासंगिकता नहीं बैठती। यह कहना और न्यायसंगत होगा कि वह राजनीतिक-सामाजिक-पारिवारिक-आर्थिक संरचना और सोच का काट्य होता। सोच भी केवल वहीं होती, जहाँ लैंडस्केप नष्ट हो गया; कर्म भी। संरचनाएँ, सोच और कर्म मानव के होने की डींग होतीं। अबुझमाड़ इनको नकारता। मंसूबे न बनने देता, न तरक्की न आइडेंटिटी; न संरचना। ये बात वो न जान पाएँगे जो बीहड़ जंगल में नहीं रहे। बीहड़ किसी ऐसे से निरंतर रू-ब-रू करवाता जिसमें दखलंदाजी न हो सकती थी। नतीजन, जीवन रोजमर्रा—जैसा छोटा, साधारण और निष्कपट चलता।

इसीलिए किसी भी जगह लंबे समय जुड़े रहना जरूरी हो जाता है। अनंत आकाश ही सीमा है, ये मानस आसमान से थोड़े ही टपका। उस सत्ता और बे-शर्मशीलता से आया जो लैंडस्केप मिटने से आई। पितृसत्ता के सुडौल सुगठन की शुरुआत हुई।

हम इतना जानना चाहते हैं जितने की कतई जरूरत नहीं। इस दौड़ में यहाँ तक निकल आए कि जानने के अलावा शायद और कुछ रहा भी नहीं। हाथ से सब निकल गया। इतना आगे निकल आए कि जानना अब जीवित रह पाने से जुड़ गया; या उन उपलब्धियों से जुड़ गया जो सत्ता और उसके सुगठन लाती। जिनके बिना जी पाना मुमकिन नहीं लगता। साधारण जीवन भी पराक्रमी हो चला। अब हर पल

पराक्रमी हो रहा। बीहड़ वो अहसास बनाता कि कुछ भी जानने की जरूरत न रह जाती, इसीलिए अबुझमाड़ में सवाल-जवाब न के बराबर होते। वो जानना ही न चाहता। न जिज्ञासा न ज्ञान। 'आप कौन हैं और क्यों आए?' जैसी न्यूनतम जिज्ञासाएँ भी कभी-कभार ही होतीं। हमने खुद को हर प्रकार से भर दिया। शब्दों से भी भर दिया; और से और की जरूरत बनी। अबुझमाड़ ने 300-500 शब्द ही रखे। बोलियाँ जहाँ की भी हों अपने में बहुत-से खाली स्थान रखतीं, जो खेल को जिंदा रखतीं। अबुझमाड़ भाषा के भरन को जानता। भाषा इन्फ्रास्ट्रक्चर-एपेरेटस, विचार-विस्तार को होती है; वीरान को नहीं होता। वीरान को भाषा न चाहिए; वह निशब्द होता। भाषा उस खालीपन को भरती जिससे दैनिक जीवन सुगम रहता था। अबुझमाड़ ने मस्तिष्क को विचार से भी वीरान रखा। वह विचार की यात्रा को जानता। विचार बहुत आबादी बनाते। शब्द, गिनती और संख्या लाते; व्यवसाय, व्यस्तताएँ और सरोकार बढ़ाते। अबुझमाड़ ऐसी व्यस्तताओं से दूर रहता। व्यस्तताएँ ही न थीं। न संख्या थी। न्यूयॉर्क ने अपने चूहे तक गिन डाले।[1] हर देश में हर दसवें साल जनगणना होती, मवेशी, परिवार, भाषा आदि की गिनती होती। संख्या से संख्या की बढ़ोत्तरी होती। जितना गिनेंगे उतनी ही वह चीज बढ़ेगी, अबुझमाड़ सहज जानता। पशु-पक्षी, पेड़-पहाड़ भी जानते तो पाँच से आगे न गिनता, बाकी को इशारे-किनारे में कहता; लेकिन पाँच से आगे गिनती न थी। शब्द और गिनती का न होना अन्य अहसास और अभिप्राय बनाते। गुंजाइश जीवित रहती। खेल होते। इनसान का यह शायद पहला अनुभव है जब वो निजी और सामूहिक गुंजाइश के अभाव में जी रहा है।

कुछ अरसे पहले तक अलग-अलग मात्राओं में अबुझमाड़, जैसा परिप्रेक्ष्य पूरे देश में था। ये परिप्रेक्ष्य कहीं से पढ़-पढ़ा के नहीं बने थे; न ही बनते हैं। वे शरीर की अपनी जमीन से बने; लैंडस्केप का अनुभव करके बने। शरीर भी उस जमीन से बने; दोनों का रिश्ता अटूट है। जमीन को हटा दें तो शरीर न हो पाएगा। शरीर के दायरे, पहुँच और संपर्क भी वहीं से बने। उस जमीन ने अपने वीरान भी रखे थे। गिनती अनगिनत को बनाती। अ-बोले की गिनती नहीं हो सकती। वो संख्या-विहीन है, जैसे बीहड़ का सन्नाटा। या घुप्प रात का निर्गुण अंधकार। वह गिनती-हीन है। वीरान के हो, वे शून्यता के अहसास जगाते। भाषा और गिनती उन्हें मटियामैल करते। दोनों में कुछ है जो सत्य और मिथ्या की गिनती बनाता, गुमराह करता। सारा मुल्क भाषा और गिनती के आत्मघात को सहज जानता। गांधीजी का 'स्वराज' अपनी मूल भावना में अबुझमाड़ ही था, यानी स्वराज न होगा तो जीवन सुगम न होगा। एक पूरी तरह आत्मघाती प्रयास में रोजमर्रा की जिंदगी का भी पराक्रम और से और बढ़ता जाएगा।

जगहें जीवित होती हैं। अपना बहुत कुछ बतलाती हैं। जगह का जीवन 'इस या उस' का नहीं; उसका जीवन गिनती, प्रकल्प-विकल्प का नहीं है। वो पूर्ण है। उसके सिर्फ एक या दो पक्ष न पकड़ें। उसकी मामूलियत ही उसकी पूर्णता होती। मामूली ही रहने दें। आपने जगह को ले कुछ नहीं करना; कुछ करना है तो सिर्फ अपना ही करना—अपने आकलन और कसौटियाँ देखनी, ताकि कुछ हेर-फेर हो, कुछ छूट जाए। अस्थिरता आए। अपनी स्थिरता में उससे जुड़ न पाएँगे। वह ऊब जाएगी और अपने असली चेहरे छिपा लेगी। लैटिट्यूड-लौंगिट्यूड के अलावा कुछ हाथ न आएगा। संपूर्ण अबुझमाड़ मामूली है। किसी का मात्र इशारा-किनारा है; कोई अ-बोला अभिप्राय। मामूली रहने दें; गिनती-पक्षों-टुकड़ों में न करें, जैसे आधी साँस लेने से काम न चलेगा; पूरी लेनी पड़ेगी। टुकड़े की दृष्टि भी टुकड़ा हो रहती। जगह पूर्ण होती है। अलग-अलग मंसूबे-मकसद अलग-अलग टुकड़े करते। मंसूबों पर न पलें। टुकड़ा अप्राकृतिक और असहज है। उसे अपना बोझा स्वयं ढोना होता है। लैंडस्केप मिटाकर आदमी टुकड़ा हो रहता है। वह अपना बोझा खुद ढोए, यह अप्राकृतिक है, तब अपने बल-बूते होना पड़ता, जैसे समाज से बाहर कर दिया। आदिवासी सामाजिक बहिष्कार से आतंक खाता। जो बाहर हो गया किसी का, कहीं का नहीं रहा—न बिरादरी, न भाईचारा, न खूँटा न पैंदा। उसे ऐसे से आतंक होता। अपनी जगह से बहिष्कृत हो गया। वह मानता कि नातेदारी, गाँव, समाज की जगह से बाहर होने से बेहतर है मृत्यु आ जाए। अपने बल-बूते होना पड़ता; पूर्ण से हट टुकड़ा होना पड़ता है।

जहाँ गए, लम्बा रहें। वो जगह भी वहाँ बहुत लंबे समय से रह रही। सो महाकाव्य बन जाती।

नक्शानवीसी और उसके नैरेटिव से निकल वीरानगी और सूनेपन को आने देना होगा। मानस पर लैंडस्केप के गहरे असर होते हैं; मूल्य और दृष्टि बनते हैं। जिसे अब मूढ़ता या मंदता माना जाता है वो भी वीरान का ही रूप है। कुछ वीरान, बे-आबाद, बे-चिराग, मूढ़ को होने देना होगा; जिसका नक्शा या महत्त्व न बन पाए। निजी जीवन में होने देना होगा। न उसके लैटिट्यूड-लौंगिटेयूड गिनती-शब्द हों। उसकी जगह रहे। वो जगह जो हमने विचार, ज्ञान और उसके मंसूबों से भर दी, समझ-न-समझ के द्वंद्व से; कर्ताभाव से। समझ किसी की न होती। क्या ठिकाना कब डिग जाए? वीरानगी और सूनापन हमारे भीतर और गाँव-मुहल्लों में भी भरपूर हुआ करते। अंत:स्थिति, गाँव-मोहल्ले उन से भी चिह्नित होते; जीवन और उसकी

लय भी चिह्नित होती। यूँ तो बहुत पहले से रहा पर खासकर चंद दहाइयों से वीरान का खौफ ऐसा हुआ कि, भीतरी और बाहरी, हर खालीपन और वीरान को भर दिया। हर तरह के असबाब या सवाल-जवाब से भर दिया। बेहद ज्ञान-अज्ञान, शिक्षा, धन, समस्या और समाधान की अंधी भूल-मुलैया, अंतरात्मा, विचार, यश, पद, आइडेंटिटी, ख्याति आदि जीवन के रुक्के बजाने लगे; जिसके रुक्के कभी बजे ही न थे। जटिल तरीकों और आदर्श से भर दिया। आदमी और उसका मामूलीपन जाता रहा। मूढ़ता और वीरान जाते रहे। सब खचाखच भर गया।

विचार और ज्ञान से बड़ी शायद कोई सत्ता, थकान या पीड़ा न हो। मात्रा चाहे कम हो या ज्यादा, हर सत्ता की तरह विचार और ज्ञान भी दुर्भाग्यवश ही प्राप्त होते। इनकी सत्ता सबसे बड़ी, बेरहम और रौद्र, जैसे कोई साया पड़ गया। दुर्भाग्यवश ही प्राप्त होते।

अ-बोला तो वीरान ही रह सकता है। वीरान निपट वीरान से ही मिलेगा, हाड़ा-हूड़ी से नहीं। हाड़ा-हूड़ी तो उसकी नकार हैं। अब न परंपरा रही, न रीत, न शास्त्र, न ज्ञान-अज्ञान। बस रहना रहे। अनुभव रहे और वो ही बोले। जो मुक्ति का अहसास बनाए सो ही गुरु बने। सो सब को सहज उपलब्ध है।

बरसों के कुछ परिचितों ने चंद दिन पहले आदिवासियों से संबंधित एक बैठक का न्योता भेजा। सबके नाम के आगे या पीछे प्रोफेसर, डॉक्टर, एक्टिविस्ट आदि लिखा था। मेरे नाम के पीछे एक्टिविस्ट लिखा था। मैं लगभग उतना ही विस्मित हुआ जितना शुरू में लिखे परिचित की बात से हुआ था। मैंने तो बस्तर में या कहीं और कोई ऐसा कर्म ही न किया था; न कर्म, न शोध जिसे साधारणतः कोई नाम दिया जाता है। ऊपर से कोई बी.ए.-एम.ए. डिग्री भी नहीं; तो नाम के आगे-पीछे कुछ न होना चाहिए था। मैंने उन्हें याद भी दिलाया। उन्हें पता भी था, लेकिन नाम के पीछे का ऐलान न बदला। हाल के एक अन्य न्योते में अकादमिक जैसा जिक्र था। तीस से अधिक साल में उनके लिए न मैं बदला, न वो बदले, न भ्रम न भ्रांति बदले, न शब्दों के जुड़ने की प्रवृत्ति, न उनके ऐलान का जिद्दीपन। सब वैसे का वैसा। अब 'श्री' या 'मिस्टर' के अलावा और भी दरकार होती।

ऐसे में सुखद न लगता।

## संदर्भ–

1. दी गार्जियन 15 जून, 2014

□

# 10

# अनिकेत अबुझमाड़

शाम हो चली थी। उस दिन डूबते सूरज में लाली न हुई। कहीं छूट रही, जब कुछ कहीं छूट रहता है तो अकसर मालूम न हो पाता कहाँ छूट रहा। केवल छूटने भर का अहसास रह जाता है तो शाम होते सूरज की लाली कहीं छूट रही। न जाने सूरज को मालूम हुआ कि नहीं। आता अँधेरा मुँह बाए चारों तरफ डोलता फिर रहा था। वही घुप्प, जिसमें आदम दिखे न आदम जात। दूसरा तो छोड़, खुद अपना शरीर न दिखे। दिखे तो बस घुप्प अँधेरा। उसका क्या दिखना? ऐसा दिखे कि कुछ न दिखे; न भीतर दिखे न बाहर। ऐसा अविचल घुप्प, जिसमें दिखने-भालने का प्रसंग ही न बन पाता। उलटा, देखना फिजूल या हास्यपद लगता। अन-होना होने की तमाम परतों को कहीं ऐसा मूँद दे कि ढूँढ़े न मिले। कोरे पन्ने की तरह हो रहे, जो अपने ही भीतर शब्द को छिपाए शब्द के ही इंतजार में बैठा हो। जिसमें सब दर्ज है पर पढ़ें तो कुछ भी नहीं। अब हो, तब हो, हो न हो। पन्ना कोरा या भरा, घुप्प की सच्चाई लिए है या झूठ, यह कौन जाने? ज्यों कोई मायावी, झिलमिल सपना, जो आया तो था पर दिखा नहीं। बस कुछ धुँधली, ठगी-सी यादें छोड़ गया। ज्यों कुछ छूट रहा। न जाने कहाँ।

सामने बहती नदी पर पुराने लोहे के पुल पर पटरियाँ सुस्ताई-सी रेंगती जा रही थीं। न जाने रेल कब चली आए। नदी और पटरी उतनी ही खामोश थीं, जितनी कि गुजरी रात की बस्ती का घुप्प अँधेरा। ज्यों ही सूरज ढला एक शिथिलता और सन्नाटा आ रहा। कुछ पल में कुहासे की पहली महीन परतें धीमे-धीमे, लुके-छिपे आन रहेंगी, तब सब ढँप रहेगा। बिना ध्वनि या स्वर नदी चुपचाप चली जा रही थी। उसके हौले, लगभग शिथिल, बहाव से ज्ञात हो रहा था कि वह चलयमान है, घूमती-घुमाती नदी है; उसके होने का अन्य कोई सुराग न था। गुजरे जन्मों और काल के अनेक मोड़ और बल खाती; अनगिनत किस्से सुनती-सुनाती। देखने से

क्या मालूम हो कहाँ जा रही है। पटरी भी कहीं चली जा रही थी। उसमें नदी वाली शिथिल गति भी न थी, फिर भी कहीं जा रही थी। वह भी नहीं जानता था कि वह स्वयं कहाँ जा रहा है। नदी और पटरी की तरह; अनेक मोड़ और बल खाते; खामोशी से। पुल से नदी न पार की। इसी पार एक ढलान दाहिनी ओर तिरछी हो हौले-हौले नीचे उतर रही थी; ढलान इतनी हौले कि पाँव न फिसल जाए। ढलान ही ऐसी थी। उतरन समाप्त होते ही सदियों से बैठे मंदिर से जा मिली; दोनों मौन में मिल लिए। कोई एक जगह सदियों कैसे बैठ लेता है, वह अकसर हैरान होता। पुराना-सा छोटा मंदिर। ज्यों किसी छोटे-से पुराने टोले में किसी छोटे-से देव का थान होता है। थान क्या एक घोंसला लगा, जिसमें कोई नन्हा परिंदा रहता हो। ईश्वर उतना नहीं जितना उसे बना दिया गया है। है तो छोटा-सा ही; इतना कि थान या घोंसले में भी समा जाए। उस थान का रखरखाव भी न होता दिखता था; जैसे बड़े-बड़े मंदिरों के होते हैं या बड़े-बड़े ईश्वरों के। स्वयंभू का कैसा रखरखाव? जो भी छोटे होते, क्षीण और भंगुर होते—स्वयंभू होते। न स्वरक्षण को ले उनके कोई ऐसे तकाजे होते। वे तो कमतर में हो लेते हैं। बिना रक्षण-स्वरक्षण के हो लेते। बिना हुए हो लेते। होने की ही माँग न करते, न तिल-तिल ढह जाने का रंज। सततता उनके होने जितनी। उनके होने से आगे न होती। उससे आगे केवल स्पंदन घटता। न पदार्थ होता न अपदार्थ। कुहासे के बीचों-बीच बसा थिरकता स्पंदन। थान की चाह न करते। स्वयं को किसी भरोसे छोड़ किसी अगम्य राह के अदम्य यात्री हो लेते। सब हौले-हौले होता, न-होता।

थान के बगल पीपल तले एक दीये की पुरातन लौ मौन मुद्रा में जल रही थी। जितनी पुरातन वो, उतना पुरातन उसका अंधकार। बस वह होती और अंधकार होता। दोनों साथ-साथ, एक दूजे से प्राण लेते-देते। पीपल में जमीन से आधे हाथ ऊपर, उसी से निकला एक दुबला-सा तना; इतना नन्हा और कोमल कि मुश्किल से दस पत्ते लिए था; तब भी हवा में इतराता। वह जितना नन्हा था, उतना ही अल्हड़ दीख रहा था। तने के नीचे दीया शांत लौ लिए। बगल में एक छोटा फल और आधा मुट्ठी आटा कोई टिका गया था। जितनी मुराद उतनी उपासना। सब कुछ छोटा। छोटा-सा थान, छोटी-सी मन्नत। छोटे-छोटे स्वयंभू छोटी-छोटी सततता धारण किए। दीया दोनो में जीता, अ-जीता।

थान के बगल बैठा मन उस रात तक दौड़ गया जब उसका खालीपन सबसे निचली तह पार कर चुका था। वह खालीपन एक रात या एक बरस का न था,

जन्मों का था। उसकी काट एक कर्म, एक कामना या एक जन्म में न हो पाती। खालीपन जो हटाए न हटे; अंतहीन। उसी कोरे पन्ने समान जिसपर लिखा तो अंतहीन था, लेकिन भीतरी मन के घुप्प में क्या दिखे, क्या पढ़े? नदी के बहने की मात्र ध्वनि आ रही थी। किस दिशा में बही जा रही, उस घुप्प में न ज्ञात हो सका। उसने तो दिशाओं को भी ढाँप दिया था; न जाने कौन से कहाँ जा रही। शाम समय दिख गई थी कि पश्चिम की ओर बहे जा रही है। रात आते ही उसका केवल स्वर बच रहा। अन्य छूट गया। वे सारे मापदंड जिनसे जीवन का भान होता है, भीतरी घुप्प में लुप्त हो रहे। रात आते ही वही मापदंड भ्रम लगने लगे। रात में अ-जीव होता—प्रकाश से कहीं अधिक प्रबल और प्राणवान; सो एक जन्म में न छूटेगा।

कॉलेज में आगे पढ़ना असंभव हो रहा। मायूसी, बीमारी, हताशा, सब हुआ। कोई पेंच काम न आया। वह आगे न पढ़ा। बीच में कहीं छूट रहा तो घूमता-घामता बरसों बाद बियाबान क्यों पहुँच रहा? उसका तो कभी सपने में भी न सुना था। बियाबान में आ रहने को गुमरही कहें या कुछ अन्य? फिर बरसों बाद अंतत: बियाबान भी क्यों छूट रहा? समय अपनी पेचीदगियों संग बीतता गया पर उत्तर न मिल पाए। वहाँ बहुत धुंध है। वो झिलमिल-सा कुछ है और उस झिलमिल के पार देखना नहीं हो पाता। भीतरी खिड़कियों से संसार दिखते हैं, पार नहीं।

बियाबान में आन रहे तो प्रश्न न करने चाहिए। प्रश्न गुमरही करता है। उत्तर और भी बड़ी गुमरही। बियाबान दोनों को नकारता। उसकी ओर ले जाता जो प्रश्न-उत्तर नकारता। वहाँ उत्तर की प्रासंगिकता नहीं बनती; न ही उसके प्रश्नों की। वह दोनों को मिटाता, तब मात्र होना हो रहता। न प्रश्न, न उत्तर, न विचार, न क्रिया, न प्रतिक्रिया।

बियाबान ने संसार, जीवन एवं उसके स्वयं में जहाँ अलहदा इशारे दिए, वहीं दूसरी तरफ असहनीय अध्यात्मिक शून्यता और पीड़ा भी।

शिव की तरह अबुझमाड़ बेघर है। उसका वास है, लेकिन घर नहीं। वह तमाम वे निर्लज्जताएँ लिए है जो बेघर से जुड़ी होती हैं। जो बेघर है, यानी उन मूल्यों, अवधारणाओं और संस्कारों से बाहर है, जो घर और समाज से पैदा होते हैं, सो ही बियाबान है; चाहे वह व्यक्ति हो या इलाका। बियाबान को संकोच नहीं, न ही परदा। बेशर्म हो, वह अपना लगभग कुछ नहीं ढाँपता। अबुझमाड़ संकोची नहीं। उसे स्वयं से शर्म नहीं। बेटी पिता के सामने खुला वक्ष लिए रहती है। 'गाँव' में भी यूँ ही घूमती। पिता बेटी सम्मुख इतना ही वस्त्र बाँधे रहता, जिसे लँगोटी से भी कम

कहा जाए और भीतरी 'गाँवों' में पेड़ की छाल होती। घोटुल में लड़के-लड़कियाँ बिना परदा या संकोच हर रात्रि एक दूजे संग शारीरिक संबंध बनाते। छोटे बच्चे उन्हें देख सीखते। अबुझमाड़ के पेड़-पौधे, नदी-नाले, पहाड़, बाम्बियाँ, पशु-पक्षी, आकाश और धरती सब निसंकोची। सब अ-समाजी। सब नग्न। न छिपाते, न बताते। सब शिव, अनिकेत, निर्लज्ज। सब समान। सब घर और समाज से ऊपर उठे। बेघर, बियाबान ही मुक्त होगा; वह ही हिंसा से मुक्त रहेगा। हिंसा घरेलू है। किसी भी रूप में हो, घर और समाज की पैदाइश है। निर्लज्ज, अ-समाज की पैदाइश नहीं। अ-समाज अध्यात्म और राजनीति की उज्ज्वल और श्रेष्ठ अवस्था है। मूल भी वही, फूल भी वही, आत्मा और प्राण भी। वहाँ न घर, न समाज, न गाँव, न रिश्ते, न जीवन-व्यवस्थाएँ, न हिंसा, न अहिंसा। अपने बियाबान में अबुझमाड़ ऐसा ही है। उसके जितना भीतर जाओ उतना ही बाहर निकल आते हैं। अबुझमाड़ का बियाबान विस्तार है, जिसने सब भर लिया और सब तज दिया।

मानव समाज का सब सतही है। स्व या प्रकृति में उसकी कहीं जड़ें नहीं। जो स्व न हो अन्य है, उसमें जीना घोर पाप। समाज अन्य होता। उसका ऐसा कुछ भी नहीं, जिसे जड़ से न उखाड़ा जा सके। अबुझमाड़िया का मन ज्ञान, नैतिकता और विश्वासों से रिक्त है, इसीलिए उसमें प्रेम के लिए भरपूर जगह है। उसका प्रेम न सामाजिक, न नैतिक; केवल आध्यात्मिक है। वह केवल स्व है। जो स्व सो आध्यात्मिक, स्व-विसर्जित। उसका अनुभव न हो पाएगा। वह अपने अनिकेत में जीता है।

□

# 11

# उस दिन कुछ न हुआ

उस दिन कुछ न हुआ। वो न होने का दिन था। बिल्कुल उस रात जैसा। उस लंबी रात भी कुछ न हुआ। ऐसे दिन और रात हुए। ऐसे ही साल भी। कुछ न हुआ। तब काल और गति न हुए। न कुछ चला न रुका। न स्थिर हुआ न अ-स्थिर।

वो ऐसा दिन था, जब कुछ न हुआ। दिन और रात के सिवा कुछ नहीं। उस दिन और रात न उजाला हुआ न तम; न हवा में गत न अ-गत; न शिथिल न आडोलन न आंदोलन; न शब्द न निशब्द; न मौन न उसकी ध्वनि; न काल न अ-काल। न भेद हुआ, न अभेद। भाव-अभाव भी नहीं। कुछ न हुआ। वो ऐसा दिन था।

कुछ हो तो तब कुछ हो। अ-कर्ता का दिन था। अ-कर्ता न था। तब कुछ न होता। विचार कर्ता-अकर्ता से मुक्त रहकर भी, स्व-स्फूर्त होकर भी, न हुआ। कुछ हो रहता तो यदा-कदा मन हो रहता। नहीं तो कुछ न होता। तब संसार यूँ न था ज्यूँ प्रतिपल हो; पल न था; न नित्य न अनित्य; न शून्य न सार, तब पृथ्वी किशोर थी, अनुभवहीन और पौरुषहीन; अकुशल और अवयस्क; निरपराध। बिना भेद, अभेद, गुण और पदार्थ, गिनती या अक्षर। उसका आकार न था, न अनाकार। अनेक भी न था, एक भी न था। निर्विकल्प, निःशेष था। वो स्वयं से निकला था। जो अन्य से निकला, वो हो नहीं सकता; वो मात्र विकल्प ही हो सकता।

करे होगा नहीं। होता तो हो गया होता।

तो कुछ न हो रहा था। साल बीत रहे। न हुआ। अ-घुप्प था। घुप्प तो विकल्प है, होता नहीं। उस अवस्था में न साल हुए न काल, न उम्र। सूरज निकला और छिपा पर अंधे-उजले रात और दिन न हुए, तब रंग न थे, न रंग-भेद। घुप्प तो काल के होने पर हुआ, तब कुछ न होता। शरीर था, आसन न था। शरीर मूर्त न थे; अवधि और आकाश न थे, न स्वर का मौन, न मौन की ध्वनि।

जब पृथ्वी का हुआ तो संसार हुआ; मन हुआ, प्रवृत्ति हुई, तब जो हुआ मन हुआ, चित्त हुआ, स्व-स्फूर्त विचार-भाव हुआ, जमीर-जज्बा हुआ। हवा गति हुई। पृथ्वी मन हुई। वो भी मन हुआ। पृथ्वी का हुआ। कुमड़ा[1] सूरज से बड़ा हुआ। स्वर ध्वनित हुआ। शरीर आसन हुआ। आकार-आकाश हुआ। पृथ्वी यूँ हुई ज्यूँ चिह्नित हुई।

तब उजाला हुआ। उसमें अंधकार हुआ। आकार हुआ। उसमें अनाकार हुआ। दसों दिशाएँ हुईं, दिशा-भंग हुआ। एक हुआ अनेक हुआ। सब हुआ।

वो पगडंडी उबड़-खाबड़ छोटी-सी तलहटी से गुजर गारपा (अबुझमाड़ में मेरा रिहायशी गाँव) के पठार पहुँचती थी। वहाँ से एक और, पतली-सी और भी दूरदराज एह्नार पहुँचने में शाम कर देती। उस पगडंडी का सफर इतना अंदरूनी और रहस्यमय कि कभी नहीं भी पहुँचती। वो पहुँचने के इंद्रजाल को बेहतर जानती। पहुँचना ध्येय न था। 'पहुँचना' ही न था। पानी का पतला ताँता गारपा के पूर्वी छोर में झोंपड़ी तले भूमिगत हो पंद्रह-सौ गज बह दक्षिण-पूर्वी छोर पर चोरी-छिपे आ निकलता। यहाँ फिर सतह पकड़ सीधे खड़े मिट्टी के कुंड को हजारों नन्ही-नन्ही बूँदों से भर डालता, तब धार बन नन्हा-सा शोर लिये फिर झाड़-झंखाड़ में दौड़ कर लुक-छिप रहता। किसी को न पता दादंगिर कहाँ से आई, क्यों भूमिगत हो लुप्त हुई, फिर प्रत्यक्ष हुई और फिर लुप्त हो कहाँ चली। न कोई जानना चाहता। वो ऐसा दिन था कि कोई न जानना चाहता। छिप रहना या दिखते-दिखते लुप्त हो रहना अबुझमाड़ का स्वभाव है। झाड़-झंखाड़ की गुत्थम-गुत्था, जैसे पीछे, और पीछे, कुछ छिपाए हो। पहाड़ियों का होना जैसे छल हो, उनका घुप्पपन जैसे परदा डाले हो किसी अ-घुप्पपन पे। बाँस के घने झुरमुट से आया हवा का झोंका साँय से गुजर, जैसे बताते-बताते ठिठक गया, जैसे सब हो भी, नहीं भी। वहाँ कुछ न होता, न कुछ बोलता। अबुझमाड़ न जीव है न निर्जीव। बस अनबोले की ठिठकन है, उसका धारण है। न पूर्वकालीन न समकालीन, न डेमोक्रेटिक न विदर्ड स्टेट। अबुझमाड़िया समय और काल से हट सुनता-धरता, एक उजली रात जग उठता और लुप्त हो रहता। वो न जानता, न जानना चाहता, न बुद्धि न अ-बुद्धि।

हम अपना समाज डेमोक्रेसी या स्टेट जैसे उल्लेखों में जिएँगे तो हार जाएँगे।

शायद व्योम और राजनीति अलग न हों। किन्हीं कारणों से हमने कर लिए। पिछले चार दशक तक भी लोक-समाजों की राजनीति-सामाजिकता में वे बहुत हद तक एक होते। उसके पहले और भी। उनसे आदमी के मुकाम और आर्थिक

व्यवस्थाओं के मापदंड बनते। मात्र पहनावा और घर-गाँव की बनावटें तक ऐसे मुकामों और मापदंडों के बहुत-से इशारे करते। हमारी राजनीतिक-सामाजिक और मुकामी चेतना का दुर्भाग्य और उससे उत्पन्न ज्ञान और मानव सत्ता की यह नई परंपरा, शायद यह भी हो कि हमने व्योम और राजनीति को अलग कर लिया। जहाँ राजनीति सत्तापूर्ण है, वहीं व्योम अनंतता के रहते भी सत्ताहीन। अलग करने से हमारे मानस और जीवन दृष्टि पर आघात हुए। अपार विविधताओं और मूर्त-अमूर्त में जीनेवाला बहुआयामी समाज मात्र एक आयाम की तरफ चल पड़ा। अनेक स्तरों से नेगोशिएट करनेवाला व्यक्ति मात्र मूर्त में जीने लगा।

अपने समाज में मात्र अपने उल्लेखों में जीएँगे तो भी हार जाएँगे, लेकिन तब डेमोक्रेसी और स्टेट भी हम से हार जाएँगे। सब हार जाएँगे।

फिर ऐसा दिन होगा जब कुछ न होगा। न कर्म न अकर्म। न सिमटन न विस्तार। न स्थिर न अ-स्थिर न विकल्प। न उल्लेख की गिनती न अक्षर। न स्टेट न नीति, तब कुछ न होगा।

तब होगा।

□

# 12

# अब मेरा बेटा जाएगा

मैं उनका नाम न पूछ पाया। उम्र लगभग 75 बरस रही होगी। काले मोतिए के कारण चश्मा पहने थे, लेकिन तब भी दिखता न था। दो कपड़े लिए, झुके, आधे-से जिस्म में कोई आत्म-ग्लानि या आत्म-दया न थी; न ही अपने होने का कोई तकाजा। जैसे एक ठहराव लिए हों। हम एक स्कूल में बैठे थे। नया होकर भी स्कूल भवन कुछ अधूरा-सा, उखड़ा-सा था, जैसे कुछ बेठिकाने, कुछ व्याकुल हो। उन पुराने बुजुर्ग और नए-नवेले स्कूल में यह फर्क बुनियादी लगा।

अरसे से बिहार राष्ट्रीय चर्चा में रहता आया है। हालिया बार तो विधानसभा चुनाव को लेकर; उसके पहले दसरथ माँझी पर बनी फिल्म को लेकर। गरीबी, भुखमरी, सामाजिक-राजनीतिक उतार-चढ़ाव, हिंसा आदि में बिहार की बात आ ही जाती है। बरसों से वहाँ जाना रहा है। प्रांत के प्रति मन में हमेशा एक आदर भाव पनपा। वहाँ की हिचकी-सी फुसफुसाहट कुछ अपनी ओर खींचती है, कुछ वायदेनुमा करती है, कुछ उम्मीद-सी बँधाती है। मेरी यह कानाफूसी मुल्क के हर प्रांत से नहीं हो पाती।

यह बात गया जिले में परैय्या ब्लॉक के एक मुसहर टोले की है। प्रांत के अधिकांश मुसहरों के पास जमीन न तो रहने को है, न कमाने को। लगभग दो साल पहले सरकार ने उन्हें गरीब से गरीब 'महादलित' घोषित किया। पारंपरिक तौर पर सूअर पालने और यदा-कदा चूहा खाने वाले मुसहर आज ज्यादातर खेती मजदूर हैं। समुदाय के रिहायशी हकों के सिलसिले में एक संस्था के जरिए हम उस टोले गए थे। टोलेवालों के साथ स्कूल में बैठक हो रही थी। बात लगभग पाँच बरस पहले की है।

लगभग पचास लोगों में संयोग से मैं उन बुजुर्ग के बगल में बैठा था। बातचीत में उन्होंने बताया उनके पिता ने 1950 में एक सरकारी योजना के तहत आवास के

लिए अर्जी दी थी। तब ये बहुत छोटे थे। फिर तीस साल तक पिता ब्लॉक मुख्यालय जाते रहे पर आवास बनाने को जमीन न मिली। पिता के बाद इन्होंने जाना शुरू किया। तैंतीस साल तक जाते रहे पर आवास न मिला। अब बूढ़े और अंधे हो गए हैं। मैंने पूछा, अब क्या करेंगे? उनका सहज-सा जवाब आया, 'अब मेरा बेटा जाएगा'। स्वर में न खीझ थी, न नाराजगी, न निराशा। तीसरी पीढ़ी चल रही है, लेकिन आवास न मिला। न जमीन रहने को है न कमाने को। न मुख्यालय आना-जाना छूटा, न प्रयास बढ़ा, न घटा। सब कुछ वैसा ही। अपने और पिता के समय में उन बुजुर्ग ने तिरसठ से अधिक बरस इंतजार किया। अब उनका बेटा दोहराएगा। जहाँ-तहाँ रहते चले आ रहे हैं। गाँव के मजबूत लोगों के दबाव में उन्हें और अन्य मुसहर परिवारों को हर कुछ साल बाद रिहायश बदलनी पड़ती है। शायद इससे अधिक 'कर्मठता' संभव न हो।

बरसों में तब पहली बार गौर किया कि लगभग सारे ही बिहार में आवास को 'डेरा' कहा जाता है। अधिकांश लोग 'आवास' या 'घर' जैसे शब्द के उतने आदी नहीं। इस संदर्भ में 'डेरा' अहम है। वह उसका इशारा करता है, जिसका अहसास 'आवास' जैसे शब्द नहीं दिला पाते। बुजुर्ग में वीरानगी का कोई भाव तो अवश्य था पर महरूमियत का भाव न था। उनके लिए जैसे सब चलायमान हो। सवाल जितना डेरे का उतना ही उसमें रहनेवाले की अनित्यता का है, डेरा छोड़ने का है। ऐसा रुख और मनोभाव गुजरे पिता के प्रति भी, अपने प्रति भी, बेटे के प्रति भी, जीवन और मृत्यु के प्रति भी। उस क्षण के चलन में रीति-रिवाज, संस्कार, मिथक, दस्तूर कैसे-कैसे खेल रहे थे कहना मुश्किल है। लेकिन बेशक किसी परले मुहावरे की सब कथा-कहानी, मान्यता, रिवायत, देव-गाथाएँ प्रत्यक्ष-अप्रत्यक्ष रूप से उस क्षण में चल रहे थे। आवास तो न था पर महरूमियत भी न थी तो 'डेरा' तर्क-संगत हो गया। 'अब मेरा बेटा जाएगा' एक सूक्ति जैसा हो गया, फकीरों की बोली। उनकी बात किसी ऐसे मौन से आई। वहीं से आ सकती थी, जिसे केवल शब्द या तर्क जैसे इहलौकिक यथार्थ की कसौटियों पर न परखा जाए। मेरे पास सवाल न बचे; न ऐसी समझ या उसकी बोली; न वो ढंग, न दर्शन। जीवन के जिस स्वभाव और ऊर्जा से वे आते थे उसमें झाँक पाने की काबिलीयत मुझ में न थी। और बातें हुईं, उनके बचपन की याद का गाँव, लोग, पशु, आपसी रिश्ते, विकास आदि।

बात करते उनमें कहीं न पहुँच पाने का न तो खेद लगा, न कुछ खोने का; न

शोक, न ग्लानि, न रीतापन। न पहुँचने की ललक ही दिखी, न 'छूटे' रह जाने की व्यथा। न पाने की विकट लालसा, न तड़प, जैसे उन्हें ऐसों की सम्मत्ति न चाहिए, जो कहीं कट अपने स्व से अलग-थलग हो गए। वे स्वयं अपनी बोली के आदमी हैं। बनिस्बत उनकी बोली के, आवास की भाषा शब्दायमान है; निरी नग्न है, पार्थिव है, हराएगी; सत्तावान है। उसका रंग-रूप है, हरनेवाली है। 'डेरा' निशब्द मौन से, अपरिभाष्य से आया है; उसका जन्म ही अस्थायी से हुआ। टिकेगा नहीं, हारेगा, जैसे उसे मिटने का खौफ नहीं, न ही निशान छोड़ने की लालसा। जहाँ 'आवास' दृढ़तापूर्वक जमे रहने के आग्रह को पोसता है, वहीं 'डेरा' उसकी अनित्यतता को पोसता। जब दैनिक दर्शन अपनी पैठ खो वैचारिक या दृष्ट हो, केवल पार्थिव एवं सामयिक कर्मठता या महत्त्वाकांक्षा पर ही टिका हो तो निष्प्राण एवं निःतत्त्व होता है। उन मसलों को नहीं टटोल पाता जिनकी ललक हर अंतर में बसती है और अनगिनत रूपों में मुखरित होती है। आकांक्षा, अभिलाषा, कर्मठता या उनकी अनुपस्थिति में, उठने-बैठने और मिलने-जुलने के ढंग में, चेहरे के भाव या भावहीनता में, चाल में, व्यवहार में, बोल और मौन में; जीवन-मृत्यु के स्वीकार्य में।

मान्यता, विश्वास, मूल्य, समाज, संस्कार, संस्कृति या सभ्यता जैसे एक अनंत लय का चलन-ठहराव है जिसमें मानव, उसकी चेतना या विचार का न दखल हो न प्रभुत्व। जैसे कुछ सबसे ऊपर उठकर हो। वे बुजुर्ग इन्हें अलग-अलग नहीं देखते। उन के लिए बोध कोई ऐसा जंगला न लगा जिससे आसपास की दुनिया अलग-थलग दिखती हो। जंगले से जो परिदृश्य दिखता है उसमें वे स्वयं भी हैं, अलग नहीं। उनमें आकाश, पृथ्वी, वनस्पति, पशु, पक्षी, मौन, मूर्त-अमूर्त की बोल-चाल है। सब वैसा ही दिखता है जैसा उनके पुरखों को दिखता था। अंतराल में ऐसा कुछ अलग नहीं हुआ, कोई मोड़ न आया जो पहले न था। कोई अंतराल ही न हुआ। प्राप्ति या अभाव की बात यथोचित नहीं; न कुछ आया न गया।

वो भीतरी और बाह्य कब खंडित हो अलग-थलग हुआ, सामंजस्य कब टूटा, आकाश कब बाहर चला गया, अतीत कब पीछे छूट गया, इतिहास कब अतीत को निर्धारित करने लगा, बोध अबोध से कब विलग हुआ, मौन कब भाषा बन गया, डेरा कब आवास में ढल गया कहना मुश्किल होगा। वो दृष्टि जो इतिहास के पार बसती थी कब उसके नियमों पर चलने लगी, कहना मुश्किल होगा।

उन बुजुर्ग, जैसों के रहते राजतंत्र अपनी वैधता स्थापित कर पाने में असमर्थ रहेगा। उनका 'स्वयं' होना राजतंत्र के प्रति सबसे सशक्त रेजिस्टेंस है। वहीं राजतंत्र

के रहते वे भी अपनी लौकिक वैधता खोज पाने में असमर्थ है। इसलिए अवैध दिखते हैं, हाशिए वाले। ऐसी बोध परंपरा में केवल लौकिक वैधता खोजना अप्रासंगिक है।

विरोध एक ऐसी पारस्परिकता है जो उसकी शर्तों पर ही हो सकता है जिससे विरोध है। पैमाने वहाँ से तय होते हैं। विरोध का अर्थ ही अपना पक्ष छोड़ दूसरे का पक्षधर होना है। इन बुजुर्ग सरीखे लोग 'स्वयं' में होकर जीते हैं। विरोध या पक्ष स्वयं से अपदस्थ हो स्व का हरण है। राजतंत्र, संविधान या उनके मानस और शब्दावली से विरोधस्वरूप या अन्य तरह से हम जितना उलझते हैं उतना ही उसका हिस्सा बनते जाते हैं। बड़ा मायावी है। विरोध करना सुदृढ़ करना है। गांधीजी ने विरोध न कर स्व को पोसा। बुजुर्ग को न देख पाना, हाशिए पर रख छोड़ना, आधुनिक दृष्टि की यह चूक और अभाव, यही राजतंत्र है। प्रश्न राजतंत्र या समाज का नहीं रह गया। उनके लिए तो जिसे समाज कहा गया, वह भी राजतंत्र हो गया। हो आदिवासियों में एक दंत-कथा है जिसमें परमात्मा ने किसी उल्लंघन पर नाराजगी में आदमी की आँखों पर एक जड़ी मल दी जिससे वह सत्य को न देख ही पाए न सुन। हाशिए पर रहते समाजों पर आधुनिक बहस अप्रासंगिक है। ये बहसें देख-सुन नहीं पातीं। बहस के निहित आदर्श, मानक और पैमाने हाशिए के समाजों से नहीं आते।

यह बात मुसहर बुजुर्ग की न रह उस पूरी जमात की है, उस पूरे मानस की जो हर क्षण कई स्तरों पर कई जीवन जी लेता है। ये इतनी दूर से आते लोग हैं इनकी टोह या तो अनायास किसी अप्रत्याशित क्षण में मिल जाए या कदाचित् न मिले। ये बुजुर्ग उस रीत के निमित्त-नुमाइंदे हैं जो अपना स्व न त्यागें वे राजतंत्र-समाज के लिए सबसे बड़ी चुनौती हैं।

बात खत्म होते तक उनका नाम पूछने का साहस न हो पाया।

(मुसहर यूँ तो मूलत: आदिवासी हैं, लेकिन पिछले कुछ दशकों से जनगणना रिकॉर्ड में इन्हें अनुसूचित जातियों में गिना जाता है, बिहार में शासकीय तौर पर इन्हें 'दलितों में दलित' माना गया है। मुल्क की कुल अनुसूचित जातियों में से बिहार में 1.3 प्रतिशत हैं। इनमें प्रांत के मुसहर लगभग 15 प्रतिशत हैं। चलती जुबान में मूषक—चूहा खानेवाला भी कहा जाता है।)

□

# 13

# देशीय तादात्म्य :
# दृष्टि, दर्शन और लोक-समाज

'बदलाव सनातन है।' बड़ा होने लगा तो ऐसा सुनता आया। समय चलते ऐसा सुना जोर पकड़ता गया। लेकिन पचास-पचपन साल पहले बचपन के अपने गाँव में न सुना; या बहुत कम सुना हो। अबुझमाड़ या बाकी बस्तर में तो तीसों बरस में शायद कभी न सुना।

लोग गपशप तो करते थे लेकिन चर्चा आदि न करते। किन्हीं भी बातों पर चर्चा लगभग कभी न होती। सनातन या बदलाव आदि विचार और चर्चा के विषय हैं गपशप के नहीं। गपशप और चर्चा के अलग-अलग स्वभाव और अभिप्राय हैं। अबुझमाड़ में या तो मौन है या गपशप। दोनों एक दूजे में घुले-मिले।

आज भी सुनता हूँ कि सिर्फ बदलाव सनातन है। लोग कभी-कभी कह भी देते हैं कि ज्यों मैं चाहता होऊँ अबुझमाड़ में बदलाव न हो; वो प्राचीन रहे।

बचपन के गाँव में लोग सनातन या बदलाव जैसी बातें यूँ तो करते ही न थे, अगर कर भी लेते तो महज इक्का-दुक्का वाक्यों में। इन पर कभी पंचायत न बैठी। शहरों की तरह लोग न पढ़ते न सोचते न शास्त्रार्थ कर कुछ साबित करना चाहते, न जरूरत लगती। न सबूत न साबित। कहते तो यही कहते कि सिर्फ सनातन है। कुछ है, जो बदलता नहीं। उसके रंग-रूप, माया-छाया, भेद-विभेद बदलते हैं; जैसे मरने के बाद आत्मा इस-उस शरीर में आ गई। वो खुद नहीं बदलती। उसी मुताबिक जीते। जीवन और उसका संसार भी छाया-माया मानते। बस पार होना है। गाँव का साधारण आदमी यह बात बड़ी सहजता और विश्वास से कह जाता। उस विश्वास ने न कुछ सोचना होता न साबित करना। गाँव में सब साधारण ही होते। अर्धनग्न किसान, खेत मजदूर, जुलाहा, बढ़ई, लुहार, चमार, सुनार, कुम्हार, झीमर, भड़भूजे

आदि सब साधारण होते; ऐसी बात सहजता से कह जाते। कहने को वो अनपढ़, दीन-हीन, अमुखर, सांसारिक आत्मविश्वास के अभाव वाले। जो संसार को अनित छाया-माया मानता, संसार में आस्था ही न करता वो आत्मविश्वास में क्यों आएगा ? 'आत्म' तो संसार का है ही नहीं। उसे तो केवल पार होना है। कोई आदमी पुल से नदी पार कर रहा है, वो पुल का थोड़े हो जाएगा ? बचपन के गाँव का आदमी कुछ ऐसी आस्था का आदमी था। जैसे आदमी पुल का नहीं, 'आत्म' भी संसार का नहीं, न ही उसे सांसारिक माना जाता—वह इसी निष्ठा में पैठा था। बुद्धि, ज्ञान, संसार, विचार अदलते-बदलते रहते हैं। कई छाया-माया हैं। वो छाया-माया में न पैठता। कागज पर काले अक्षर जैसे मानता। आज ये है कल कुछ और हो जाएगा। लोग मोटा-मोटा ऐसा मानते; किसी गहराई या गंभीरता में नहीं। ये मुद्दे न होते; मुद्दे ही न होते।

मतलब ये नहीं कि कुछ बदलता नहीं। आना-जाना, बदलना तो लगा रहता है। आचार-व्यवहार में थोड़ी बहुत तो व्यवहारिकता रखनी पड़ती है। जैसे कि सूर्य सुबह उगता है, शाम के बाद रात होती है लेकिन वो दीन-हीन दिखनेवाला कहता कि ऐसा संसार भरोसे का नहीं। ये बदलता है, दिन-रात जैसी आँख-मिचौली करता है तो ये आँखों को दिखने के अलावा कुछ नहीं। सूर्य उगता-छिपता है, आयु बदलती है, विचार आते-जाते हैं—ऐसा ही होता है पर ये प्रपंचना है। दिख के लुप्त होनेवाले में आस्था न होने पाए।

अपनी छोटी-मोटी खेती करता (गाँव में छोटी या मध्यम किसानी ही होती), खेत में दहानों से पानी चलाता, डाँगर-ढोर पालता-चराता, मटके-सकोरे बनाता, सूत कातता, कपड़े बुनता या अन्य व्यवसाय करता अपना जीवन जीता। जीवन का ध्येय न होता। तरक्की या उपलब्धि के अहसास नहीं होते। बस पार होना है। बुढ़ापे में खेतीबाड़ी या अन्य काम-धाम या जिम्मेदारियाँ छोड़ खाट पर बैठ रहता। अकसर मजाकिया हो लेता। खाट पर खाता-पीता-सोता। कुछ देर लाठी के सहारे यहाँ-वहाँ टहल आता या किसी के यहाँ कुछ देर बैठ हुक्का पीता, गपशप कर आता; कभी एक-आध मील दूर खेत का भी चक्कर काट आता, जैसे अब इंतजार में हो। जहाँ मृत्यु लोक से पार होना चाहता, वहीं मृत्यु से डरता। मृत्यु लोक जैसा ही जीवन जीता—भय भी अभय भी। कुल देवी-देवता बनाता, खेत में साँप की भुइयाँ को पूजता, पीर-फकीर की मजार-मेले जाता। उपलब्धियाँ न करता।

इसके उलटे आधुनिकता ने बदलाव को सनातन माना। ऐसी आधुनिकता भी

यूँ काफी पुरानी है। फर्क इतना कि इस दौर में उसे सर्वाधिक बौद्धिक और शारीरिक बल मिला; सुनियोजित ढंग से दिया भी गया। वो जिसका न स्व है न स्थित उसमें, छोटे दरजे की ही सही, लेकिन आस्था बनी। आइडिया ऑफ प्रौग्रेस का कुल भाव यही है—अविकल्प का; कि बदलते रहो, बढ़ते रहो; ठहराव में आ गए तो निज और संसार दोनों की गत नहीं। ऐसा विकल्पहीन समाज शायद पहले कभी न हुआ हो। आधुनिकता की आस्थाओं में सनातन, न बदलने वाले, का स्थान नहीं। 'सत्य' का केवल सांसारिक अर्थ हो रहा—सो अर्थ निरंतर बदलनेवाला है। एक भी तत्त्व—भौतिक-अभौतिक—ऐसा नहीं, जो जैसा हमेशा था, वैसा रहेगा। कुछ टिकाऊ नहीं। टिकाऊ भ्रम और अंधविश्वास है। टिकाऊ कुछ है तो निरंतर परिवर्तन। ऐसे असमंजस और भीतरी बौखलाहट का समाज भी शायद पहले न हुआ हो।

तो खुद पर और खुद की काबिलियतों पर भरोसा हो। आत्मविश्वास हो। परिवारों और स्कूलों में बचपन से यही सिखाया जाता है कि आत्मविश्वास पैदा करो तो बुद्धि खेल में आई। खेल हुए। गणित, भूगोल, इतिहास, भौगोलिक फासलों पर विजय, अनेक प्रणालियाँ, ज्ञान परंपराएँ आदि के निर्माण हुए। ये निर्माण का युग हो रहा। 'ब्रेव न्यू वर्ल्ड' के सपने और साहित्य हुए। एक और रेनैस्सां का युग हो रहा; एक और नई जागृति चल पड़ी। जीवन इनसे चलने लगा। ध्येय, मंसूबे, आदर्शवाद और यथार्थवाद उभरे।

बिलासपुर (छत्तीसगढ़) जिले में अकलतरा गाँव के एक बुजुर्ग कहा करते थे, 'कुछ तो संसार कठिन है, कुछ लोगों ने बना लिया।'

ये बुजुर्ग मुखर न हुए। देशीय मुखर न हुआ। कबीर या बाबा फरीद-सरीखा वह कैसा ज्ञान था जिसे समाज के सभी वर्गों ने गहराई से आत्मसात तो कर लिया, लेकिन मुखर न किया? सब धर्म, जाति और समुदायों ने; जो सब को सहज सुलभ था। कबीर और फरीद के पहले भी था। एक दृष्टि से देखें तो प्रेमचंद में भी झलका; लेकिन मंटो सरक गए। लोक मानस में जो कबीर-सरीखों की पहचान बनी, शंकराचार्य-सरीखों की न बन पाई। गांधी की बनी, टैगोर या स्वामी विवेकानंद की न बन पाई। इनकी पहचान स्कूलों में बनी।

साधारण का अर्थ हुआ वो जो सांसारिक तौर पर लगभग मूढ़ हो। जो संसार को न बहुत जानता हो न समझता; न चाह रखता। समझ रखता भी तो किसी अन्य के परिप्रेक्ष्य में। अपने अंतिम वर्षों में विनोबाजी कहा करते थे कि एक सैनिक अपने आसपास की बहुत जानकारी रखता है—कितने पेड़, कितनी पहाड़ियाँ, दुश्मन के

कितने लोग, कैसा असला, कितने नदी-नाले, कितनों पर पुल आदि। जानकारी न रखेगा तो घातक हो सकता है। सैनिक बना तो ये करना ही होगा। साधारण को जानकारी आवश्यक नहीं। उसे तो पुल पार होना है। साधारण का मतलब उस मुसहर की तरह होना, जिसे सारा शिक्षित-अर्धशिक्षित और तरक्कीपसंद भारत मूर्ख और पिछड़ा मानता है। जो चूहा खा सूअर के बगल सो जाए उसे क्या मानना?

देशीय और साधारण जैसी निष्ठाओं की प्रेरणा कहाँ से आए? कहने को तो एक शहरी मध्यमवर्गीय जीवन भी साधारण कहा जाता है लेकिन कुल अनुभव कहता है कि जो जितना ज्ञानवान उतना असाधारण, खतरनाक—जरा बारीकी से देखें। ज्ञान बुद्धि का होता है। बुद्धि तो लोकमानस में चतुर, चालाक, मायावी मानी गई है; हरती है। लोकमानस ने जिसे आत्मा कहा वो तो अज्ञानी है। ज्ञान ही अज्ञानी है। आत्मा का ज्ञान-अज्ञान से वास्ता नहीं। एक बार मेरे ताऊजी ने अपने पोते—मेरे भतीजे—से कहा—जा मेरा हुक्का भर ला। रात की बात है। हरित क्रांति आए दस से ज्यादा बरस बीत चुके थे। उसके फायदे भी आने लगे थे। पोता लालटेन में अपने स्कूल की पुस्तक बांच रहा था। सिर हिलाकर मना कर दिया तो ताऊ ने कहा—इतना भी न पढ़ कि तू बुद्धि में आ जाए। इस बात को लगभग पचास बरस बीत चुके। न जाने क्यों आज भी मेरे मन में खुदी हुई है।

शायद हम और हम से उत्पन्न वो सब बौद्धिक और अन्य तामझाम ही समस्या है। बुद्धि में घिर उसे सर्वोपरि मान लिया। उसने मापदंड, मूल्य और दृष्टि तय की। तादात्म्य भी। न केवल उसी की सुनी, उसे बल और सर्वोच्च दरजा देकर सम्मानजनक बनाया।

लोक व्यवहार साधारण है, शास्त्र असाधारण। गांधी साधारण, विवेकानंद असाधारण। शास्त्र की भाषा के बदले गांधी ने लोक की बोली बोली। शास्त्र की बात भी की तो लोक की बोली में। बोली स्वभाव की होती है। सो कहीं और से आता है। स्वभाव तो सहज ही हो सकता है। मनुष्य सहजता में ही कोख में जन्मता है और समय आने पर सहज मृत्यु मरता है। लोक, शास्त्र से बड़ा रहा। शास्त्र की पराकाष्ठा रहा। शास्त्र को स्वभाव की जरूरत नहीं; वो तो स्वयं अस्वाभाविक है। जिसका स्वभाव नहीं, उसका निज नहीं। वो बदल कुछ अन्य की नकल हो रहेगा।

चारों तरफ बदलाव की भरमार है। सब कुछ बदलने का अंधाधुंध प्रयास है। संसार और जीवन का शायद एक भी क्षेत्र नहीं जो चपेट से बाहर हो।

बस्तर की युवा पारधी महिला कहती थी कि जितना आता है उतना करें; उसे

जरूर करें। चाहे घाटे का सौदा हो। जीवन और उसके तादात्म्य को घाटे-मुनाफे से न जोड़ें। वो स्वयं भी घाटे का सौदा करती थी। बारह रुपए की बाँस की टोकरी बना गाँव के हाट में ग्यारह में बेचती। बाँस बारह का पड़ता, टोकरी ग्यारह की बिकती। पारधियों में ये व्यवसाय छूटने लगा था, लेकिन फिर भी कई पारधी करते। जितना आता उतना तो करना जरूरी लगता। घाटा या मुनाफा महिला का मापदंड न था। उतना करने के आगे क्या हो सकता है, उसे न पता था न वो पता करना चाहती। ज्यादा न विचारती। एक पाँव बुद्धि में, एक बाहर। बुद्धि मुनाफाखोर है। पारधी महिला सनातन या बदलाव की न सोचती न कहती। वो अपने ठहराव में रची-बसी थी, लेकिन बाहरी दुनिया में ज्यादातर लोग तो हर कर्म में घाटे-मुनाफे की सोच रखते हैं—चाहे दृष्टि हो, दर्शन, सोच, कर्म या जीवन के तादात्म्य। उन्हें पारधी महिला की बात समझने से इनकार है। मुसहर जैसी मूढ़ता भरी लगती है।

बीरबल की खिचड़ी रंध रही है। कभी न रंधेगी। एक दिन चूल्हा ठंडा हो जाएगा, तब तक आखिरी पनाहें भी खत्म हो रहेंगी। बुढ़ापा बचा रहेगा लेकिन खाट चल बसेगी।

□

# 14

# चाचा का चश्मा : एक आदिवासी दृष्टि

उम्र के साथ चाचा चरण सिंह की नजरें कमजोर हो चली थीं। चश्मे की दरकार थी, लेकिन किसी डॉक्टर-वॉक्टर के यहाँ न जाते। डॉक्टरों के यहाँ जाने का ऐसा चलन न था। लोग पौष्टिक खाने और अच्छे स्वास्थ्य के शौकीन थे पर आजकल जैसी मेडिकल जानकारी न रखते। न रुझान था, न वो उपलब्ध थी। छोटे चाचा बिरम सिंह डॉक्टर थे, परंतु कहा नहीं जा सकता किस तरह के मर्जों के। योग्यता प्राप्त डॉक्टर थे लेकिन बस सूई लगाने के लिए जाने जाते, सो कोई न जाता। उनके अलावा गाँव में शायद कोई और डॉक्टर नहीं था। डॉक्टर होना सम्मानजनक तो माना जाता लेकिन उनके पास कोई नहीं जाता। तो बिरम सिंह ज्यादा वक्त खेतों में खेती करते बिताते। चरण सिंह भी अपना ज्यादा वक्त खेतों में बिताते पर खेती न करते। गपशप करते, हुक्का पीते। हर साल खेत बटाई पर दे रखते। बटाई की आमदनी में अपना चार सदस्यीय परिवार चलाते। 50-60 के कुनबे में सबसे प्रिय शायद वो ही रहे हों। गाँव की 10-12 हजार की आबादी में मेरी जानकारी में एक ही वैद्य थे। मोटी-सी तोंद थी, नाक तले बड़ी, घुमावदार सफेद मूँछे, लेकिन आँखों में भरपूर ममत्व और सहानुभूति। उन्हें गठिया रहता। धोती के अलावा कुरता-कमीज कुछ न पहनते; अमूमन लोग न ही पहनते।

चाचा घुमंतू थे। उत्तरी भारत के कई हिस्सों में घूम चुके थे। हर बार निकलते तो नौकरी पर टिक न पाते। सालों-साल ऐसा रहा। अधेड़ होने पर या शायद मन भरने पर गाँव आए और फिर न निकले। तब तक गिने-चुने लोग ही गाँव से बाहर निकलते थे। अच्छा न माना जाता था। उल्हाने आते। पिताजी बताते कि जब उनकी नौकरी लगी और वे बाहर आए तो बाबा को काफी सुनना पड़ा था। गाँव छोड़ बाहर जाना अच्छा न माना जाता था।

चाचा चरण सिंह को चश्मे की दरकार तो जरूर थी पर ऐसी गरज न थी।

अपनी आधी-अधूरी नजर से काम चला लेते। दिखता तो कम था लेकिन ऐसी गरज न रखते। नजर जैसी जरूरतों की ज्यादा परवाह न थी। अमूमन लोग नहीं ही करते। 'समय आने पर सभी की आँख गिर जाती है; ऐसी कौन-सी बड़ी बात है।' बीमारियाँ भी ऐसी बड़ी न पकड़तीं।

1960 से विकास और उसके मुहावरों आदि के चलते गाँव भी मुख्यधारा से जुड़ चुका था। पैदावार, ट्रैक्टर-ट्यूबवेल, बाहर जा नौकरी-धंधा बढ़ते जा रहे थे। पक्के मकानों में बढ़ोत्तरी और गाड़ी-घोड़ा खरीदना शुरू हो चुका था। शहरी लिबास, खान-पान और अन्य तौर-तरीके तेजी से आ रहे थे। पढ़ाई-लिखाई भी तेजी से बढ़ रही थी। सड़क बन रही थी और रेल की छोटी लाइन बड़ी की जा रही थी। जोहड़ पट रहे थे। कुओं और नहर का पानी खराब माना जाने लगा था। शहरी मानस जोर पकड़ चुका था। जिसे जीवन का विकास कहा जाता है, सो हो रहा था। गाँव पिछड़ेपन और हीनता की निशानी माना जा चुका था। ग्राम पुनर्निर्माण की मुहिम थी। दिल्ली में मैं भी बड़ा हो कॉलेज आ चुका था। यदा-कदा गाँव अकेला ही चला जाता।

एक बार गया तो चाचा चश्मा पहने मिले। मैंने हँसते हुए पूछा कितने नंबर का है ? तो बोले पता नहीं। जब मैंने कहा कि डॉक्टर ने जाँच करते वक्त बताया या लिखा होगा तो कहा कि चश्मा डॉक्टर से नहीं लगवाया। और पूछने पर बताया कि कुछ दिन पहले किसी की बुग्गी में जा रहे थे। चंद लोग और भी बैठे थे। कोई कहीं उतर रहा था, कोई कहीं। बिछी दौहर तले अचानक एक चश्मा देखा तो पूछ लिया, किसका है ? बैठे लोगों ने बताया कि उनका नहीं है तो चाचा ने उठाकर लगा लिया, क्योंकि 'मुझे तो जरूरत थी ही।'

मैं हैरान था कि किसी का पड़ा चश्मा ऐसे कैसे लगा लिया ? उपयुक्त नंबर वाला होना चाहिए। बोले कि कामचलाऊ दिख जाता है, इससे बेहतर न चाहिए। 'जब कामचलाऊ दिख रहा है तो इसमें डॉक्टर और कितना कर लेगा ? उतना न चाहिए।' मेरे पास कुछ कहने को न रहा। बात वहीं रह गई। चाचा सालों-साल वही चश्मा लगाते रहे।

एक पूरे समाज की जीवन के प्रति ऐसी दृष्टि और रवैयों ने अकसर मुझे लुभाया है। खुद और आसपास के परिवेश से तनिक दूरी बनाए रखना, जैसे खुद में न उतनी गहन रुचि हो, न आवश्यकता। अमूमन लोग चश्मा लगाते ही न थे और लगा लिया तो फिर डॉक्टर के पास कभी लौट के न जाते; उसे ही लगाए रखते। स्वयं से कुछ ऐसा विशेष लेन-देन न रखना केवल एक व्यक्ति की बात नहीं। एक

समाज की भी नहीं। भारत के सभी विविध देहाती समाजों की है। चाहे वे किसान समाज रहे हों, आदिवासी, मछुआरे, कारीगर या अन्य। इसके असर इन समाजों के संकल्पों, मंसूबों और उद्योगों पर हुए। चाहे वे हिंदू, मुसलमान, सिख, ईसाई, बौद्ध या अन्य रहे हों। परैय्या प्रखंड (बिहार) के वो बुजुर्ग मुसहर आदिवासी या बस्तर के मेरे आदिवासी मित्र अस्तु गौंड, चाचा जैसे ही थे।

ऐसे संकल्पों, मंसूबों और उद्योगों की अनुपस्थिति में जीवन के अभिप्राय, सलीके और दृष्टि अन्य होती है। ऐसे जीवन के मनोरथ भी अन्य होते हैं। 'हम अपने ही तौर-तरीकों से चलेंगे, अपने ही नाप-तौल में रहेंगे।' वो राजतंत्र के प्रति सबसे बड़ी और गहन रेजिसटेंस थी। चार लफ्जों में कहें तो गांधीजी का आंदोलन अन्य कुछ न था। ऐसे साधारणों को नकेल डालना—उन संकल्पों, मंसूबों और उद्योगों में हिस्सेदारी करवाना जो उनके अपने न थे—तंत्र के लिए सबसे बड़ी चुनौती रही; यद्यपि जब शिकंजा कसा तो अंततः नकेल डली। वो रेजिसटेंस सफल भी हो सकती थी, यदि मुल्क के शिक्षित शहरी तबके की तंत्र की आस्थाओं से साँठ-गाँठ न रही होती। यदि लोक मानस से हट शहरी आस्थाएँ राजतंत्र और उसके सबसे बड़े वाहक—संविधान और उसके मुहावरे—में न पलायन कर गई होती। इतना बड़ा और सत्तावान तबका तंत्र के साथ हो गाँव और गांधी के विरुद्ध हो लिया। गाँव की बात तो बोलता रहा, लेकिन तंत्र और पुनर्निर्माण की भाषा में। आज भी वही मुहावरा चल रहा है। तंत्र का विरोध और गाँव की बात तंत्र के धरातल से कर रहा है। तंत्रवान और 'तंत्र-विरोधी' एक हो रहे।

गांधीजी का अभिप्राय और महत्त्व—गहन अध्यात्म और राजनीति—चंद सर्वोदईयों को छोड़ गाँधीवादी या अन्य न पहचान पाए।

चाचा, बुजुर्ग मुसहर और अस्तु ने शब्दों में या सड़क पर आ कभी तंत्र को अपना निशाना नहीं बनाया। डॉक्टर या डॉक्टरी को बुरा-भला नहीं कहा लेकिन चश्मे पहनने का ढंग नितांत, जब तक रख सके, उस लय और धरातल का रखा। अपने रहते उन्होंने अपने गाँव, उसकी गति और लय को हीन-विहीन नहीं माना। इन जैसे स्वराज के असली सिपाही थे।

चुपचाप, दिखने में निष्क्रिय-सा बने रहकर उसे पचा जाना; उसके मंसूबों की बंदरबाँट में हिस्सेदारी न करना; खुद के हित से तनिक दूरी बनाए रखना—ये इस मुल्क का पुरातन सत्याग्रह रहा।

□

# 15

# बुद्ध और मेरा गाँव

बचपन के गाँव में महात्मा बुद्ध को कोई न जानता था। जोहड़ पर ढहते-से 'सुहाले'—शिवालय—को छोड़ कोई मंदिर न था। सुहाले कोई न जाता, न उसका रख-रखाव हो पाता। पता नहीं वह क्यों था। भगवान् राम को तो जानते-मानते थे, लेकिन उनका कोई ऐसा मंदिर या प्रतीक न था। न ही कहीं ऐसी पूजा-अर्चना थी, न कहीं मूर्ति न तसवीर। दीवाली, दशहरा, रामलीला न होते; दीवाली के दिन कलाई पर कोई कभी-कभार लाल धागा बाँध लेता। ब्रह्मा, विष्णु, शिव को ऐसे जानते जैसे अच्छे राजाओं को जाना जाता है, आदर किया जाता है। धार्मिक होने के कोई ऐसे एलानिया प्रतीक न थे। बातचीत में शब्द ही प्रचलित न था। अलबत्ता, गाँव या कुल देवी-देवता, जिनका दर्जा धर्म में छोटा बताया गया है, जरूर पूजते। उनके कर्मकांड और मेले होते। धर्म बस इतना ही था। वो इससे ज्यादा न था। ईश्वर की तरह वो भी इशारों में, परछाईं-सा रहा करता। जिसकी प्रतीति, अनुमान ही हों। जो अगोचर हो, उससे व्यवहार कैसे? लोक-धर्म यूँ ही होते। 'राम-राम' करना प्रचलित लिहाज और अदब से आता, धर्म के आशय से नहीं। धर्म बहुत कम था।

रोजमर्रा के जीवन में कुछ एलानिया न था। जीवन ही एलानिया न था। अनुमानों में चलता। उस प्रति कोई ऐसे प्रकट आग्रह, हठ न थे; कुछ जोर न था। न ही उसे जानने-समझने की बात थी—एक तरह की बेरुखी या अनासक्ति। न ही जानने-समझने में कोई ऐसा गौरव। उसके अर्थ-भेद-मूल्य जाने-समझें, ऐसे रुझान न पनपे। दायरे खुद से आगे न निकले। ऋषि अष्टावक्र के आलस जैसा था—अ-कारण, अ-प्रेरित। गाँव के जीवन में आलस का अर्थ था 'सो हो जाना'। जो 'सो हो रहेगा', वो अ-कारण रहेगा, संसार से प्रेरित न हो पाएगा। कारण और प्रेरणा जुझारुओं, संसारियों के लिए है। गाँव के लिए जैसे इन में कुछ अनिष्ट हों—आसक्ति और

सांसारिकता, जैसे आत्मा के लाइलाज रोग, जिनके छल इनसान या समाज को भुगतने पड़ें। ज्ञान की खोजवाला खुद उससे बंधित, अनुरागित है! ज्ञान मार्फत मुक्ति न मिलेगी। वो बाँधे रखेगा, कुछ ऐसा भाव रहा। पुजारी, पुरोहित, आलिम या अन्य जानकार को गाँव में स्थान न मिल पाया। कोई इक्का-दुक्का था भी तो उसको दर्जा न था। तनिक तिरछी नजर से ही देखा जाता, ठट्ठा भी कर लिया जाता।

मोक्ष-मुक्ति-निर्वाण मिले तो मिल जाएँगे। इस जनम नहीं तो अन्य मिल जाएँगे। औलिया भी कयामत तक नहीं पहुँचते। इस जनम कुछ प्रयोजन नहीं करना है। कोई तड़प या प्रयत्न न करने हैं। ऐसी चाह न थी। न ही 'ज्ञान, विद्या' आदि का बातचीत में इस्तेमाल। न मंशा-मंसूबे, न बच्चों की ऐसी परवरिश। अपने पसार में जीवन जैसे कम आकार का माना जाता हो। उसकी पैमाइश उसकी लघुता से होती। उसके सरोकार छोटे, घर छोटे, गाँव छोटे; आने-जाने के फासले, लत्ते-कपड़े, उम्र भी; फसली पैदावार भी, औजार भी, बातचीत और मिलनसारी के प्रयोजन भी; शब्दावली, गिनती भी, काम-काज भी। माया और काया भी। गाँव जैसे उस अजाने असीम का नन्हा पिंड रहा! आपे से बाहर न हुआ। 'सो' हुआ।

था तो पिंड, पर इस तक की पैमाइश संभव न थी। इस तक के अनुमान संभव न लगते तो इर्द-गिर्द फैला संसार छोटा हो लिया, ताकि व्यवहार हो सके। बस्तर के एक आदिवासी मित्र अस्तु कहते, धरती उतनी ही बड़ी होती है जितनी एक बार में दिख जाए। सांसारिक सरोकार ऐसे ही हुए जितने एक बार में हो सकें। बड़ी पैमाइशों से दूर, गाँव भीतर से भरपूर था। अवकाश-अंतरिक्ष लिए। एक तरह का स्वयंभू भी, एक तरह किसी परम की केवल परत ही; परत जिसकी सलवटें रहस्य, अनिश्चितता का आभास देतीं। ये आभास भरी दोपहर के सन्नाटों में सुनते; धूल की तीव्र फिरकी में दिखते; खेतों की आलसी-सी खामोशी में होते; जोहड़ किनारे पड़े गटों में होते; पगडंडी की वीरानगी में; अंधे कुएँ की निर्जनता में; खादर की उजाड़, बंजर जमीन में; घरों की बेमरम्मत-सी बनावट में; मवेशियों के एकाकी भाव में इसी रहस्यमयी, अ-बोली अनिश्चितता से बोली-व्यवहार-संस्कार बने—कि कितना चाहिए? कितना सुख, साधन, मान, ज्ञान, संसार, अ-संसार? उतना जितना एक बार में दिखा। इस बोली-व्यवहार-संस्कार को गांधी पकड़ पाए। डॉ. लोहिया शहर-कस्बे तक ही रहे। गाँव न पहुँचे—पार्लियामेंट पहुँचे। दिखने में हेय, बेमानी-सा गाँव जैसे एक कहावत था। कुछ कह भी देता, कुछ छिपा भी लेता, कुछ पलट भी देता। अर्थ-व्यर्थ कर देता। अपने खेलते-पलटते संस्कारों और उनकी बोली से एकरसता बिठाए।

नीयत और स्पंदन में गाँव और अबुझमाड़ तकरीबन एक जैसे! यही आदिवासी और लोक-समाजों की समानता है; यही समता; नीयत और स्पंदन की समता, आपसदारी। हाल ही में एक सज्जन और विद्वान् विदेशी मित्र ने जोर देकर कहा, 'अबुझमाड़ का नक्शा भेजें तो उसका ठौर-ठिकाना समझ आए।' उसका नक्शा कभी बना ही नहीं। मित्र को बिना नक्शे अबुझमाड़ कुछ अधूरा, अटपटा, अजाना लग रहा था। अबुझमाड़ बिना नक्शे, बिना ठौर-ठिकाने, बिना नपे ही अपनी पूर्णता को प्राप्त होता है। मैंने कहा आप उसे एक कहावत जैसा माने। कहावतों के नक्शे या ओर-छोर नहीं होते। उन्हें इस से आपत्ति न थी, लेकिन बोले कि कहावत का घुमाव सीधा हो तो समझ आ जाए।

गाँव को छूती एक चौड़ी नहर थी। अब सूखे बरसों हो गए। गाँव बड़ा था। दस हजार की आबादी रही होगी। वह सब का पोषण करती। खेती-बाड़ी, नहाना-धोना, पशु-ढोर, युवाओं और बच्चों का तैरना-तिराना, कभी-कभार अस्थियाँ भी बहाना और बाकी जरूरतें पूरी करती। गाँव की जीवन-रेखा जैसी। लोग बताते कि कहीं सहारनपुर और जगाधरी के बीच यमुना से निकली है। कुछ कहीं और से बताते। कोई कहता जहाँगीर के जमाने से है; कोई कहता अंग्रेजों की बनाई; कोई कहता और भी पुरानी—पता नहीं कब से। किसी भी मत या प्रमाण को गंभीरता से न लिया जाता; हर को माना गया, नकारा गया—समान और विपरीत एक जैसे। बात घुमावदार-सी लगती, लेकिन तत्त्व था। प्रामाणिक या नापी समझ महत्त्वपूर्ण न थी। समझ वस्तुगत, वस्तुनिष्ठ या तथ्यात्मक न थी, कहीं और थी। यथार्थ और सत्य ऐसे हों कि लचीले रह पाएँ; सर्वत्र हों, विपरीत में भी। सबको उतना ही मान-अपमान मिले। ज्ञान भी ऐसा कि घुमाव, अवकाश और अ-नापे की गुंजाइश रखे। कुछ अजाना, अनिश्चित, नरम, मुलायम रहे; कुछ दयालु। तो नहर का उद्गम, उम्र या निर्माता अनुमान ही रहे, आपे में रहे। कुछ, कुछ ही रहा, तथ्य या वस्तु न हुआ। वह मानस अजाने में अर्थ न टोहता। उसके लिए अजाना ही अर्थ था, बिना नक्शे वाला। तो अपनी सलवटों में गाँव यूँ रहता कि गंभीरता से न लेता। जो मालूम है उसे गंभीरता से न लेता, न ही उसे जिसका इल्म, पैमाइश नहीं। बरसों पहले जब मोड़ खत्म हुए, सब सीधा-सपाट हुआ और गंभीरता को हरकत मिली कि नहर मर रही। अब गाँव को कोई नहीं पोसता। ट्यूबवेलों से फसली पैदावार तो बढ़ी, लेकिन गाँव का ताना-बाना टूट मारामारी का हो गया। एक अस्वाभाविकता, अस्त-व्यस्तता आन पहुँची।

'एक' का नहीं, 'एक-आध' का गणित था; 'समूचा' नहीं 'लगभग-समूचा' था। मोटे हिसाब थे। उनके मोड़ थे। मोड़ ऐसे कि खुद ही मुड़ जाते। लोक मानस मुड़ने देता। सीधा या प्रामाणिक—ऐसा न था। सीधी रेखा की नियति सीधे रह अचल, अडिग, अपरिवर्तनीय, आपे से बाहर रहना है। वह कल्पनाएँ नहीं कर पाती; गुमान खत्म कर रहती है। मुकम्मल या प्रमाण से अलग जीवन की वह धुरी अन्य थी। एक न थी, अनेक भी नहीं। नहर के मुहाने जैसे, शायद कहीं न थी। कहीं होना आवश्यक न था। अर्थ-अनर्थ के दायरों से बंधा न था।

अब गाँव में कदम-कदम पर 'समूचे' की सत्ता काबिज है। जानने के पक्के हिसाब हैं। ज्ञान, धर्म, राज्य, मूल्य, कानून, विधि, विचार, अवधारणाएँ, पहुँचने की अभिलाषाएँ, टेक्नोलॉजी, भाषा आदि हर जगह काबिज हैं। कब्जाने से प्रेरित इनकी नीयत पनाह नहीं छोड़ती। सब 'समूचा' करने में जुटे हैं। एक-आध के हिसाब खत्म हुए, नक्शे बने। वो सलवटें, जिनमें अव्यक्त, घुमावदार खेल किसी परम के उड़ते अनुमान लिए पनाह पाते, खत्म हुईं। असम्प्रेष्य निकल बाहर फिंका। संस्कार हट विचार हुआ। बोली खत्म हो भाषा हुई। नीयत के तालमेल टूटे। मोड़ सीधे हो नक्शे बने तो नहर मर रही; जोहड़ सूख गए; सूखे जोहड़ों पर मकान हुए; चकबंदी कराई; बूढ़े ताऊ के खेत का सहज स्वभाव तोड़ अधिक पैदावार के अ-स्वाद बीज डले; चकरोड़[1] समाप्त हो रास्ता बनी; खादर में फसलें उगीं; गाँव की हद पर वीरान-से रेत के वो टीले जो 'निर्जन' का अहसास कराते, उखाड़ फेंके; वो ऊँचे रूख जिनके तले हम बच्चे सुबह उन बड़े परिंदों की बीट में कौड़ियों के गुमान लिए देखने जाया करते (और जो कभी न फले) वे खत्म हुए; 1981 मीनाक्षीपुरम धर्म-परिवर्तन बाद सुहाला सुधर सुसज्जित मंदिर हुआ, भजन-कीर्तन हेतु भोंपू लगा, पुजारी बैठाया गया।

गाँव पहली दफा व्याकुल हुआ, असमंजस में आया। 'सो' से निकल उलझन में पहुँचा। अष्टावक्र का आलस—जो 'समूचा' होने के अहंकार में बाधक था—टूटकर बल और पौरुष हुआ। जीवन जुझारू बन ताबड़-तोड़ हुआ। उसके संसार में पनाहें खत्म हो रहीं। फकीर की फितरत पराक्रमी हुई। लोग गाँव छोड़ भागे (बाद में इसे 'पलायन' कहा जाने लगा)।

जब से गाँव व्याकुल हुआ, उसका पसार बढ़ा तब से ईश्वर और धर्म भी हुए, बुद्ध भी आए, रामायण और गीता भी पहुँची, दीवाली भी मनी, मोक्ष-निर्वाण भी आए, मसजिद भी सजी, सुहाला भी सुथरा हुआ, पंडित-पुजारी-आलिम भी आए,

कुल देवी ओझल हुई और पीर की मजार के जमघट चल बसे। 'सो' से निकल सत्य और ज्ञान की आसक्ति हुई।

तब कुछ खो, सीधा-सपाट हुआ।

**संदर्भ–**

1. खेतों के बीच कच्चे रास्ते

□

# 16

# भुल्लन बनिया का गाँव

1959-60 में जब मैं छोटा था तो गाँव में एक भुल्लन बनिया हुआ करते थे। तबीयत के जरा सोए-सोए। कुछ चिड़चिड़े और उखड़े-से भी। अकसर बड़ों को तो कुछ न कहते, छोटों पर डाँट-डपट करते। गाँव बड़ा था, आबादी दस हजार रही होगी। गाँव की एकमात्र दुकान उन्हीं की थी। शायद और न थीं। न ऐसी खपत थी न जरूरत। अलबत्ता कभी-कभार सर पर गठरी बाँधे कोई पैदल बेचनेवाला चला आता। अकसर साड़ियाँ ही लाता। कुछ पर किसी देवी माता की चमकीले कागज वाली छोटी-सी तसवीर चिपकी होती। उन्हें 'मूरत वाली' साड़ी कहा जाता और वे अच्छी मानी जातीं।

भुल्लन और दुकान एक जैसे थे। दुकान भी कुछ सोई-सोई-सी रहती। चार-छह अमृतबान और कनस्तर जिनमें नमक, हल्दी, मिर्च, सिर्का, हुक्के का तंबाकू वगैरह रहते। लाल पीली मटरवाली कुछ नमकीन भी किसी डलिया में अकेली-सी रहती। गाँव का इतना ही बाजार था। भुल्लन, दुकान और गाँव एक जैसे थे। तीनों सोए-सोए से। होता तो काफी कुछ था पर न-होता दिखता। ऐसी हरकत या सरगरमी न लगती। एक अजीब, गुदगुदाई-सी उनींदी रहती। आदमी, काम, मवेशी, खेत, दरख्त, टीले, तालाब, घरों की बनावट, हवा या मौसम रहते पर हरकत में न लगते। आदमी के शरीर की और टीले या पगडंडी की आकृतियों में एक अनुकूलता और सहमति दिखती। कहाँ एक खत्म हुआ और कहाँ दूसरा शुरू, कोई खासा विभेद न लगता। ऐसे में हाली और बैल पौ फटते खेत जाते और सूरज तपने के पहले घर लौट आते। फिर अपने यहाँ या एक-दूसरे के यहाँ उठते-बैठते, बतियाते, ऊँघते। कुछ हो रहा है, ऐसा न लगता। करने और न-करने में ऐसे अंतर न दिखते। दिन और रात की चाल एक-सी होती। आधे दिन और आधी रात का समय एक-सा लगता। भरी दोपहर की गर्मी का सुनसान सन्नाटा और आधी रात का मौन, एक

जैसे बे-रफ्तार होते। लगता, किसी पिछले काल से थमा कुछ बुनियादी अब तक थमा चला आ रहा हो। उसका केवल अदब या बेअदब किया जा सकता है; बूझा नहीं जा सकता। सब कुछ यूँ स्थिर, स्थित, ठहरा-सा; जैसे उस पहले दिन रहा हो।

गाँव कुछ यूँ था।

हिंदुस्तान के देहात को यह लक्षण जैसे जोड़ता था शायद कुछ और न जोड़ता हो। हिंदू हो या मुसलमान, सिख या ईसाई, आदिवासी या अन्य स्वभाव में ये मुल्क आज भी काफी हद तक एक जैसा है—स्थिर और स्थित-सा। छह धर्म, अठारह भाषाएँ, पंद्रह सौ बोलियाँ, संस्कृतियाँ, लिबास, खान-पान जैसी इतनी सारी अलग अलग दुनियावी विधि और इदारे हैं। किंतु स्वभाव एक जैसा! स्वभाव और फितरत इस मुल्क को एक रखे हैं। सब ठहरा-सा, उनींदा-सा। विधि और इदारे भी उनींद जैसे। उनींदी ज्यों होश-ओ-हवास से आगे की कोई दशा हो; अनासक्ति और निर्लिप्तता की। इसमें जागने और सोने के फासले जैसे घट गए हों। जागा भी है सोया भी, सोया भी है जागा भी। जो अपने उनींदेपन में यूँ रचा-बसा हो, जाग्रत के दायरों में कम जाता हो, उसी में अपना स्वभाव और उसकी पूर्णता बरामद कर पाता हो, ऐसे की मिजाज बयाँनी मुश्किल है।

मिट्टी के छोटे से मकान में भुल्लन की एकमात्र कर्मठता बस वह दुकान थी। उनके पास खेत या डाँगर-ढोर न थे; न ही उनकी रुचि दिखती; एक तरह की 'बेफिक्री और बेपरवाही'। उनका तौल तराजू का न हो, मुट्ठी का होता। किसी को मुट्ठी भर से ज्यादा न चाहिए होता। भुल्लन का भी मुट्ठी भर बेच गुजारा होता रहता। जब कोई बच्चा अपने कुरते की झोली से मुट्ठी भर गेहूँ या सरसों उँडेल नमक की डलियाँ लेने के बाद कहता कि 'चाचा रूँगा[1] दो'; तो भुल्लन खूब डाँटते। बच्चा जिद पकड़ता कि नमक तो ताई के लिए दिया है, मुझे क्या दिया? पसीने में सरकती, डोरवाली तिड्की ऐनक को ऊपर खिसका भुल्लन फिर डाँटते कि कोई रूँगा-वुँगा नहीं है; पर चार दाने नमकीन उसकी हथेली पर पटक दौड़ा देते। बच्चे तो आते ही रहते थे। रूँगा माँगने पर डाँट तो जरूर पड़ती लेकिन खाली हाथ कोई न जाता। एक का माँगने में अबद्ध उन्माद और दूसरे की देने में बेफिक्री। ये उन्माद और बेफिक्री साथ-साथ पीढ़ी-दर-पीढ़ी चलते। उन्माद और बेपरवाही में गाँव सँवरता।

डलियावाली नमकीन बे-दाम थी।

भुल्लन गरीब न थे। गाँव में कोई गरीब न था। हाल तक भी गाँवों में गरीब तबके नहीं हुआ करते थे। मवेशी, दरख्त, खेत, टीले, तालाब, पगडंडी, मौसमों,

दिन और रात की तरह लोगों के दुनियावी सरोकार कम थे। जीव या 'निर्जीव' सबका घेरा एक ही था। उसे पार न करना होता था। सरोकारों की गैरहाजिरी में एक अद्‌भुत समृद्धि पनपती। उसे बूझा नहीं जा सकता। गाँव बूझने का न था। फिर माँ और बाबूजी संग मैं शहर चला आया। गाँव में उस तरह से लंबा रहना न हुआ। साल में दो-एक बार आना-जाना होता। भुल्लन कब स्वर्ग सिधारे, मुझे पता नहीं। वे मुसलमान थे या हिंदू, ये भी पता नहीं। उनका असली नाम भुल्लन ही था या कुछ और, नहीं मालूम। न कभी मालूम करने की जरूरत लगी। जरूरतें बहुत सारी हों तो मुट्‌ठी में नहीं आ पातीं। गाँव मुट्‌ठी भर का कारोबार करता। जो बाहर है, सो बाहर है। उससे क्या लेना-देना ? आवश्यकता और अनुकूलता होने पर वह बाहर स्वयं भीतर आ रहता।

दहाइयों बाद उस अनाम पीढ़ी-दर-पीढ़ी की रिवायत और भुल्लन बनिए का कोई अंश, जैसे मुझ से फिर आन मिला हो। कोई बीता अंश यूँ आन मिले तो वो जमीनें, कल्पनाएँ और उनकी रवानगी फिर प्राणवान हो रहती हैं। भुल्लन चाचा और रुँगों का ताँता फिर चल रहता है। मुट्‌ठी के तौल फिर चल रहते हैं। मैं और बचपन का गाँव फिर आ गले मिलते हैं।

गांधीजी की स्वराज की बात को अकसर कोरी कल्पना माना गया, क्योंकि बात खरी और गहरी थी। सरल-सहज थी, औसत न थी। तो आज भी कल्पना माना जा रहा है। उनका कहना कि अगर गाँव नष्ट हो गया तो हिंदुस्तान भी नष्ट हो जाएगा, अकारण न था। नष्ट ही नहीं भ्रष्ट भी हो जाएगा। 'गाँवों में भारत की आत्मा बसती है।' जो सीमाबद्ध हुआ वही उन्मुक्त, समृद्ध और स्वराजी हो सकता है, उसी में आत्मिक हो सकता है। स्वराज सेक्युलर से कुछ परे का है। तल में होता है, जैसे कुएँ का तल दिखता नहीं। है, दिखता नहीं। उसके मुद्‌दे भी अलग हैं; आर्थिक बराबरी, संविधान, धर्म निरपेक्षता आदि तो गवर्ननेंस के मुद्‌दे हैं। इनसे समृद्ध समाज नहीं चलते। ये शून्यता के लक्षण हैं।

बिना आत्मा के समाजों में स्वराज की बात बंजर जमीन में बीज डालने जैसा है।

सामाजिक-राजनीतिक विज्ञान ने गाँव का समाजीकरण-सार्वजनीकरण किया। इन्होंने जैसा बताया ऐसा वह था नहीं। तल से उठा मुँड़ेर पर ला पटका, तब जैसा चाहते थे, उन्हें वैसा ही दिखा—रकबा, लैटिट्‌यूड और लौंगीट्‌यूड। बाकी उसने छिपा लिया। गाँव का कुछ लुका-छिपी का होता है, कुछ कथात्मक। कथा

में कुछ लुका-छिपी होती है, कुछ असांसारिक; वह कुछ परे की बात भी कहती रहती है। जीव और समाज केवल पार्थिव या दुनियावी हों—रकबा, लैटिट्यूड और लौंगीट्यूड के इर्द-गिर्द ही रचे-बसे हों—गाँव ऐसा न था। वह परे की, कथा की, स्वराज की ललक से ऊर्जा पाता। उसे सामाजिक विज्ञान न जान पाया। सामाजिक-राजनीतिक विज्ञान म्युनिसिपल मानस की पैदायश हैं। वो कथात्मकता नहीं होती। जिससे गाँव प्राण पाता है। तो 'गवर्ननेंस' के फेर में आ रहा। गाँव तब कई तरह के तथ्य और आँकड़े लिए एक प्रशासनिक इकाई बन गया।

जो म्युनिसिपल है वो ही जाग्रत या सुप्त हो सकता है। कथात्मक और स्वराजी जागृति और सुप्तता से हट के हुआ। जाग्रत और सुप्त तो चैतन्य और इंद्रिय-प्रधान समाज के गुण हैं। वह उनींद के छायापन को नहीं समझ पाता। उनींदापन बोध-रहित है; बेसुध; अबोध; बोध से परे का। मवेशी, दरख्त, खेत, टीले, पगडंडी, तालाब, घरों की बनावट, हवा या मौसम भी बोध से परे के होते हैं। साधु बोध से परे का होता है। अबोध वो जहाँ विचार और भाव की खाई पट चुकी हो या न्यूनतम हो; जो खुद में मौलिक हो। लेकिन जो बोध से परे का है सो हारेगा। गाँव हारा। साठ की दहाई में हरित क्रांति की आँधी आई और भुल्लन का गाँव जगने लगा। फिर चकबंदी आई, चीनी मिल और बड़ौत की मंडी आई, आधुनिक शिक्षा आई, नौकरी और व्यापार आए। आँधियों के अंबार लग गए। सब नष्ट-भ्रष्ट हो गया। जाग्रत-सुप्त अलग-थलग हुए, बोध जगे और मंसूबे बँधे। उन्हीं मुताबिक बंदोबस्त, मिजान, खान-पान, लत्ते-कपड़े, अवधारणाएँ और भाषा बनी। आदमी, मवेशी, दरख्त, खेत, टीले, पगडंडी, तालाब, घरों की बनावट, हवा या मौसम सबकी आपसदारी और सुन-गुन खत्म हो रही। जीव और 'निर्जीव', अब सब में कलह और कत्ल हैं। ऐसी अभूतपूर्व और निर्णायक हिंसा शायद ही कभी देखने-सुनने में आई हो।

उनींदापन चल बसा। सुध आई और पूरा गाँव बाजार हो गया। लेकिन वो मुट्ठी भर का गाँव अब अभूतपूर्व पैदावार-व्यापार में भी न पूराया।

भुल्लन और रूँगे फिर लौट के न आए; न वो जमीनें जहाँ स्वराज की कल्पनाएँ प्राण पाती थीं।

**संदर्भ–**

1. खरीददारी बाद दुकानदार बच्चों के लिए थोड़ा-मोटा खान-पान का देते। वह निःशुल्क होता। हिंदुस्तान के लगभग सभी गाँवों में ऐसा रिवाज रहा

□

# 17

# बड़ौत का 'दाना'[1]
# अबुझमाड़ का अनकहा

बचपन के कुछ साल गाँव में बीते। पहली जमात वहीं मदरसे से की। तब स्कूल या पाठशाला न कहते थे। मदरसा कहते। पढ़ाई मजहबी नहीं आम होती थी—हर्फ सीखना, पहाड़े रटना, वगैरह। दो कमरों का मदरसा था लेकिन क्लास दहलीज में लगती। मास्टर चाँटे भी जम के मारते। साँय-साँय करती शहतूत की पतली छड़ी से बहुत डर लगता। मदरसा क्या, मेला होता। पढ़ाई, शोर-शराबा, उधम। पिटाई बार-बार होती। पढ़ाई की वजह से कम, उधम की वजह से ज्यादा। मैं शरारती कम दब्बू ज्यादा था तो मेरी न ही होती। अकसर कोई ताऊ या बाबा आ मास्टर को डाँट जाता। सरकारी होकर भी मदरसा गाँव का अपना होता। ऊधम, पिटाई और मास्टर को डाँट, ये सिलसिले बराबर चलते।

गाँव की कई बातें अच्छी लगतीं। एक तो जिंदगी से बहुत हसरतें या तकाजे न होते थे। उसे कोई ऐसे परवान न चढ़ाना होता था। दूसरा, आपस का एका—बीस तीस साल पहले तक भी था, कुछ बचा-खुचा तो था ही। लेकिन मैं सन् '60 के आसपास की बात कर रहा हूँ। हरित क्रांति और उसके मिजान तब आए-आए थे। उनके असर शुरू ही हुए थे, गहरा न पाए थे। मदरसे में जैसी भी पढ़ाई होती, होती। उतनी पढ़ाई की न हो वे कुछ परवरिश की जगह होते। कुछ कुनबे जैसे। मदरसे और कुनबे में फासले बड़े न थे। हँसना-खेलना, आपसदारी, एकरसता सीखते। मदरसे बाद दिन भर खेलते। खुले-खुले मैदानों या परती खेतों में दौड़ते; नहरों या तालाबों में जा कूदते; घने बड़ तले पत्तों की नन्ही बैलगाड़ियाँ बनाते; कभी फटी-पुरानी कपड़े की गेंद और आड़ी-तिरछी लकड़ियों से गिंदु-टोहरा (हॉकी जैसा खेल) खेलते; मिट्टी-गोबर के ऊँचे ढेर पर फिंकी गुठलियों से जब वो

मद्धिम-सी पीली कोंपलें फूटतीं तो बहुत खुश और हैरान हो जाते; उनकी सीटियाँ बनाते। निम्बोलियाँ बीनते। बागों में जा आम खाते। आमों के पलड़े या बाल्टियाँ भर घर लाते। फिर परिवार संग खाते; फिर खाना खाते। अँधेरा हो जाता तो दीये से ज्यादा रोशनी की जरूरत न पड़ती। लालटेन कोई न रखता था। बाद अँधेरे, खाने के अलावा किसी का कोई ऐसा काम न बचा होता। ताऊ, चाचा, पड़ोसी, कच्चे-अच्छे दोस्त किसी के भी यहाँ जा सोते या किसी बड़े से किस्से-कहानियाँ सुनते। बच्चों की कोई ऐसी पूछ न होती। घर रलवाँ-मिलवाँ से ही होते, कोई ऐसे अलग-थलग न थे। जैसे एक के घेरे दूसरे में चले आए हों। स्थूल हो या सूक्ष्म, घेरों और चौहद्दी की ऐसी आगा-पीछी होती रहती। ऐसी अनिश्चितता लोगों में आपसदारी बनाती। बहुत अच्छा लगता। न बड़ों को न हम बच्चों को कभी आगे का खयाल आता, हालाँकि बड़े ये ध्यान जरूर रखते कि बच्चे गलत राह न पकड़ लें, गलत इनसान न बन जाएँ। तब न सोचते थे न मालूम था कि सबसे गलत राह वह होती है जो भविष्य पर जाती है। बच्चे-बड़े सबकी मासूमियत और सलीके खत्म कर रहती है। तब जीवन कठोर, बे-तरतीब हो रहता है।

गाँव की एक और बात थी। किसी भी तरह की अफवाह को, जाने-अनजाने, उसका वजन मिलता; उसे हवा देने की छूट भी रहती। कोई विवाद न होता कि सच है या झूठ। गाँव बोलता तो बहुत था लेकिन विवादी न था। विवाद तो सच और झूठ, सही और गलत में होता है। जीवन-मृत्यु जैसी कुछ बुनियादी बातों को छोड़, अमूमन सच-झूठ के सीखचे बड़े संकीर्ण होते हैं; शाब्दिक धर्म और शाब्दिक नैतिकता में कसे हुए। गाँव में अकसर लोग अफवाहों पर यकीन कर ही लेते, पूरा या आधा-अधूरा। ये विश्वास की क्षमता गजब की थी। लेकिन अफवाह किसी व्यक्ति के बारे में न होती। किसी का अपमान या नुकसान वाली नहीं। होती भी तो एक-आध के बीच ही रहती। सारे गाँव में न फैलती। अफवाहें साधारण होतीं, हैराने या चमकाने वाली। कोई उनकी तहकीकात न करता। अफवाह को ले कुछ दिन जोरों से चर्चा चलती। लोगों में असमंजस या छुटपुट डर भी पैदा होते, जैसे कि पृथ्वी हफ्ते भर बाद पाताल में धँस जाएगी। तब हम बच्चों का ध्यान रखा जाता। लोग एक तरह की बात एक रस में करते। उसकी तफसील कभी थोड़े आगे हो रहती कभी थोड़ी पीछे; जीवन के हर दायरे में आगा-पीछा होता रहता। अफवाह की तफसील में कभी ये बात जुड़ गई कभी वो घट गई। कुछ निश्चित, बरकरार न रहता। आगे-पीछे होता रहता (काफी हद तक यही बात मजहबों और जातियों की

अवधारणा पर भी लागू थी—कोई ऐसी पत्थर की लकीर न थी)। अनेक तफसीलों का, उनके आगे-पीछे का, उनके घूमते-फिरते घेरों का एक इंद्रजाल-सा बन जाता, एक रस पर अनेक भाव लिये। बात फिर सहज-सहज दब जाती। लोग भूलने लगते। तब फिर कोई नई बात चली आती। पुराने का नए में दोहराव हो जाता।

गाँव उतना प्रत्यक्ष, तथ्यात्मक से प्रेरित न था। जैसे कुछ अजाने, पुरातन खिंचाव पीछे-पीछे चले आ रहे हों।

एक बार सुनने में आया कि बड़ौत[2] में एक 'दाना' पकड़ लिया गया है। ये बात 1959-60 की है। मैं पाँच-छह साल का था। सुनने में आया दाना भारी-भरकम और डरावना है, ठीक कहानियों जैसा। जिसके जी में जो आया, दाने में जोड़ दिया। किसी ने सींग जोड़ दिए, किसी ने पूँछ, किसी ने लंबे दाँत, किसी ने दाँत निकाल दिए। किसी ने कहा कि बहुत आदमी खा गया है, खासकर बच्चे। किसी और ने कहा उसे पकड़ एक बड़े पिंजरे में रखा हुआ है। किसने पकड़ा, कैसे पकड़ा न मालूम पड़ा न मालूमियत जरूरी लगी। लोग उतना न पूछते। उत्सुकता को अच्छा न माना जाता; शरारत जैसा मानते। कहा भी जाता, 'कौतुक न उतार'। आशय कुछ यूँ कि 'आफत न कर'। उत्सुकता की कोई ऐसी हिमायत न थी।

मेरा गाँव बड़ौत से 9 किलोमीटर पर है। पृथ्वी बड़ौत के बहुत आगे तक न फैली थी। आसपास ही समाप्त हो रहती। वह चपटी है या गोल—गाँव के ऐसे रुझान न थे। न ही कि कितनी बड़ी है या इसमें कितने देश हैं या कितनी आबादी, समुंदर आदि। बस बड़ौत के थोड़े आगे तक है। कोई थोड़ी और आगे बता देता, कोई थोड़ी पीछे। सब अनुमान से था। जरूरत पड़ी तो 40 किलोमीटर दूर मेरठ या 50 किलोमीटर दिल्ली तक बढ़ा लेते। मेरठ या दिल्ली तो कई देख चुके थे। दो-एक लोग कलकत्ते, बंबई तक हो आए थे। लेकिन इस बात का वजन न घटा कि कुल मिला के पृथ्वी बड़ौत के इर्द-गिर्द समाप्त हो रहती है। पता तो था कि पृथ्वी बहुत बड़ी है लेकिन कहने-सुनने, व्यवहार में ऐसे आकार न आ पाते। आकार छोटे ही होते, इर्द-गिर्दवाले। उनके पार व्योम होता। कोई कहता गाँव की नहर जगाधरी से निकली है। चाचा चरण सिंह घूमते-फिरते कश्मीर तक हो आए थे तो उनके मत में वो 'थोड़े' आगे काबुल से निकली है। कोई कहता बादशाह जहाँगीर ने बनाई, कोई अंग्रेजों ने। सहजता से सभी बातों, विश्वासों में जी लेते। इन में अंतर्द्वंद्व न दिखता, न उचित न अनुचित। ऐसे दायरे संकीर्ण न थे, जैसा मुँह देखा वैसी बात कर ली—ऐसा भी नहीं कहा जा सकता। जहाँगीर, अंग्रेज, काबुल वाली बात नहीं

भी करते तो फर्क न पड़ता; नहर तो बह ही रही है। इस अजीब-सी अराजकता और दिखने में अव्यवस्था में कही भीतर बात मोटी-मोटी कुछ एक-सी ही रहती। मतों की कलह न हो, एक अव्यक्त-सी एकरसता रहती जैसे कह-सुन भी रहे हों, नहीं भी। मान भी रहे हों, नहीं भी। नहीं कह सकता उन्हें 'मत' कहा जाए या कुछ और। कहना जरूरी भी नहीं।

दाना बड़ौत में कैद है। ताकतवर है। पिंजरा तुड़ा भी सकता है, यह भी सुनने में आता। लोगों में डर भी दिखा। निजी और कौमी बहादुरी के किस्से भी कहे गए। देखने की लालसा भी थी। सदियों से दानवों के किस्से सुनते-मानते आए थे। आँखों देखी का मौका पहली बार आया तो जा देखने का सब में उमाह भी था। किसी ने इस बात की तहकीकात करने की न कही कि बड़ौत में दाना सच में है भी या नहीं; या दाने होते भी हैं या नहीं। इक्का-दुक्का बस चलती थी, लेकिन किराए न होते तो बुग्गियाँ, बैलगाड़ियाँ भर बड़ौत चलने की बातें भी हुईं। सड़क से न जाना था, क्योंकि बैल और भैंसे के खुरों में पीड़ा होती। तो नहर-नहर कच्ची पटरी से बड़ौत पहुँचने के फैसले हुए। यह चर्चा खूब चली, लेकिन कुल मिलाकर देखने कोई न गया। सब ने ऐसे ही मान लिया कि दाना कैद है। कुछ दिन बाद बात दब गई।

1960 के बाद हम बाबूजी के साथ अलग-अलग शहरों में रहे। आगे का पढ़ना, लिखना, परवरिश सब शहरों में हुई। गाँव आना-जाना साल में एक-आध बार हो पाता था, वो भी कुछ दिनों के लिए। फिर वह भी छूट समाप्त हो रहा।

1980 में जब मैं अबुझमाड़, बस्तर, पहुँचा तो अद्‌भुत लगा। मालूम न पड़ा, लेकिन बचपन के गाँव के अप्रत्यक्ष का भाव गहराया। देखा अबुझमाड़ तो चुप है, अपने बोलने में मौन है। बोल भी रहा है, नहीं भी। कहे में मूकता दिखी। कहे को ले गंभीर न लगा। अनकहा कहा नहीं जा सकता। वक्त बीतता गया और पाया कदम-कदम पर इंद्रजाल जैसा है, जिसे कहा नहीं जा सकता। इंद्रजाल तो कुछ अनुमान जैसा होता है, एक अहसास-सा। उसे कहा नहीं जा सकता। उसके रहते, कहा गौण हो रहता है। उसके भाव, रस, रहस्य उतने ही गहरे जितने छदम उसके बोल। प्रत्यक्ष और व्यक्त को तरजीह न के बराबर थी। अबुझमाड़िया उस तरह की भाषा नहीं बोलते जो प्रत्यक्ष से प्रेरित हो; या उसकी बात करना चाहे या उन्हीं से मूल्य और व्यवहार बनाए। जगह-जगह, पुरखे, पिशाच, देवी, देवता, रहस्य बसे हैं—नदी में, पगडंडी पर, खोह में या पेड़ के तने बगल, बाड़ी किनारे, गुफा में, चट्टान पर और न जाने कहाँ-कहाँ—सब जगह व्योम बसा है। बारिश में फलाँ पेड़ तले पनाह लो

तो 'कुछ' हो रहेगा, बीहड़ पगडंडी के फलाँ मोड़ पर पेशाब न करो वरना लपटें निकलेंगी, फलाँ छत्ते का शहद खाया तो 'कुछ' हो रहेगा। सूरज छिपने पर कभी झोंपड़ी से बाहर न निकलो चाहे नाग डस जाए—तब अंधकार का साम्राज्य है। पूर्णतः अजाने का साम्राज्य है। उसी तरह के प्राणी आदि घूमते हैं—देखे तो शायद किसी ने न हों, लेकिन विश्वास प्रबल थे। और समय बीता तो देखा अबुझमाड़ की बात सिर्फ अप्रत्यक्ष में ही हो सकती है। वह केवल अप्रत्यक्ष से बतियाता है। उसका प्रत्यक्ष, शाब्दिक शायद कुछ भी नहीं या बहुत कम। जैसे कुछ छिपा हो। जहाँ प्रत्यक्ष पर अजाने का इतना भाव हो—रहस्य और अनिश्चितता का भाव हो और सब आस्था या अनुमान पर चल रहा हो—वहाँ दृष्टि स्वयं ही विराट हो रहती है। आपसदारी, विश्वास और एकरसता खुद ही अपनी जगह बना लेते हैं। न ही वे सीखे जा सकते हैं, न सिखाए।

चाहे मेरे बचपन का गाँव हो या अबुझमाड़, आस्थाओं और आपसदारी के ताने-बाने छितर रहे तो अपनी ही धरती पर पंगु हो रहे। कितना गहन संकट होता है जब समाज अपने गहरे, प्रचंड और प्राचीन से आ रहे अनुमानों-आस्थाओं की बात ही न कर सके, दोहरा सके—दोहराव में ही उसका प्राण है। जब उन पर रोजमर्रा के अमल में संकोच हो, हीन महसूस करे या कराया जाए तो कठोर महसूस होता है।

मौजूदा दौर के चलते जब मेरे गाँव का समाज पंगु हो रहा तो खोजी हो रहा। खोजीपन पंगुता की स्वाभाविक नियति है। गाँव में जैसे एक आकांक्षा और उत्सुकता चली आई। तब विचार का आना हुआ और उसी तरह के संरचना, संविधान, व्यवस्थाएँ, खेती, उद्योग, घरों की वास्तुकला और परिवारों की बनावट आदि आवश्यक लगने लगे। बस्तर में माओवादी या अन्य वादी गरीबी और शोषण के खिलाफ नारा देते आए हैं। शासन और संवेदनशील तबका भी वही नारा देता आया है। बचपन के गाँव में यही नारा पहुँचा तो हरित क्रांति और अन्य बंदोबस्त आए। सवाल गरीबी का नहीं। जंगल में गरीबी नहीं होती। बिन कुछ किए ही आदमी आराम से खाता-पीता और स्वस्थ रहता है। अब उसकी स्वस्थ जिंदगी जीने की बुनियाद छिन रही। उस बुनियाद की जगह संविधान, सत्ता, विचार-विचारधारा, राजनीतिक पार्टियों, दलों, सामाजिक संगठनों आदि ने ले ली। ये सब एक ही हैं। सब प्रत्यक्ष, निश्चितता, ठोस घेरों से प्रेरित हैं। प्रत्यक्ष, निश्चित और ठोस की भाषा बोलने वाले हैं—सब बुद्धि के परामर्श हैं। एक व्यवस्थावाद आया और जीवन के उत्सव मनाता समाज साँचों में कस गया। कहीं विचार के साँचे, कहीं विकास के,

कहीं स्वप्न के, कहीं योजना के, कहीं कर्मठता और पुरुषार्थ के। समाज अब बुद्धि और विचार में आ खड़ा हुआ। सब कस गया। बस्तर में वो मिट्टी खत्म हो रही जहाँ अनिश्चितता, अप्रत्यक्षता, अनुमान, बूझ और आस्था पनपते हैं।

अबुझमाड़ से देखा तो जैसे मदरसे और कुनबे के फासले बड़े न थे, वैसे मेरे गाँव और अबुझमाड़ में फासले बड़े न लगे। हम एक ही जैसे थे। सब एक जैसे थे।

## संदर्भ–

1. 'दानव' का अपभ्रंश
2. 1959-60 में बड़ौत एक छोटा-सा कस्बा हुआ करता

□

# 18

# कुछ इधर की, कुछ उधर की

*सबकुछ में ईश्वर देखो, लेकिन रखो ढका-छिपा*

**—हाफिज**[1]

पुणे के निकट गाँव में रहते एक मित्र ने बात-बात में एक वृद्धा से सूरज की बाबत कुछ बताने को कहा। घर के छोटे-से दरवाजे के बाहर जमीन पर लाल मिर्च सुखाती वृद्धा ने कहा, 'क्या पता? क्या बताऊँ? मुझे क्या मालूम?' जोर देने पर हिचकिचाई-सी बोलीं, 'रोज सुबह इस तरफ से आता है, चार घड़ी बैठ मुझसे बतियाता है, फिर उस तरफ चला जाता है।'

ऐसे भाव किन रहस्यों से आते? किन गंतव्यों को जाते? वृद्धा का कहा जैसे आदमी की किसी प्रत्याशित पहुँच से ऊपर उठकर हो रहा हो। किसी सहज तादात्म्य को कह रहा हो। कुछ इस तरह कि ज्यों 'प्रत्याशित' और 'पहुँच' आदि भी छलने वाली अभिव्यक्तियाँ हों। उन्हें 'प्रत्याशित' और 'पहुँच' कहना भी जोखिम भरा है।

शरीर बदलते रहते। अनगिनत होते। वृद्धा का एक, लाल मिर्च का एक, नीचे फैले जमीन के टुकड़े का एक। पृथ्वी और सूरज का एक-एक। न जाने कब से शरीर यूँ होते आ रहे। गई दफा कौन-कौन से धारण किए हों। उनके और उनके आने-जाने के बीच बसा अंतरिक्ष—अशरीर, अव्यक्त, अथाह, अनहद। बीचोंबीच बसा हर शरीर अलग आकार, पहचान, रूपरेखा, स्पर्श, गंध बताता। अंतरिक्ष अशरीर, अ-पहचाना, अरूप, अस्पर्श, अ-गंध। शरीर औरों के शरीर में भी जा रहता; अंतरिक्ष शरीर में भी रहता, उसकी गंध, आकार स्पर्श और अ-गंध में भी; और स्वयं में भी, स्वयं से अन्य में भी। रहने में रहता, न-रहने में भी रहता या यूँ कह लें कि शरीर-अशरीर बिना फाँक का अंतरिक्ष होता। 'एक' या 'अनेक' छलने

वाली अभिव्यक्तियाँ बन रहतीं। पहचान-अपहचान उस शरीर-विशेष से होती जो अभी धारण किए हूँ। विचार, भावनाएँ, अनुभव, बुलंदियाँ, पतन उसी शरीर के होते; वह ही उनका वाहक और वह ही उन्हें पहचानता-अपहचानता, पाता, खोता। उसके जाने पर ये भी चले जाते। किसी और शरीर में रल-मिल बैठते। वहाँ वैसी ही चौपड़ बिछाते।

जैसे उस रले-मिले, अस्पर्श अंतरिक्ष को वृद्धा कहीं छू आती।

अंतरिक्ष जैसे कण-कण संजो शरीर बनाता। पहचान-अपहचान, गंध, स्पर्श, भाव, विचार, अनुभूति, अनुभव उसमें रलाता-मिलाता। जो उसे गठता, शरीर उसी में होता। गठनेवाला भी उसी शरीर में गठ रहता, उसी का होता। अन्यथा कहाँ और कैसे हो ? जो कण-कण मिला शरीर गठता; अशरीर भी गठता, जैसे पत्थर या पहाड़ गठता वैसे मौन और ठहराव भी, गंध और श्रवण भी। काल और स्थान भी उसी में बसते। जन्म उसी से पैदा हुआ, मृत्यु उसी में जन्मी। उम्र उसी में बढ़ती, उसी में सिकुड़ती। शिथिलता और रफ्तार भी; इंतजार और आशा-निराशा भी। जन्म और मृत्यु—ये सब अशरीर से आते। मेरे शरीर के संगवारी, पड़ोसी, भाईबंद, पूरक-अपूरक होते।

आदिवासी हों या अन्य, हाल तक के पुराने घरों में दरवाजे छोटे रखते। झुककर जाना पड़ता था। घर में और भी रहते। वे अशरीर, अदृश्य हैं। जन्म, मृत्यु घटना, अ-घटना, बढ़ना, स्पेस एंड टाइम, रफ्तार और शिथिलता, मौन, स्वर, सत्य और भ्रम, श्रवण, साँस और धड़कन, दृष्ट और अदृष्ट, ठिठकन और ठहराव, इंतजार, आशा-निराशा आदि सब इस घर में रहते। वे आदमी से भी पुराने। सृष्टि से भी पुराने। सृष्टि उन्हीं से बनी; उनसे सृष्टि। उन्हीं से शरीर बने। चर-अचर बने। यही पुरखे होते। यही आत्मा। छोटे दरवाजे का अर्थ होता व्यक्ति इन्हें शीश नवा घर के भीतर पहुँचे। पुरखे कोई पूर्व के शरीर-धारी आदमी न होते। ये ही पुरखे, ये ही समकालीन। उनका कोई रूप नहीं, न अरूप।

वृद्धा को कहने में संकोच हुआ, संशय न हुआ।

जैसे-जैसे मेरा रहना बढ़ता गया अबुझमाड़ विचार के चौखटों से उबरा दिखा; पुणे के निकट गाँव की वृद्धा जैसे। सोच-समझ के चौखटों से भी उबरा दिखा। सोच-विचार-समझ, व्यवस्थाएँ जिनसे गाँव, समाज, अध्यात्म, धर्म, दर्शन, अर्थ-व्यापार-व्यवसाय या अन्य बने, सबसे उबरा दिखा। अबुझमाड़ चौखटों से हटकर रहता है। इतिहास और राजनीति की व्यवस्थाओं से उबरा। एक अन्य रचना में जो

उसने नहीं बनाई; पूर्व-रचित थी। कहीं अन्य से गठ कर आई। मेरे रिहायशी 'गाँव', गारपा, की वृद्धा बुलकी की बात तब भीतर उतरने लगी—'अबुझमाड़ में पाप न जन्म पाएगा।'

'पशु और संत एक समान'—कहीं पढ़ी यह बात फलित लगने लगी। थोड़ी-बहुत बचपन के अपने गाँव के बारे में भी सत्य लगने लगी या मुल्क के अन्य दूरदराज इलाकों के बारे में जहाँ समय बीतते आना-जाना हुआ।

बुलकी के अबुझमाड़ को देखें तो उसने अपने यहाँ समाज न बनाया। न ही वहाँ के पेड़-पौधों, पहाड़ों, पशुओं, हवाओं या नदियों ने। उसने धर्म, अध्यात्म या ईश्वर नहीं रचे। पुरखे, देवी-देवताओं को अवश्य मानता। उसके बीहड़ वन समाज से पूर्व का कोई तादात्म्य है। उसे देख लगता जैसे मानव समाज स्वयं में कोई अनहोनी हो। जिन आवश्यकताओं और पहलुओं को ले समाज निर्मित होता है—जनसंख्या, व्यवसाय, हाइरार्की, व्यस्तताएँ, आर्थिक बंदोबस्त आदि—या तो नदारद थे या गौण अवस्था में दिखे। सामाजिक रिश्ते, मान्यताएँ, मर्यादाएँ, मूल्य, दृष्टि, समझ, अवधारणाएँ, नर-मादा, बराबर-गैरबराबर आदि किसी दिखनेवाले मायने में मानव जीवन के मुद्दे नहीं थे। वहाँ गाँव, समाज, परिवार, अध्यात्म, धर्म, दर्शन, अर्थ-व्यापार-व्यवसाय आदि उतने ही सामाजिक उत्पाद लगे और उतने ही महत्त्व के—जितने कि बाहरी दुनिया के मोटर गाड़ियाँ, सड़कें, बिजली, पक्के मकान और मित्रता आदि। इनमें से एक भी वहाँ आवश्यक न लगा। समाज, परिवार, अध्यात्म, धर्म, दर्शन आदि जीवन चलाने के सामाजिक बंदोबस्त और इंतजाम हैं। अबुझमाड़ के गहन अंधकार जैसे वन स्वयं में एक भरपूर तादात्म्य हैं। अरस्तू का 'प्रवृति से मानव सामाजिक प्राणी है' खरा न लगा।

अबुझमाड़ ने उस अँधेरे बीहड़ के लिए शब्द नहीं गढ़ा। उसका शब्द न हो पाएगा।

अबुझमाड़िया न पशु पालता, न पक्षी, न खेती-बाड़ी कर फसल उगाता। न नदी बाँधता। न कुएँ खोदता न तालाब बनाता। न कोई व्यवस्थाएँ न व्यस्तताएँ बनाता। ऐसा कुछ भी न करता, जिसे करना कहा जाता है। एक कुल्हाड़ी, दो तीरों और एक लँगोटी पर सारा जीवन नाचता-गाता। उसका जन्म और मृत्यु आसमान तले होते। उसका घर भी आसमान और पेड़ों तले। छोटा-सा झोंपड़ा केवल रात्रि आश्रय हेतु होता, जब घुप्प भयावह अंधकार का साम्राज्य आन रहता—निराकार, जिसका कोई रंग-रूप नहीं, भेद-अभेद नहीं। न तो वह विचार करता न ही उसे थाम

पालता-पोसता। विचारों के सतत आने-जाने को वैसे ही देखता जैसे मैं बचपन में रामलीला के पात्रों का मंच पर आना-जाना देखता सुनता था। इधर से आए, उधर को चले गए।

अबुझमाड़िया पहाड़ को देखता। पहाड़ उसे देखता।

रमण महर्षि कहते, 'विचार तुम्हारा मूल स्वभाव नहीं है।'

आधुनिक समाज में विचार के पलने-पुसने ने निर्णायक संकट पैदा किए हैं। विचार पलेगा-पुसेगा तो ज्ञान लाएगा। जैसा विचार और उसकी चेतना होगी, वैसा-वैसा ज्ञान निर्मित होगा। अबुझमाड़िया ने निर्माण नहीं किया—न ज्ञान का, न घर का। न परिवार का, न गाँव का, न समाज का। उसकी चेतना-अचेतना न ध्येय पोसती, न कर्म की आवश्यकता को पहचानती।

यह बात अबुझमाड़िया नहीं कहता। देश के किसी दूरदराज का अन्य देहात भी नहीं कहता। न ही उनके पास ऐसी बात है न शब्द; न विचार, न कॉन्सेप्ट लेकिन यह बात अबुझमाड़िया की हर झलक में दिखती, झोंपड़े की हिचकाई-सी बनावट में दिखती। उसकी सीमित शब्दावली में दिखती; केवल पाँच तक की गिनती में दिखती। गहन बीहड़ की हर अस्थायी-सी पगडंडी में भी—गंतव्य तक पहुँचेगी भी या न पहुँचेगी। सीमित बोली का हर शब्द जैसे एक अजानी ठिठक लिए हो; उसकी आँखों के भाव भी वैसे, जैसे हर बोला शब्द किसी मौन को लिए चलता हो। जिस मौन से आता हो, वापस वहीं ले जाता हो। पुणे के निकट वृद्धा की तरह अबुझमाड़िया की सीमित बोली में शोर न होता। बचपन के गाँव की बोली में भी न होता। भालू की अस्थायी-सी, मटकती, दुल्की चाल में—मटकन दाएँ भी है बाएँ भी, आगे भी है पीछे भी। उसी एक क्षण में सब तरफ। पहाड़ी के हजारों-लाखों साल से चले आ रहे रहस्यमयी अ-स्वर में वह बात दिखती। पहाड़ी, ज्यों अप्राणी कहलवाकर भी प्राणों का स्पंदन लिए हो। दिखने में निर्जीव-सी दूर खड़ी कब से सबको तकती। अबुझमाड़िया उसे तकता। अबुझमाड़िया को देख लगता, उस क्षण उस में विचार न उभरता, न चेहरे या शरीर में भाव। निर्विचार, दो केंद्र एक हो आत्मसात् होते। आत्मसात् हुए तो एक भी न रहता। दोनों आकारों के बीच फैले अंतरिक्ष में ज्यों दोनों संग वापस लौट चुके हों। दोनों के भेद, अभेद हो चलते; जैसे अँधेरे बीहड़ वन के। गिनती और गणित समाप्त हो रहते। न एक न शून्य।

जन्म और मृत्यु आसमान में उड़ते-फिरते कहीं आन उतरते, जैसे वृद्धा का सूरज आन उतरा। विचार भी आदिकाल से उड़ते-फिरते; ज्यों परिंदे उड़ते-फिरते।

उड़ता-उड़ाता कोई विचार मेरे मस्तिष्क में आन बैठता, जैसे 'मानव सृष्टि की सर्वोच्च कृति है।' जैसे आसमान में उड़ती-फुदकती कोई चिड़िया किसी घर की मुँड़ेर पर आन बैठे। पीछे-पीछे एक और विचार उड़ मुँड़ेर पर आन बैठे और मुँड़ेर माने कि 'चिड़िया मेरी है।' तब उस पर अपनत्व, ममत्व, अधिकार या स्वामित्व जमाने का भी एक और विचार-भाव दौड़ा चला आए; और इस मान्यता में वह ममता या स्वामित्व जमाना करना शुरू कर दे। उस ममत्व या स्वामित्व के इर्द-गिर्द अन्य मान्यताएँ, प्रथाएँ, मर्यादाएँ, तौर-तरीके और नियम-कानून बनाए। एक पूरी सभ्यता-संस्कृति खड़ी हो रहे और उसके तमाम आचार-व्यवहार, आकांक्षाएँ और अभिलाषाएँ भी खड़े हो रहें। उस चिड़िया से शुरू हुई, जो उड़ती-उड़ाती यूँ ही अनायास आ बैठ गई। पहले भी उड़ती रही है। कहीं और जा रही हो। शायद साँस भरने या दाना चुगने आई हो।

न मस्तिष्क मेरा न मुँड़ेर, न घर, न अंतरिक्ष, न विचार। न मैं मेरा। कोई उड़ता-फिरता-डोलता मात्र अशरीर, अनाकार विचार अनायास आया और चिड़िया कैद हो रही। जिसका स्वभाव आने और जाने का है, उसे जाने न दिया। उसके इर्द-गिर्द विश्वासों और कर्म का निर्माण हुआ।

रामलीला टूट रही।

विश्वास, मान्यताएँ, मूल्य, धर्म, आदर्श, स्वार्थ-अस्वार्थ सब मिल समाज बनाते। मानव को होने न देंगे।

अबुझमाड़ ने इन्हें न बनाया। या तो उड़तों को पकड़ना भूल गया या मना कर दिया। न रचनाएँ कीं, न निर्माण। न आडंबर ओढ़े। अपनी विशुद्ध नग्नता में लगातार वापस लौटता रहा। एक कुल्हाड़ी, दो तीरों और एक लँगोटी पर सारा जीवन नाचता-गाता। न जेब बनाई न उसे जेब में रखा। उसी की जेब में चला गया और सो हो रहा।

**संदर्भ–**

1. 14वीं शताब्दी के फारसी सूफी कवि—दार्शनिक

□

# 19

# बोली, भाषा और दुराग्रह

*आशिक, चोर, फकीर खुदा तों मंगदे घुप्प हनेरा;*[1]
*इक्क लुटावे, इक्क लुट्टे, इक्क कहे सब कुज*[2] *तेरा।*

**—बाबा मुराद शाह वली**

कुछ दिन पहले नोएडा निकट गाँव बिसाड़ा (दादरी) में हिंदुओं की एक भीड़ ने गौमांस खाने के आरोप में पचास वर्षीय मुहम्मद इखलाक की हत्या कर दी। यह घटना पश्चिमी उत्तर प्रदेश में हुई। दोनों ओर से ऐसी घटनाएँ मुल्क में आम हो चली हैं।

लोक-समाज में लोगों की गिनती नहीं होती—न ही उसके कारण होते हैं, किंतु जनगणना के आधार पर कहें तो पश्चिमी उत्तर प्रदेश में हिंदू लगभग 70 प्रतिशत और मुसलमान लगभग 26 प्रतिशत हैं (जनगणना 2011)। इलाके के पाँच-छह जिलों में तीस-चालीस साल पहले तक गाय को माता तो जरूर माना जाता था, लेकिन किसी ऐसे प्रत्यक्ष मायने में नहीं। उसका कोई ऐसा पूजन न था, न कोई उस तरह का उच्चतम दर्जा। गौशालाएँ भी मुट्ठी भर रही होंगी। पिछले दस-पंद्रह सालों में अकेले नोएडा में ही पैंसठ गौशालाएँ स्थापित हुईं। हिंदू तो गौमांस खाते ही न थे, इक्का-दुक्का को छोड़ मुसलमान भी न खाते थे। जैसे लोग सब्जी न खाते थे। झीमर जाति के लोग सब्जी उगाते थे, लेकिन सब्जी खाना लोगों की आदत में न था। सब्जियाँ बड़ौत-दिल्ली आदि जाती थीं। गाय खाना मुसलमानों की भी आदत में न था। जहाँ पंडित-ब्राह्मण की पूछ न थी, वहीं मुल्ला-मौलवी की भी अहमियत न थी। किसी शास्त्र, गुरु या मार्गदर्शक में कोई स्वस्थ समाज अपनी आस्थाएँ इतने पूर्ण रूप से नहीं रख छोड़ता। बचपने के गाँव के उस एकमात्र शिवालय में भजन-कीर्तन न होता था, न मसजिद में अजान। रोजमर्रा की एक सहज उदारता थी। वह

किसी धर्म-मजहब की नहीं होती; न ही किसी सेक्युलर या लिबरल पैराडाइम से आती। वह रोजमर्रा की सहज आपसदारी से उभरती।

इसी इलाके में स्थित मेरे गाँव में घर के पिछवाड़े एक बुजुर्ग मुसलमान रहते थे। यह बात आज से लगभग पचास बरस पहले की होगी। आधुनिक चलन में न तो इस किस्से का वजूद है, न वैधता। न ही इसमें वह है, जिससे समकालीन औचित्य या प्रासंगिकता प्राप्त होते हैं। समकालीन बुद्धि और दृष्टि के चलते यह केवल किस्सा-कहानी में गिना जाएगा।

बहरहाल, बुजुर्ग होने के नाते यूँ तो वे ख्वाजा साहेब थे पर गाँव की चलती जुबान में 'खाजु' कहलाते। रीत ही यूँ थी। नाम तोड़ने-मरोड़ने में उम्र या दर्जे का तकाजा न माना जाता था—कुँवर कुबड़ा, चरण बावला, कमाल काना, हुक्म हुकमा आदि। अलबत्ता औरतों के नाम में जरूर कुछ बेहतरी बरती जाती। सामने तो हम बच्चे उन्हें बाबा (दादा) कहते, लेकिन पीठ पीछे 'खाजु'। ख्वाजा साहेब जुलाहे परिवार के थे। आज की खादी का चलन न था, तब 'गाढ़ा' बुना जाता था। ख्वाजा साहेब के यहाँ शायद कुछ रकबा तो न था, एक-आध मवेशी के अलावा कुछ बकरियाँ जरूर थीं। दरम्याना-सा मिट्टी का घर था। शहर की भाषा में कहें तो जुलाही के काम में वे हमारे और अन्य परिवारों पर निर्भर थे। थे तो जुलाहे, लेकिन कद-काठी, चाल-ढाल बादशाही। छह फीट कद, सुर्ख चेहरे पर सफेद-चिट्टी लंबी दाढ़ी। बाल 'गांधी कट'। पैंसठ-सत्तर साल की उम्र रही होगी, लेकिन चलते सीधे तन के। समय के चलते ऐसे सहज स्वाभिमानी लोग कम ही देखने में आए।

मैं तब कोई चौथी-पाँचवीं में रहा होऊँगा। स्कूल की छुट्टियों में हम गाँव आए हुए थे। एक शाम हर रोज की तरह ख्वाजा साहेब आसमान तले अपने आँगन में नमाज अदा कर रहे थे। नमाज अदा करते उन्हें हम बच्चों ने अनगिनत बार देखा होगा। उस रोज हम में से चार-पाँच चचेरे भाइयों को शरारत सूझी। योजना बन गई। वो तंग गली जो उनके आँगन में खुलती थी, हम दबे पाँव उसके मुहाने जा खड़े हुए। जैसे ही ख्वाजा साहेब सिजदे के लिए घुटनों के बल आगे झुके, लछमन ने चुपके से उनके पिछवाड़े एक करवा[3] टिका दिया। वापस हुए तो करवे पर टिके और पीछे लुढ़क गए। मुँह में जोरों की हँसी दबा हम दौड़ लिए कि देख न लें। बहरहाल, दिख गए और हमें यह मालूम भी पड़ गया।

मेरे बाबा बहुत सख्त आदमी थे, विशेषकर कुनबे के बच्चों के प्रति। सबको उनका खौफ रहता था। सारा कुनबा उनसे डरता।

शरारत तो कर दी थी। हम हिंदू परिवार से थे, लेकिन ये भाव न था। मासूम शरारत में द्वेष नहीं होता। खौफ पूरा था कि बाबा तक शिकायत पहुँचेगी और साँटे से हमारी चमड़ी उधेड़ दी जाएगी। अगली ही पहर बुलावा आ गया। बाबा का चेहरा तमतमा रहा था। क्योंकि लछमन इस शरारत में अगुआ था, उसके कान मरोड़े गए। बाकी यूँ ही बरी हुए। किसी की पिटाई न हुई। यह चमत्कार कैसे हुआ समझ न आया।

कुछ दिन बाद बाबा ने ही बताया कि हमारी हरकत के फौरन बाद तहमंद सँभालते ख्वाजा साहेब उनके पास पहुँचे थे और कहा था, 'तेरे पोतों ने नमाज पर मुझे उलटा दिया। इससे पहले तुझे कोई और बताए मैं ही बताने चला आया। खबरदार करने आया हूँ, नादानों का बाल भी बाँका न हो।' इतना कह वे लौट गए।

सदियों से मेरा गाँव दिल्ली से मात्र साठ किलोमीटर की दूरी पर रहता आया है। वहाँ औरंगजेब की कभी उपस्थिति न बन पाई। दादाजी की पीढ़ी ने और भी पुराने अशोक महान का शायद नाम तक न सुना हो। सात पीढ़ी के पहले को इतिहास न माना जाता था। सात पीढ़ी के पूर्व को अतीत में विसर्जित कर उससे मुक्त हुआ जाता था, अन्यथा तेज निष्प्राण होता था। इतिहास सात पीढ़ी का ही होता है, यह मान्यता बरकरार रही। उदयपुर के पास हिंदू-मुसलमान-भील गाँवों में अकबर-राणा प्रताप का वर्चस्व आज दो हिंदुस्तानी राजाओं और उनकी आपसी लड़ाइयों का है, हिंदू-मुसलमान-भील का नहीं। वहाँ ऐसा धर्म या मान्यताएँ ही नहीं जिस पर निरपेक्षता या सापेक्षता के सिद्धांत लागू हों। सत्ता की गहमगाहमियाँ कितना कुछ तय कर देती हैं—विश्वदृष्टि, सोच, कर्म, रिश्ते, प्रेम-घृणा, आत्मछवि, सामाजिक संरचना, न्याय-अन्याय की अवधारणाएँ आदि। दिल्ली की गहमगाहमियाँ सदियों में भी गाँव तक साठ किलोमीटर न नाप पाई।

अपने सहज रूप में देहात का दिल-दिमाग किसी अप्रत्यक्ष से ज्यादा खिंचता, बनिस्बत किसी धर्म शास्त्र या गुरु, मुल्ला-मौलवी से। रोजमर्रा की जिंदगी और उसके ताने-बाने ऐसे ही बनते-सँवरते। धर्म-मजहब तो रहते, लेकिन न मंदिर के भजन-कीर्तन न मसजिद की अजानें। दीवाली-दशहरे-ईद को लोग उतना ही जानते-मानते थे। जितना औरंगजेब या अशोक महान को। कुल-देवता की या होई माता की अवश्य साल में एक बार पूजा-अर्चना होती—मुसलमान भी करते। हिंदू हों या मुसलमान, पीर-फकीरों के यहाँ जाया जाता। कहासुनी-झगड़े तो होते थे, लेकिन उन के इर्द-गिर्द आपसदारी के अप्रत्यक्ष धर्म-मजहब, उसकी सहज

उदारताएँ और मर्यादाएँ भी पनपती थीं। कोई गाय न खाता, कोई सूअर न काटता। अमूमन मांस ही कोई न खाता था। कभी किसी मुसलमान कुनबे में बकरा कटा तो लुके-छिपे चार हिंदू युवक भी पहुँच जाते। बकरा खाने में, लुका-छिपी में आपसदारी और भी बढ़ जाती। धर्म और मजहब की लकीरें कोई ऐसी खिंची न थीं। ये लकीरें अनकही, अलिखित ही रहतीं, बनती-मिटती रहतीं। लकीरें लुका-छिपी में बनाई-मिटाई जाती थीं, बोलियों की तरह। दैनिक जीवन की मान्यताएँ यूँ ही सहज होती जाती थीं। लोक धर्म और लोक-मर्यादाएँ ऐसे ही सजते-सँवरते। यही बात उस बंदोबस्त में थी जिसे जाति-व्यवस्था कहा जाता है। वह कर्कशता, जो आमतौर पर सुनने-पढ़ने में आती है, उसकी बर्बरताएँ देखने में तो न थीं। आवरण-ढाँचे मूर्त और साकार तो थे पर बीचोंबीच किसी निराकार का भाव छोड़ते हुए। लुका-छिपी आपसदारी का धर्म कहीं अनायास ही मजबूत होता रहता था। वह अपनी परंपराएँ आहिस्ता-अहिस्ता बनाए रहता था; गुंजाइशें थीं। समाज जीवित था, किसी निर्णायक मायने में धर्ममत, धर्मांध न था।

वह लय खंडित न थी। अपने सात पीढ़ीवाले इतिहास के परे मुक्त अतीत से प्रेरित थी। ललक जमीनी थी। जमीन का बहुत बचा था। गर्मियों में सिकुड़ते जोहड़[4] किनारे पड़े वो सफेद-से गट,[5] जैसे महीनों बाद गर्मियों की धूप सेकने आए हों, यह अकारण न था। जोहड़ एवं गटों के घुमावदार-से आकार जैसे किसी पुरातन के मौन का आकार हों। जोहड़ भी अपनी आकृति में आगे-पीछे होते रहते, जैसे लुका-छिपी में। बारिशें आते ही आकृति फिर घुमाव लेती और गट फिर छिप जाते। सालों साल यह लुका-छिपी चलती। अगली गर्मियों में वह आकार कुछ और दिखेगा, शायद न भी दिखे। सौंटी[6] वाले साहेब के बाग के रास्ते में वो सफेद-से पेड़ भी कुछ उसी आकृति के होते थे। पेड़, पत्थर, लीक, लकीर, राह, गट, आकृति, घर, खेत, जोहड़, धर्म, नाम या बोली सभी कुछ-न-कुछ घुमाव लिए होते। सीधा कुछ भी न था। किसी पूर्ण, परम, सुनिश्चित सगोत्रता का विरक्त सूचक—इस जैसा, उस जैसा। व्योम में है। अनुभूति हो सकती है, प्रत्यक्षता नहीं। सीधी तो रेखा या पद्धति (सिस्टम) होती है। उसका अंतरिक्ष नहीं होता। उसका विचार ही हो सकता है। उससे मानव का प्रत्यक्ष व्यवहार नहीं हो सकता। विचार का व्यवहार नहीं होता, वह प्रवृत्ति से व्यवहार-रहित होता है। उसका पांडित्य स्कूल ही कर सकता है। गाँव का मदरसा नहीं। नाम, धर्म, रिश्तों, बोली, घर, खेत, जोहड़ आदि में कुछ घुमाव और लोच-लचक थी, जैसे कोई ललक कहीं तक

पहुँचने की; कोई अजाना-सा मनोरथ, कोई अवर्णनीय लालसा, जिसकी अधीर-सी हसरत लिए किसी पीर के यहाँ जाया जाता है। यही बचपन का गाँव था, यही उसका बंदोबस्त और आर्किटेक्चर। यही ख्वाजा साहेब थे। सब की सगोत्रता कुछ ऐसी ही लोचदार लीकों से गुजरती।

अब विचार की सीधी रेखा है। उससे व्यवहार नहीं। व्यवहार परस्परता का होता है। हरित क्रांति आई तो जाती हुई बोली का जाना निर्णायक गति पकड़ गया। वो अनुभूतियाँ जो बोली में ही सुनती थीं अब समाप्त होने लगीं। बोली तो अव्यक्तता का भाव था—उसका जिसे कहा नहीं जा सकता; जिसका स्वर और नृत्य—पृथ्वी और प्राणी की परस्पर, घरेलू बातचीत—बोली कह पाती थी।

बोली अपदस्थ हुई तो अबुल फजल भी गए, बुल्ले शाह भी, बाबा फरीद, नानक और कबीर भी। उनकी परंपरा से आते दादा-दादी, नाना-नानी भी, किस्से-कहानियाँ भी। अन्य क्रांतियों के रहते हरित क्रांति आई तो गाँव में भाषा आई। क्रांति बोली से नहीं हो सकती। उसे भाषा चाहिए। भाषा गुण-गौरव, समृद्धि, अभिवृद्धि, सत्ता, विस्तार, प्रचलन आदि से घोषित होती है। बोली में उसे जमीनी नहीं, टकसाली[7] कहा गया।

बोलियों के अपने छितराव और भूगोल थे। बिना रेखाओं के, स्थिर न थे, आगे-पीछे होते रहते। उस भूगोल में कहाँ एक बोली समाप्त हुई, कहाँ दूसरी शुरू, कहना मुश्किल था। ऐसी अनिश्चितता में वे पनपती थीं। अनिश्चितता तात्विक अभौतिक होती है, मीमांसा से उत्पन्न होती है। रोजमर्रा की जिंदगी में वो भाव-घुमाव सूरत पाते जो अलावा नाम, रिश्तों, बोली, घर, खेत, जोहड़, गट और पेड़—हिंदूपन और मुसल्मानियत में भी उतने ही बराबर रूप से मौजूद दिखते। वो छिन गए। भाषा ने बोली का मौन, नृत्य और साम्यता तोड़ी। राष्ट्रवाद की हिमायती हो, भाषा उसके राजधर्म को बिम्बित करती है। 'इतिहास, पोलिटिकल प्रोसेस, सामाजिक ढाँचे, आर्थिक-सामाजिक बदलाव' आदि शब्द या अवधारणाएँ बोलियों में न थीं।

भाषा के निहित प्रयोजन से नए सवाल खड़े हुए या खड़े किए गए; अस्मिता, धर्मनिरपेक्षता, वैकल्पिक समाज, वैकल्पिक अवधारणाएँ आदि भी खड़ी की गईं। शायद पहली बार आपसदारी का आर्किटेक्चर—उसकी लय, गति और ध्वनि—एक सहज, दुहरे, तिहरे, चौहरे समाज से निकल इकहरे बंदोबस्त में आन पहुँची। अब नाम भी सीधे हुए, 'हुकमा' हुक्म सिंह आर्य हुए, 'खाजु' हाजी सलीमुदीन हुए,

गायें भी कटीं, सूअर भी, पेड़ भी, पहाड़ भी, जमीन भी। इखलाक भी कटा, बलदेव भी, तहजीब भी, आपसदारी और ठहराव भी। मरोड़ की रेखाएँ सीधी हो गईं और वो फसलें कभी लौट के न आईं, न वो गंध, न मसजिदों के ठट्टे, न शिवालय के उपहास, न ऊँघ, न उदारता। न खेत में सँवरती नागराज की भुइंया, जिमाणए में भैंसे की समाधि पर मेले, पीरों की मजारों पर जमघट या छिपियाना में कुत्ते की समाधि पर अर्पण—उन से उत्पन्न सहज ठहराव चल बसा।

हरित क्रांति आई तो मेरे गाँव के हिंदू जहाँ-तहाँ और मुसलमान बंबई के बंदरगाहों पर पलायन कर गए। अब खाजु भी नहीं, घुमाव, लोच, लचक, ललक भी नहीं। एक नई संस्कृति शुरू हुई जिसकी अभाव की शब्दावली है; दुःख भरी, उसके भाव और अभिप्राय समझ न आते। एक विस्मृति और बिखराव वाली कौम पैदा हुई, जिसका कहना है 'हिंदू-मुसलमानों में कभी सौहार्द था ही नहीं। इन्होंने हमेशा एक-दूसरे को मारा काटा ही है।' अब मंदिरों, मसजिदों के आयोजन और सीधाई की निर्दयता है। भाषा ने गाँव में झूठ का कारोबार किया।

बस्तर के एक आदिवासी मित्र, अस्तु, कहा करते थे, 'झूठ का कारोबार मत करो, पृथ्वी की उम्र घटती है।'

## संदर्भ–

1. अँधेरा
2. कुछ
3. छोटा, नलीदार मटका
4. तालाब
5. छोटे-छोटे पत्थर
6. 2-3 मील दूर सौंटी गाँव में सन् '47 तक एक अंग्रेज महोदय का बाग। उन्हें 'सौंटी वाले साहेब' के नाम से याद किया जाता था
7. उच्च दर्जे की

□

# 20

# कुछ था, जो बाँधे था : गाँव सुडौल न था

ननिहाल में मुसलमानों के कई परिवार थे, ज्यादातर बुनाई या लुहारी के काम में। बड़ा गाँव था। बचपन में वहाँ जाता था तो वे मुझे लोहे का घेरा और तार बना के देते थे। क्योंकि ननिहाल था तो उसी तरह का लाड़ मिलता।

मुसलमानों को मुसलमान न कह सेक (शेख) कहा जाता था। अलबत्ता औरतों को जरूर मुसलमानी कहा जाता; कभी-कभार सेकनी भी। हिंदू औरतों का संबोधन अकसर उनके मायके से होता था, अल्लम वाली, मलकपुर वाली, मोहमंदपुर (मुहम्मदपुर) वाली आदि। नाम का कोई ऐसा अधिक प्रचलन न था। बच्चों को अकसर माँ-बाप के नाम से पुकारा जाता, फलाने की, ढिकाने का। अमूमन माँ-बाप के नाम बस तब ही लिए जाते। वो भी तोड़-मरोड़कर; कुँवर कुबड़ा, लछमन बावला, कमाल काना, शरीफ नाटा। कोई तेज चलनेवाला होता था तो उसे 'स्कूटर' कह पुकारा जाता था (हालाँकि गाँव में कोई स्कूटर न था)। नाम स्वयं में कोई शब्द न हो आदमी के गुण, अवगुण या व्यक्तित्व से जुड़ा होता था। व्यक्ति की न हो, गुण-अवगुण की प्रमुखता होती थी। गुण-अवगुण भी खेल-खेल में कहे जाते। कोई आपत्ति न होती।

माँ से उसके बचपन या गाँव की अन्य यादों की बातें हुआ करती थीं; मोटा-मोटा सन् '50 तक के गाँव। बहुत दिलचस्प बातें थीं। किताबों, सेमिनारों और चर्चाओं के बाहर वाले गाँव। लोग, दुनिया, रिश्ते, सोच, धर्म, कर्म, न्याय, जज्बे, हँसी-ठट्टा, कहावतें, जमीन, पशु, पंचायत आदि की तेज झलक होती थी। आखिरी सालों में तो उससे रह-रहकर बात होती थी। वह जंगला एक ऐसी दुनिया में खुलता था जिसे अधूरा, पिछड़ा या बेइल्मी माना जाता है। वह इल्म नजाकत भरा था। जल्दी हारने वाला। मदरसे खत्म हो सुडौल स्कूलों की रफ्तार शुरू हो गई तो हारने की भी रफ्तार शुरू हो गई। स्कूलों को भी मदरसा ही कहा जाता था।

माँ किसान परिवार से थी। मेरे पिताजी फौज में थे। बीस-बाईस साल में माँ की शादी हो गई और वो शहर आ गई। गाँव से उसका नाता लगभग टूट गया। दिखने में ऐसा ही लगता था, टूट गया। साल में एक बार गाँव जाते थे, लेकिन वहाँ जा के लगता कि नहीं टूटा, न गाँव की तरफ से न माँ की तरफ से। ननिहाल की बिगाड़ने वाली मुहब्बत ले हम बच्चे माँ के साथ वापस शहर आते। वहाँ फिर लगता, टूट गया। तब मालूम न था शहर सुडौल और बेमुरव्वत होते हैं।

गाँव आते तो छोटी, लेकिन बे-उसान, धुआंधार रेल से उतरते। सुस्ताए-से छोटे स्टेशन पर, चंद सुस्ताए पेड़ों की थकी-सी दुपहर में, चंद लोग हमें लेने आए ही होते हालाँकि पिताजी कोई ऐसे बड़े हुक्काम न थे। लोग मुहब्बत और आपसदारी में आते। इक्का-दुक्का तो यूँ ही चला आता। जीवन में इस 'यूँ ही' का बहुत चलन था। घर के पिछवाड़े रहनेवाला हमीद भी अपने खेतिहर मजदूर अब्बा के साथ अकसर आया मिलता। हमीद से बहुत जुएं ली मैंने। जुओं के चलते एक बार पिटाई भी हुई। उसके यहाँ बहुत कबूतर उड़ाए। गाँव में चाल-ढाल, कपड़े-लत्ते, उर्दू-बाहुल्य जुबान, लहजा—जैसे सब सहमति हों। जहाँ मुसलमान 'राम राम' भी कर लेता था, वहीं हिंदू भी 'सतबह' या 'बा-खुदा' बोल लेता था। ताऊ, चाचा या पिताजी को हिंदी न पढ़नी आती थी, न लिखनी। खत-खुतूत वगैरह उर्दू में लिखे-बाँचे जाते थे। बाहर से आए इक्का-दुक्का रिसाले भी अकसर उर्दू में ही होते थे। अलबत्ता, किसी के पास पड़ा पुराना अखबार जरूर हिंदी में होता था। पायजामे, तहमद का रिवाज था। धोती केवल हिंदू बुजुर्ग ही बाँधते थे। सर पर साफा या गांधी-टोपी। इबादती टोपी कोई न पहनता था। हिंदू औरतें-लड़कियाँ साड़ी या गरारा और मुसलमान औरतें-लड़कियाँ लंबी कमीज, ढीला-ढाला चूड़ीदार या गरारा। जहाँ हिंदुओं में घूँघट प्रचलित था वहीं मुसलमानों में बुर्का न था। दीवाली, ईद या अन्य त्योहार नहीं ही मनाए जाते थे। मजहबी जज्बों के ऐसे प्रचलन न थे। आपसदारी या एकजुटता एक वैचारिक या सियासी आवश्यकता न हो, दूसरे के साथ हो पाने का एक सहज इनसानी जज्बा था—जग में अपना ठिकाना पहचान पाने का भी।

मुल्क में सन् '47 के दंगों की मारकाट हुई। बहुत जगहों पर हो हुई, बहुत पर नहीं भी। बड़ौत-बागपत (पश्चिमी उ.प्र.) का इलाका ऐसा ही था। यहाँ या तो नहीं थी या न के बराबर। मुसलमानों के कुछ गाँव थे—असारा जैसे इक्का-दुक्का में जमींदार लोग भी थे। हर गाँव में मुसलमानों की तादाद थी, लेकिन इलाके में

कुल तादाद ऐसी ज्यादा न थी; ज्यादातर कमजोर वर्ग के थे। असारा ननिहाल से एक कोस था। वहाँ डर तो जरूर था, लेकिन कतई वारदात न हुई। ताऊजी के अभिन्न दोस्त असारा के थे। उनका कुनबा वहाँ के प्रमुख कुनबों में से था। हाजी कुनबा था। जमीन, घर-द्वार, मवेशी और बाकी असबाब सब था, लेकिन वारदात न हुई। ताऊ जी जब घर से रुठ जाते तो अपना अलग थाली, लोटा और हुक्का ले उनके यहाँ महीनों जा लेटते। तब दोस्त नहीं, कुछ भाई जैसे हुआ करते थे। 'दोस्त' लफ्ज का प्रचलन गाँवों में न के बराबर था। हिंदू-मुसलमानों में छुआछूत के रीति-रिवाज भी होते, लेकिन आपसदारी के आड़े न आते थे। 'आड़े' का जज्बा यदा-कदा दिख जरूर जाता था, लेकिन कोई ऐसा सुडौल न हुआ था। सन् '60 तक तो मुझे भी ध्यान है।

मुल्क के अनेक हिस्सों में मुसलमान मारे जा रहे थे। या एक मंसूबे के तहत वे किसी पाक मंजिल जा रहे थे। कांधला-बागपत कस्बों के चंद लोगों को छोड़ कोई न गया। देहात से कोई न गया। हाँ, साठ के दशक में ज्यादातर बंबई (मुंबई) चले गए, लेकिन किसी मजहबी मंजिल के मोह में नहीं। जमाना बदल रहा था, हरित क्रांति के अंतर्गत कई तरह की उथल-पुथल हुई, उत्पादन बढ़ा, जमीनें घटीं और रोजगार कमजोर हुए; आर्थिक-राजनीतिक और बाकी सियासी ढाँचे बदले और लोग यहाँ-वहाँ हुए। ऐसी उथल-पुथल या उसके नतीजों का अंदाजा लगाना आसान न होगा। जमीन से जुड़ उससे उजड़ना बिरादरी में हुक्का-पानी बंद होने या भाईचारा खत्म होने के खौफ जैसा था। मौत से बदतर माना जाता था। बहरहाल उजाड़ हुआ। मुसलमानों ने गाँव छोड़े, लेकिन मजहब के मंसूबों से नहीं। बेहतर रोजी-रोटी और खुशहाल जिंदगी के मंसूबे से। देहात के मंसूबे ऐसे ही हुआ करते थे। जज्बे बड़े न थे, आदमकद ही रहते।

बरसों से मन में बात थी कि मारकाट और दंगे क्यों न हुए? बाकी जगहों की तरह यहाँ भी मुसलमानों को मारा-खदेड़ा क्यों न गया? छींटाकशी तो रोजमर्रा की बात थी। झगड़े आए दिन होते थे। मसजिद या मक्का के मजाक होते या मुसलमानों में प्रचलित एल्युमीनियम के बरतनों के लेकिन वैसे ही, जैसे देवताओं और बुजुर्गों के या गाँव के उजाड़, अनाथ-से, धूल-धूसरित शिवालय के। उसमें अकसर दोपहर की भरी धूप में, टूटे-से शिवलिंग के इर्द-गिर्द, गाँव की गायें-भैंसे गोबर समेत आश्रय लेती थीं। घरों में भगवान् की मूर्ति या तसवीर पर मनाही थी। कुछ हिंदू शाम समय 'संध्या' अवश्य कर लेते थे। शिवालय कोई न जाता। हाँ, दूर

के गाँव पीर साहिब की मजार पर जरूर जाया जाता। पुरुष कम जाते थे, हिंदू या मुसलमान महिलाएँ ज्यादा जातीं। ब्राह्मणों को, जो 'अपने' ही मजहब के थे, गाँव में बसने से निरुत्साहित किया जाता था। अपनेपन के दायरे धर्म से नहीं बनते थे। वे आपसदारी से बनते। वे ही धर्म होते।[1]

तो वक्त आने पर मुसलमानों को मारा-खदेड़ा क्यों न गया? जानकार और बुद्धिजीवियों के जवाब सही तो लगते थे, किंतु उनमें कहीं कोई बेरूखापन, कोई कमी-सी महसूस होती थी; आत्मा की कमी-सी। मैं स्वयं भी हैरान होता था। हिंदू-मुसलमान रिश्तों या उनके मनमुटाव पर जो पढ़ने-सुनने में आता था उसमें मेरे अनुभव या यादों की कोई ऐसी झलक न होती थी। कुछ का शायद यह भी मानना था कि दंगे हुए होंगे सिर्फ मुझे मालूम नहीं; कि ये रोमांटिक दलीलें हैं। लेकिन अच्छे-से मालूम था कि हिंसा नहीं हुई थी। दलीलें इतनी सुडौल होती कि स्वयं मेरी यादों या गाँव के बुजुर्गों से प्राप्त अनुभव में विश्वास कुछ डोल-सा जाता।

तो दंगे क्यों न हुए? जाटों का इलाका है, दबदबा है, पुराने राजपूत भी हैं, कुछ गुर्जर भी। हौंसलेमंद और उग्र कौमें हैं। भिडंतु भी। बनिस्बत, मुसलमान तो कम हैं तो मारा-खदेड़ा क्यों न गया?

जाहिर है मुझे माँ से लगाव तो बहुत था। जितना एक बेटे को होता है, लेकिन चलते मिजान में सियासी और कौमी बातों पर जानकार और बुद्धिजीवियों की बात को ज्यादा तरजीह मिल जाती थी। मालूम होकर भी मुझे बात समझ न आती, मन में बैठ न पाती। एक रोज बात-बात में मैंने उससे पूछ लिया, 'जब पाकिस्तान बनने का ऐलान हो गया, मार-काट होने लगी, तुम लोगों ने मुसलमानों को क्यों नहीं कत्ल किया या खदेड़ा? तेरी कौम के पास ताकत भी थी, तादाद भी और उनसे मतभेद भी। सारे मुल्क को मतभेद हो गया लगता था। तो 'वजह' भी दिखती थी। यहाँ को तज वे एक अलग मुल्क भी बना रहे थे। उनमें एक तरह की एहसान-फरामोशी भी लगती थी। ऐसी सूरत में तुम लोगों ने उन्हें मारा-खदेड़ा क्यों नहीं? मुल्क के अनेक हिस्सों में तो ऐसा हो ही रहा था।'

माँ ने सरल सा जवाब दिया, 'अरे, वक्त आने पर कोई अगर अलग सोच रखने लगता है, तुफर्के हो जाते हैं, यहाँ-वहाँ के भूत जोर पकड़ते हैं तो आपस में मरा-मारा थोड़े ही जाता है? पुरखों के जमाने से चली आ रही आपसदारी या सहमति का कुछ तूल होता है या नहीं? बिना अच्छे से जाने, जो तुझे लोहे का तार

और घेरा बना के देते थे, उसके पीछे कोई जज्बा था, सहमति थी। उन्हें मारा नहीं जाता, न वे औरों को मारते हैं। तुझे न जानते हों, लेकिन गाँव की बेटी को तो जानते थे! न जानते हुए भी तेरे साथ सहमति थी। सहमति के लिए जानना जरूरी नहीं होता। तू उनका अपना था। अपनापन या अपमान या सहमति—मुल्क, मजहब, मंदिर, मसजिद, जात या विचारों के भूतों से होते हैं क्या?'

माँ का इतना-सा ही जवाब था। कद-काठी में मानवता और आत्मीयता छोटी ही होती हैं, सूक्तियों जैसी। सहज प्रेम और विश्वास से भरी उसकी बात में भूत न थे, न दलीलों के बवंडर जो गर्द को सर से ऊपर ले जाते हैं। सुडौल तर्क की गुटबाजी पर बेडौल आपसदारी हावी थी। जज्बा स्वयं में बेडौल होता है। गाँव तब तक साझा था जब तक परंपराएँ साझी थीं। यही बात पृथ्वी की है। साझे जज्बे, साझी बोली, साझी वेशभूषा, साझी-सी इबादत, उठने-बैठने के लहजे। बिना साझेदारी के गाँव पूर्ण न था। लगभग '90 के दशक तक बस्तर के कुम्हार, बढ़ई, लुहार, बुनकर, बाजे बनानेवाला व अन्य गैर-आदिवासी की स्थानीय एकरसता में फर्क कर पाने में मुझे बरसों लग गए। फर्क आसान न था। देवी-देवता तक साझे हो गए थे। चेहरे के भाव एक-से थे। गैर-आदिवासी के बिना आदिवासी गाँव पूर्ण न हो पाया, जब फर्क उभरे या उभारे गए तो मारकाट चालू हुई। 'सदियों पहले जहाँ से तुम्हारे पुरखे आए थे, वहीं अपने देश लौट जाओ।' डोकरानाला व अन्य गाँव के आदिवासियों में आपस में मार-पिटाई भी हुई। एक-दूसरे के घर जला दिए गए; मवेशी खोल जंगल दौड़ा दिए गए। गिरफ्तारियाँ हुईं। सुडौल वामपंथी एवं अन्य विचार तथा राजतंत्र की पैठ हो चुकी थी। नए, सुडौल दायरे बन चुके थे। अब विचारों के रिश्ते हैं। विचारों में अकसर सहमति नहीं होती!

मैं जान गया, हालाँकि माँ को गाँव छोड़े करीबन 70 साल हो गए, उसका नाता है। वो अभी भी अपने गाँव की थी। वो रिश्ता जिंदा था; मैं उससे अपरिचित; कर्कश दलीलों के बवंडर लादे।

उस रोज मुझे बरसों का उत्तर भी मिला। वो जुदा इल्म था, बे-दलील, नाजुक और नफीस; हारने वाला। उसमें डीलडौल, शरीर या तर्क न था। रूह थी। रूह जल्द हारती है। गाँव का इतना ही संसार था। देहात इतना ही बड़ा होता था।

कुछ था जो बाँधे था।

माँ से बातचीत का यह वाकया 2004-5 में हुआ होगा। अब साझी 'माँ' को पागलपन हो गया है। विस्मृति हो गई। हर कौम और प्राणी-अप्राणी को पोसनेवाली

अपनी ही बात भूल गई। अब वह मार-काट करती है, जब माँ सुडौल हो जाती है, ममत्व निकल जाता है तो गुंजाइशें समाप्ति की दिशा में हो रहती हैं। गुंजाइशों पर भी सहमति समाप्त हो रहती है।

## संदर्भ–

1. मेरे पैतृक गाँव के इंदु (इंदर) ब्राह्मण। 1981 में मीनाक्षिपुरम धर्मपरिवर्तन पश्चात् गाँव सुडौल हुआ। इंदु बाह्मण ने शिवालय के रखरखाव का बीड़ा उठाया, चंदा इकट्ठा हुआ, मरम्मत और लिपाई-पुताई हुई, शिवालय से गाय-भैंसों का विस्थापन हुआ, भोंपू भी लगाया। भजन-कीर्तन होने लगे। गाँव के हिंदुओं में ऐसा उत्साह था। दायरे सिकुड़े। 3-4 महीने बाद पुराना कुछ लौटा, गाँव को कुछ हुआ,। इंदु ब्राह्मण को गाँव छोड़ भागना पड़ा। महीनों बाद फिरे। शिवालय का रखरखाव, अर्चन-पूजन त्याग दिए। गाय-भैंस भी फिरीं, लेकिन एक फर्क आ चुका था। कुछ था, जो अब हाशिए पर पहुँचा दिया गया था

□

# 21

# देश से राष्ट्र की यात्रा

*ये तत वो तत एक है एक प्राण दुई गात,*[1]
*मेरे जीय से जानिए अपने जीय की बात।*

**—संत कबीर**

बात एक ही प्रतीत होती है, गात-जात कितने भी हों। इस बार के गात में तो ऐसा ही लगता है कि वृत्ति जन्मों से चली आ रही है, इसी गात की तो नहीं दीखती। गात और जीवन से बड़ी है। जीवन उसकी सूक्ति भर दीखता है। कबीर की यह बात जीव की है, जीव से उभरी बात।

प्रश्न गिरें तो ज्ञान की टोह से मुक्ति मिले। जाना कहीं और था। प्रश्न-उत्तर ज्ञान की ओर ले गए। सर्वनाश हुआ। अब जाना ज्ञान नासमझ और गुमराह है। कम-से-कम पिछले 200-300 सालों से प्रश्नों की भरमारवाला ज्ञान तो है ही। अब खेलने का मन होता है। प्रश्न-उत्तर, टटोलने वालों से बगल हट जाना—बगल हटने की ऊर्जा ही खेल है। खेल में विचार या बुद्धि नहीं, न बोध। न ही प्रश्न, न ही ऐसे कोई उत्तर। हाँ अनजाने, अनखोजे सुलझान-निपटारे जरूर हो जाते हैं तो केवल खेलना, बस यही अभिलाषा। इस से अहिंसा, निःस्वार्थता, करुणा, प्रेम की दिशाएँ अंतर में पनपती हैं—बुद्धि, बोधरहित। बुद्धि, बोध और विचार की वृत्ति हिंसात्मक है; स्व में हस्तक्षेप। ये होने की हेकड़ी है। खेल को पशु बुद्धि और बोध रहित माना गया। वह शरीर का है। शरीर सोचता-खोजता नहीं। वह सहज है। उसकी वृत्ति में ठहराव है। ठहराव की वृत्ति—निःस्वार्थता, अहिंसा, प्रेम, करुणा। बोध और बुद्धि—गतिवान, तलाश की लालसा और गांभीर्य। कहीं पहुँचना है, टटोलना, टोहना है। साधन करने हैं। कुछ पीछे छोड़ना है, कुछ आगे पाना है। पहुँचना एक जीवनदृष्टि बन गई। जीवन गति हो गया। प्रश्न खोजी है, तिरछी अकल वाला। उसे

शब्द चाहिए। खेलने में शब्द नहीं आता, न ही बुद्धि, न वाणी, न खोना न पाना, न चलना, न रुकना। घटना घटती है। ठहराव में ही घटना संभव है। खेल ठहराव है, जिसमें पार हो जाते हैं और उसकी चेतना भी नहीं होती। व्यक्ति और 'पार' एक ही हो गए। व्यक्ति और घटना का अंतर मिट गया। न कुछ हुआ, न न-हुआ। न अभाव है न पूर्ति। न पूर्ण न अपूर्ण। खोजना, खोना है। प्रश्न और विचार स्वयं ही गुमराह हैं। धोखे की टाटी खड़ी करते हैं। होने नहीं देते। उन्हें सुन कोई ठौर न मिला। हथेली पर सरसों न उगी।

विचार तो विकार का ही हो सकता है, निर्विकार का नहीं। विकार खलल है, होने में खलल! इस खलल से जन्मे अकाट्य विचार। विचार कट भी गया तो दूसरे विचार पर पहुँचा। इनसे हट के निर्विकार, निर्विचार। वह अ-खोज में है।

पशु और पीर एक जैसे होते हैं।

राष्ट्रतंत्र की यह आस्था नहीं कि जीवन, उसके शब्द और विचार लघु हैं। राष्ट्र प्रवृति से खोजी है, बेढब है। स्थायी का अरमान न फलेगा, शरीर में अ-शरीर न मिलेगा, न ही अनित्य में नित्य, न ही आत्मविश्वास में आस्था। राष्ट्र प्रश्न और शब्द आधारित है। उसका होना ही द्वंद्व को जन्मता है। द्वै में भटकता, गुमराह रहता है। बे-उसान की बेसुध तलाश—उघाड़ने के प्रयास में निर्मित भाषा तुतला जाती है। बड़बड़ाने की भाषा में पूरा राष्ट्र बड़बड़ाता है। उसकी खोज एक विरह की यात्रा। खोज के बिना वह पूर्ण नहीं। न वो हीले लगता है, न लगने देता है, न उसके बैकुंठ के देवता सीधे होते हैं। वह द्वंद्वकारी, सर्वनाश करनेवाला। जीव के विरोध में पनपता है।

प्रश्न, ज्ञान, विचार, अध्यात्म—इनके इर्द-गिर्द बनी महिमा और आभामंडल और इनका विशालकाय आकार। जीवन से बड़ा आकार—राष्ट्रीयता का बड़ा प्रमाण! दैनिक जीवन के छोटे-छोटे गुमनाम-से आकार जब इतने बड़े, दैनिक साधारण काम-काज और बातचीत से बड़े हो जाएँ तो गुमरही होती है।

जो है अ-खोज में है, न खोजे जाने में। प्रश्न और उत्तर दोनों से वैराग्य भाव—वैराग्य हो जाए स्थूल से भी, सूक्ष्म से भी, भाव से भी, शब्द से भी, अर्थ से भी, व्यर्थ से भी। कहीं दूर न जा जेठ और बैसाख की भरी दोपहर का ठहराव ही लें, उसका आलस, अनुद्योग, मौन, आकार को बढ़ने न देते थे।

मेरे अंतर में कौन आकर कहता है कि उत्तर चाहिए कि उत्तर बिना बात न बनेगी, खोजना होगा?

माँ की ज्ञान, मुक्ति या मोक्ष प्रति कोई ऐसी अभिलाषा न थी। नारीत्व और ममत्व ही अध्यात्म था, जो उसने हर माँ की तरह अपने सामर्थ्य अनुसार निबाहा, वही साधना थी। न किसी जीवन के अर्थ के प्रति लालायित थी न किसी ऐसे तात्पर्य के। न उसकी स्वयं से ऐसी कोई आध्यात्मिक या भावनात्मक रार थी, न किसी और से। होती भी तो सहज खत्म कर लेती थी। हर माँ ऐसी ही। अपने जीवन के अट्ठावन साल मैं उसके साथ रहा, किंतु 'अध्यात्म' शब्द उसके मुँह से कभी न सुना। मुझे विश्वास है, न वह इस शब्द को जानती थी, न इसका अर्थ। वह एक साधारण मानस की साधारण माँ थी; साधारण वो जो यथा व्यवहार हो। साधारण वो जो सबके काम आवे—कोई वस्तु, कोई कल्पना, कोई व्यक्ति। इससे अधिक परमार्थ क्या होगा? संसार छोटा रह, परमार्थ छोटे रखता था। स्वार्थ भी छोटे थे। देशज व्यवस्था ऐसे ही थी।

यह चित्तभ्रम, यह शोरगुल कब आया? रोजमर्रा के जीवन में, बोलचाल में कब आया? बड़े-बड़े आकार-विचार कब आए? जेठ की दोपहर कब जाने लगी? दोपहर से बड़े आकार, उद्योग कब आने लगे? शास्त्रों, ग्रंथों, पुस्तकों—जिन्हें कोई जानता या पढ़ता न था—की भाषा में तो शब्द मिलते ही थे, कब और मिलने लगे। रोजमर्रा की बोली में क्यों नहीं सुनते थे? बोली जेठ की दोपहर थी, अनासक्ति वाली। बहरहाल, शब्द नहीं सुनता था। 'आत्मा' जरूर सुनने में आता था किंतु किसी ऐसे शास्त्रीय, गूढ़, आध्यात्मिक मायने में नहीं। एक सीधे, सरल मायने में, जैसे 'आत्मा दु:खी हुई, आत्मा को ठेस पहुँची, आत्मा पिघल गई' आदि। एक ऐसे मायने में, जो गूढ़ के बगल हो; अन्यथा दुराग्रह पैदा होते।

तो सब्जी की रेहड़ी लगानेवाले दिनेश कुमार को दुराग्रह न हुए बुजुर्ग मियाँ रियाजुद्दीन को अपना रूहानी गुरु बनाने में। वो गूढ़ मायने में नहीं जानता रूह क्या है। माँ की तरह उसे कोई आतंरिक पसोपेश, कलह न हुई। न कोई रूहानी पीड़ा, न संकट, न ऐसे कोई संशय। घर-बार, काम-धंधे, शादी-ब्याह, रार-तकरार में जब आत्मा दु:खी होती है, वो मियाँ रियाजुद्दीन के दिए मशवरे पर चलता है। मियाँजी भी कोई ऐसे प्रचलित, शाब्दिक अर्थ में आध्यात्मिक गुरु नहीं हैं। मेरे निवास स्थान से सटे गाँव शाहबेरी के अपढ़ आदमी और मजहब के छोटे-मोटे आलिम हैं। दोनों की मोक्ष-ज्ञान प्रति कोई ऐसी तलाश नहीं दिखती। अन्य जिले का रहनेवाला दिनेश शाहबेरी में 2-4 साल से ही है तो कोई जान-पहचान भी पुरानी नहीं। वहीं रेहड़ी लगाता है। तबीयत रम गई और गुरु बना लिया। न धर्म दिखा न मोक्ष, न

जात, न स्वयं, न पंथ, न स्वर्ग, न दोजख। दोनों को सहज है। गुरु ऐसे ही बनाए जाते हैं; जिस ज्येष्ठ से तबीयत रम गई, गुरु बना लिया। गुरु कोई ऐसी बड़ी चीज नहीं, बस गुरु है। दोनों की साझी सहजता ही उनका धर्म-अध्यात्म है। यह कहाँ से आया? दोनों को जोड़ एक कर गया। न विचार आड़े आया, न प्रश्न, न मनन, न खोज, न दार्शनिक लालसा, दुराग्रह या उनके मिजान—यह होने न देते। दोनों ऐसे सहज घुले-मिले, न करीब न दूर। यही धार्मिकता, आध्यात्मिकता की निशब्दता, साधारणता है। दोनों के लिए यह जीवन जितनी साधारण!

अध्यात्म तो कुछ और होता है, कुछ बहुत बड़ी चीज, सत्य जैसी बड़ी चीज। उसके लिए बहुत सोच-विचार-बोध चाहिए होता है, बहुत दर्शन और गहराइयाँ, जटिलताओं को पहचानना, बहुत उस तरह की बातचीत, व्याख्या, समझ, साधना। लीक को गहराते जाना। आध्यात्मिक चर्चा में माँ मेरे सामने विस्मित-सी क्यों हो जाती थी? डेढ़ूकी में दशहरे के दिन महाभारत मंचन? बस्तर के अस्तु का संन्यासी होकर तीन-तीन बार ब्याह रचाना और अपने समाज में प्रतिष्ठा पाना? वो पारधी समुदाय किस प्रेरणा के अंतर्गत बारह रुपए लागत बाँस की टोकरी हाट में बरसों से ग्यारह रुपए की बेच रहा है? ऐसे लोग नीचे-नीचे ही रहते हैं, अस्पष्ट, बे-नाम से, जैसे धरती में अंतर्निहित हों, उसके पाताल में अपने खेल-बाजीगरी करते हों। सत्य-मोक्ष के खेल नहीं, गुमनामी में धरती का धर्म निबाहते हों। इसी में इनको सत्य है। पढ़ा-लिखा, शिक्षित अध्यात्म लंबरूप, सीधा खड़ा हो जीता है, जरा ऊपर उठकर। मियाँ रियाजुद्दीन, दिनेश और अस्तु अपढ़ धरती के नीचे जीते हैं। कुछ वो जो संसार का भी हो, उसके अलावा भी, व्यर्थ दिखनेवाली ऊहापोह में भी हो, समभाव में भी। एक महीन, सूक्ष्म मुक्ति—जो एक अशिष्टता, ममत्व, गर्माइश, परस्पर भक्तिभाव और विरक्ति की आपसदारी से आते हैं। जो अस्पर्श्य भी हो, अमूर्त भी, थोड़ा सत भी, थोड़ा खोट भी। यहाँ का भी वहाँ का भी। पढ़ा-लिखा, असहज अध्यात्म आकाश के ऊपर देखता है।

इनमें प्राप्ति की सांसारिकता, कामुकता नहीं। ज्ञान न चाहिए, खोजना नहीं है। गँवाने-पाने के कोई ऐसे आपसी विभेद-विरोध नहीं। विभेद-विरोध वहाँ, जहाँ खोज की ललक और खो जाने का भय है। इनकी न लच्छेदार भाषा, न बुद्धि की सिद्धि, न किसी सत के उघाड़, न आग्रह; न आस्था, न पुष्टि, न प्रमाण। न होने के कोई ऐसे अहसास, न पड़ताल, न तलाश। इन सबके बगल रह जीवन चलता है, खेल चलता है। इस पर चर्चा भी नहीं होती, हो तो कहीं और छितर जाती है। छितरना

इसलिए कि खुद के बहकावे में न आ जाएँ; संसार में बुद्धि काम नहीं आती, जैसे मूर्ख बन के रहते हों; कुछ अनदेखी, कुछ अनसुनी करते हों कि विवेकवान हो सकें। शाहबेरी में पुलिया पार, गंदे नाले किनारे दिन भर जूते गाँठते मंद दृष्टिवाले वृद्ध को मैंने शरीर या स्वर में बोझिल या थके शायद कभी न देखा हो। कैसी ऊर्जा है, कैसी आध्यात्मिकता, कैसा विवेक है? किस विष से मुक्त हैं? कैसे यह रीत पकड़ में आए?

पशु और पीर एक जैसे होते हैं।

ज्ञान और उसकी ललक का ऐसा दबदबा, ऐसी सत्ता कि माँ, अस्तु, डेढूकी में महाभारत का 'असामयिक' खेल, ग्यारह रुपए की टोकरी, परैय्या के दलित बुजुर्ग की बेतरफदारी, दिनेश और रियाजुदीन की साधारण बेरुखी आध्यात्मिकता— ऐसों की सुनवाई न हो पाएगी। अंतर्निहित, संवेदनशील, उदार, मूर्ख हारेगा।

यह राजतंत्र, धर्मतंत्र, आध्यात्मिकता-तंत्र एक है। उनकी दिशा होने न देगा। इसकी वृत्ति ऊत है। धरती और मानव की साझी वृत्ति से कुछ लेना-देना नहीं। टी.वी. आदि तो हमें होने ही नहीं देते, पुस्तकें, पुस्तकालय, चर्चाएँ, सेमिनार्स, शिक्षा, सभ्यता, उनकी भाषा और राष्ट्रवादिता के तमाम अन्य अभिक्रम भी उस दिशा को नकारते हैं जिसमें साधारणता होती-चलती, खेलती है। आजादी, गुलामी, डेमोक्रेसी, प्रजातंत्र, जीवन से बड़े सामाजिक-राजनीतिक आकार, विश्लेषण और व्याख्याएँ, संकट की बात सुनते रहिए, सोचते रहिए, बोलते रहिए, जीते रहिए, मरते रहिए। जीवन के मापदंड और मुहावरे इतने ही हो के रह गए। बस स्व तक न पहुँचें, उसके पहले चल बसें अन्यथा तंत्र थम जाएगा। समय के चलते एक ऐसी व्यवस्था उत्पन्न कर ली, जिसमें शायद सब कुछ मिले पर स्व, जीव न मिल पाएगा। विडंबना यह कि ऐसे ही बंदोबस्त में हम स्व के खोजी हो गए। जितना खोया उतना खोजा, जितना खोजा उतना खोया। इस बंदोबस्त में स्व हो न पाएगा तो अब राष्ट्र के होकर चलने का विकल्प नहीं। साधु न हो पाएँगे। प्रश्न-उत्तर की मायावी, सांसारिक और कामुक पैठ मायावी हद तक गहरी है। पीड़ा रहेगी, काँटा निकलेगा नहीं। देश से राष्ट्र का सफर बहुत लंबा निकल आया। स्व को उद्घाटित करने वाले कबीर और अबुझमाड़ छूट गए। वो स्पंदन अब न आएगा। अस्तु कहा करते थे, सीमा अकसर पार होने बाद मालूम पड़ती है; तब लौटना नहीं हो पाता।

लेकिन अभी भी मानव की मूल वृत्ति कहीं कबीर जैसी है, स्व की, जीव की। मूल वृत्ति पुकारती, फटकारती है।

ज्ञान जीवन की आवश्यकता नहीं, न ही उसका प्रयोजन। अपनी दिशाएँ अ-खोज में बनाता, वह बे-प्रयोजन चलता है। उसे व्यक्ति का किया कुछ न चाहिए। व्यक्ति राष्ट्र जैसे जटिल बंदोबस्त बना अ-खोज का प्रतिरोध करता है। ज्ञान मेरे भीतर खोज और राष्ट्र का गहन प्रमाण, तर्क-तकाजा है। वह आजादी का ही वायदा कर सकता है, जिसकी अ-खोज से प्रासंगिकता नहीं।

**संदर्भ–**

1. शरीर

□

# 22

# एक पेड़ दिखा : वीरानगी के समाज

घर के पास आज एक पेड़ दिखा। देखता तो सालों से हूँ, लेकिन आज दिखा। है तो शहर में, लेकिन है वीराने का। वीराने के मुद्रा-भाव लिए। बेमकसद-सा खड़ा; न लेना चाहता न देना; मंद-सा। बिल्डिंगों हेतु मिट्टी खोद कर बना एक ऊँचा टीला छाँव पाता। पेड़ की छाँव दिखने में उतनी मीठी जितना दहाइयों पहले शहतूत और शीशम तले उस कुएँ का पानी जो आज भी मेरे भीतर रचता-बसता-मिटता। टीले पर चार कुत्ते; दो बेवजह, बौदे-से भौंकते, तीसरा रिरियाता, जैसे दोनों की कुछ हामी-सी भर रहा; उसके भौंकने में कुछ टाल-मटोल भी लगती—भौंकता, न भी भौंकता। चौथा निर्विवाद-सा, चुपचाप ऊँघता। कुत्ते भी वीरान जैसे, पेड़ जैसे। पेड़ भी ऐसा। उसके खड़े रहने में टाल-मटोल-सी लगती। भौंकने, रिरियाने, चुप्पी या खड़े रहने में मंसूबा न दिखा। सब निर्विवाद-सा दिखा।

वीरान एक मिजाज बनाते हैं। या कुछ और होता है, जो उस मिजाज का भाव पैदा करता। देहात में थोड़ा बहुत आज भी ये मिजाज देखने को मिलता। परिवर्तन, विकास या आर्थिक प्रगति से बस्ती नहीं बनती। सिर्फ उद्योग होते। आबादी के अपने मिजाज नहीं होते। न ही वे पुस्तक पोथी से आते। वे लैंडस्केप से आते। उस मिजाज के बिना रहना नहीं हो सकता। वो अपनी बोली बनाता, जिसे बोल लोग उससे जुड़े रहते। जहाँ वीरान है, बैराग भी है, जैसे पेड़ और कुत्तों का। बैराग तो कहीं भी होते—गाँव, कस्बे, जंगल कहीं भी। हाल तक बस्ती में वीरान की जगह रखी जाती। समाज उसको भी जगह देता; अनिवार्य था। ऐसे स्थानों के नाम भी होते—रेती, खाला, खेड़ा, बंजर, अंधा कुआँ आदि। इनमें कुछ न होता। सुनसान पड़े कुछ अजनबीयत और रहस्यमयता का भाव देते। टाल-मटोल एक वीरानगी का भाव रखती। बस्ती को अपने काट्य की जरूरत रहती। वे विवाद को बेअसर करते। राग भी करते, बैराग भी।

यूँ ही जीवन चलता; टाल-मटोल जैसा। निर्विवाद, बैरागी-सा। उसके मंसूबे-मकसद न होते। मंसूबे-मकसद वीरान को ठगते हैं, ये बात लोक मानस जानता। बिना सूनेपन या ठहराव का भाव लिए समाज या जीवन मुश्किल है; मंसूबों के भीड़-भड़क्के जैसा। पीढ़ी-दर-पीढ़ी यूँ ही चलता। बिना कोई ऐसे खासे लेन-देन के। हर व्यक्ति, पेड़, गाय, बलद (बैल), टीला, पगडंडी, हवा, तालाब या उसके किनारे बैठे सलेटी रंग के गट—हर किसी में ऐसे भाव-मुद्रा दिखते। जैसे धरती किसी उस दिन रही होगी, ये उसकी स्मृति होते। जीवन और अन्य उन मुट्ठी भर क्रियाकलापों में लिपटा जिनका न आगा, न पीछा, न रुकना, न चलना, न बढ़ना, न हटना, न होना, न खोना; एक अजब खुलासा-सा जो किसी रहस्यमय ठहराव के पीछे झाँकता-बुलाता, दिखता-छिपता। कुछ लुभाता और फिर फुर्र से स्मृति से ओझल हो जाता; और लौट आता। आँख-मिचौली चले, इसके स्थान कायम रहते।

न वास्ता रखता न सरोकार। जैसे बिना वास्ते-सरोकार एक साँस यूँ ही ले ली। एक झोंका यूँ ही चल दिया। मोड़ यूँ ही मुड़ गया। भौंक यूँ ही भूँक रही। एक पेड़ यूँ ही खड़ा रहा, गट यूँ ही बैठा रहा। हजारों पीढ़ी बस्ती यूँ ही बसी। न लिया न दिया। न हुआ न गया। उस ही जगह सदियों बसे रहे। राह पीढ़ियों बिछी रही। पीढ़ियाँ राह चलती रहीं। यूँ ही होता रहा। न मकसद न सरोकार। कभी परैय्या में मुसहर टोले के उस टूटे-से बुजुर्ग की तरह, कभी डेढूकी में उस मंचन की तरह, कभी अबुझमाड़ का रूप लिए। कोई टोह बताते, कभी छिपाते।

समझदारों ने उस टोले, डेढूकी या अबुझमाड़ को भूगोल बता दिया। धरती को और भी बड़ा भूगोल बता दिया। सृष्टि को और भी बड़ा। कुछ की नाप-तौल हुई। ये मंसूबों से हुई; ठगी हुई। टोला, डेढूकी का मंचन, अबुझमाड़, धरती कुछ वीरान-सा कहते हैं। नाप-तौल बाद कोई संगत मिट रही। या निष्क्रिय तो अवश्य हुई।

अज्ञेय कहते जीवन है कि होकर ही नहीं देता। बिन बैराग न होगा। जो लैंडस्केप से होता वो गीता या कुरान से न होगा, दर्शन या विचार से न होगा। पोथी-पुस्तक से न होगा। निहित से होगा, बाह्य से न होगा। तिस पर मंसूबे-मकसद की कर्मठता और जी-लुभाऊपन जीवन या समाज को होने न देंगे··सोचता हूँ, इसे सुलभ कर लूँ; अब हर पल को कमाना न पड़े, जैसे साँस चलती—हर पल चलती। पल और साँस दोनों चलते, बिना स्वयं को कमाए। अपने आप होते; स्वयंभू-से। स्वधर्म अकर्मी होता है, अपने आप होता। करना नहीं पड़ता। कोई भी साँस कमानी नहीं पड़ती। कोई पल पाना नहीं पड़ता। कोई भी दृश्य देखना नहीं पड़ता, कोई

ध्वनि सुननी नहीं पड़ती। सब अपने से आता, दिखता, सुनता, रहता, जाता। होता रहता, खोता रहता। टोले, डेढूकी या अबुझमाड़ का स्वधर्म स्वयं रहने में है। वे उसे न छोड़ते। रामायण के समुद्र जैसे। राम को रास्ता देने से मना कर दिया। कैसी हिमाकत! बोला कि मेरा स्वधर्म बँटना नहीं है; अनेक न हो पाऊँगा। फाँकों में न हो पाऊँगा। मेरे बंटने में तुम्हारी राह न हो पाएगी। तुम गुमराह हो रहोगे, मैं भी। सो तुम्हें राह न दे पाऊँगा। राम ने अग्नि बाण से सुखा देने की डपट की तो भी नहीं माना पर वचन दिया कि जब सेना पार करेगी तो शांत रहूँगा। मेरे ऊपर से हो गुजर जाओ, मैं उफान न लूँगा, लेकिन फाँक हो राह न दूँगा। समुद्र स्वयं को पहचानता था। राम उसे न पहचानते थे; न स्वयं को। वे मंसूबे वाले थे; वो स्वयं था कि जैसा बना हूँ, वैसा ही रहूँ और वैसा ही रखो—टोले, डेढूकी या अबुझमाड़ जैसा। दोनों का हित इसी में है कि जैसा हूँ वैसा रहने दो। भूगोल या फाँक न खोजो। समाज-सभ्यता, विकास, परिवर्तन, मंसूबे, मकसद और उनकी बृहद् राजनीति आदि न चाहिए। एक-अनेक, भिन्न-अभिन्न जैसे न चाहिए। बस जैसा हूँ, रहने दो। बोली और शब्द भी ऐसे रहे कि फाँक न बनाएँ। ऐसा रहने में बखेड़े नहीं हैं। अन्यथा दीन बिगड़ जाए। जैसा है वैसा ही रहना। स्व कुछ मंद होता है; उसका मस्तिष्क नहीं। टोले, डेढूकी या अबुझमाड़ को मस्तिष्क न चाहिए, न ही उसके गढ़ित शास्त्र और मोक्ष आदि। ये सभ्य, विचलित और मायूस समाजों के गुण-अवगुण हैं। जहाँ अनुभव मिल गए वहाँ विचार नहीं रहता; उनका भूगोल नहीं होता। टोले, डेढूकी या अबुझमाड़ को न ही कोई राम चाहिए, न बुद्ध या महावीर। केवल 'स्व'। उनके पास इसका शब्द भी नहीं। जो है, सो निशब्द। उसे शब्द न चाहिए। निशब्द मोक्ष-अमोक्ष की फाँक के परे है। वो अपने भी परे है। आत्मा-अनात्मा जैसे से भी परे। होता, नहीं भी होता। उस पेड़, छाँव और भौंक जैसा—मात्र इशारे करता; जैसे धुंधलका—कुछ दिखता, कुछ दिखलाता, कुछ छिपाता। दिखने-न दिखने में कुछ और बनाता। सो समझ के परे है, निशब्द। वो अनुभव है, जो केवल उन्हें प्राप्य है।

लेकिन जीवन अब न होगा। अज्ञेय यही कहते थे। अब मिट्टी मिट गई। सूँघना भी नहीं हो पाता।

जब देहात और उसका भरपूर लैंडस्केप मिट रहा तो मंसूबे-मकसद हुए। कोने-कोने में हुए। राजनीति और अर्थशास्त्र आदि की लिखाई-पढ़ाई हुई। सन् 1960 में जब हरित क्रांति आई तो मंसूबे बँधे। अनेक एक्सपर्ट बने। मिटते ही बहुत कुछ आया। समय चलते उसी सुर में उपभोक्तावाद और पर्यावरणवाद आदि भी

आए, जोर पकड़े। एक आवाज हुई कि फलाँ-फलाँ का कम उपभोग करो (या न करो), पेड़ लगाओ और पेड़ बचाओ। प्रकृति बचाओ और उसके साथ रहो।

इस नीरस से कुछ न हो पाएगा। प्रकृति के साथ नहीं हुआ जाता; प्रकृति जैसा हुआ जाता है, जैसे टोले के वो बुजुर्ग, डेढ़ूकी का मंचन या अबुझमाड़ की बीहड़ रहस्यमयता; ये आज भी कोने-कोने में फैले पड़े हैं। वहाँ उपभोक्तावाद नहीं, न ही पर्यावरणवाद, न ही लिखाई-पढ़ाई; न ही पेड़ और प्लास्टिक के समर्थक, न विरोधी। वहाँ बैराग स्वत: है। लिखाई-पढ़ाईवाले उसे मिटाने पर तुले हैं, जैसे मिट्टी मिटाई। अपने वीरान समाप्त किए। जहाँ अब वीरान नहीं वो उसे लफ्जों में खोजते। वीरान प्रसंग है, उसे भाषा न गढ़ पाएगी। बिना वीरान न प्रकृति हो पाए, न जीवन। अब देर हो चुकी। मंसूबे-मकसद कुछ न छोड़ेंगे। न रेती, न खाला, न खेड़ा, न अंधा कुआँ, न रेगिस्तान, पहाड़, नदी या समुद्र, न हवा। अब केवल बसाहट है, जिसमें बे-घर रहते। एक पूरी सभ्यता बे-घर हो रही।

ललक-लालसा से ज्ञान नहीं होता। हर लालसा की तरह ज्ञान की ललक-लालसा खुद अज्ञानी होती। इनसे केवल धन, यश और सत्ता प्राप्त होते। अहंकार होते कि प्रकृति को भी बचा सकते हैं। पेड़-पौधे प्रकृति नहीं होते।

न ज्ञान न अज्ञान; न तू न मैं; न बंधन न मुक्ति। न सभ्यता, समाज न गाँव। केवल टोला, डेढ़ूकी का मंचन या अबुझमाड़—न जड़ न जीव; न खुलासा न रहस्यमयता; न झाँकना न बुलाना। जो चेतन, अचेतन, इतिहास और राजनीति के चौखटों से उबरा सो टोले के बुजुर्ग, डेढ़ूकी का मंचन या अबुझमाड़ होता। इतनी ही परिणति। जो है भी और नहीं भी। इधर होता उधर की कहता। इधर-उधर की फाँक समेटता। उसे बुद्धि जान न पाएगी। उसे ज्ञान न प्राप्त कर पाएगा। वो प्राप्ति का नहीं। टोले के बुजुर्ग, डेढ़ूकी का मंचन या अबुझमाड़—ये न जानने के न प्राप्ति के। बुद्धि और उसकी लालसा जानना चाहती, जानना करना चाहता, तब सत्य और असत्य, धर्म और अधर्म, जड़ और जीव की तरकारी पकाता। अन्यथा झुनझुना कैसे बजे? यात्रा कैसे कटे? टोला, डेढ़ूकी का मंचन या अबुझमाड़ लालसा के नहीं। वहाँ धर्म, अर्थ, काम, मोक्ष मात्र फार्मूले हो रहते। बिखरे, मायूस समाज फार्मूले बनाते; लैंडस्केप नहीं।

जो स्वयं नहीं, बुद्धि का है। विचार और अड़ंगा है तो अड़ंगे समाप्त हो चलें। अड़ंगे विवादी होते। विचरते-विचारते हैं। रार-तकरार करते। धर्म-अधर्म, समाज-असमाज करते, सत्य-असत्य, मोक्ष-माया करते। उपभोक्तावाद और पर्यावरणवाद

करते। टोले के बुजुर्ग, डेढूकी का मंचन या अबुझमाड़ विवादी नहीं। एक मत भी नहीं। जहाँ अनुभव मिल रहे, विवाद और मत न रह पाए। उनके पास ये शब्द भी नहीं; जैसे वो आज दिखा पेड़ और टीले पर चार कुत्ते—अपने-अपने वीरान बनाते, मिटते-मिटाते। वीरान शब्द न गढ़ता।

ये शब्द के बंधन हैं। नाप-तौल के भूगोल से आए। नाप-तौल जैसे ही गूँगे-बहरे। अनर्थ करते, ये बोलते नहीं, बाँधते हैं और से और बाँधते। लीला रचते, हरते। मैं फिर भी लिखता। जानता हूँ ये खिलवाड़ी हैं। बाज न आएँगे। बाँधकर हरेंगे-हराएँगे। इन पार कैसे जाना हो? जहाँ न शब्द न निःशब्द। न लीला न राम।

□

# 23

# एक है भी, नहीं भी

सवाल क्या हो और जवाब क्या, ये जीवन के अनुभव से आता। सवाल क्या हो, इसके लिए जीवन का अनुभव और भी जरूरी होता। यूँ तो, अबुझमाड़ की तरह, अनुभव सवाल और जवाब दोनों को गौण करता।

अबुझमाड़ जैसे किसी अचेत का हो। चेत को मन और इंद्रियाँ चाहिए। अन्यथा वह आस्तित्व में न आ पाए। वो स्वयं से न हो पाता। अचेत को न चाहिए। वो अपने न-होने में ही हो पाता। उसका स्वभाव न-होना है। होने में बिखर रहता। अबुझमाड़ कुछ ऐसा अचेत कि अपना वजूद न-होने में पाता, इसलिए अबुझमाड़ शायद समझ न आए। उस अचेत की बात चेत की भाषा में न हो पाएगी; न अवधारणा या मत उसका कुछ बता पाएँगे। चेत अपूर्ण होता, इसीलिए बताता, बनाता।

चेत उतना ही हो पाता जितना शरीर, इंद्रियाँ और मन बताते, लेकिन वे न-होना न बता पाते। ज्ञात बताते, अज्ञात न बता पाते। अचेत को सिर्फ चेत से बता पाते। बेहोशी को होश से बता पाते। बेहोश अपनी बेहोशी न बता पाएगा; न ही होश का कुछ बता पाएगा; न ही उसे बताने-जताने की जरूरत होगी। चेत दिन का उजाला बता पाएगा, घुप्प निर्जन रात का रहस्यमयी अँधेरा नहीं। अँधेरे को बतौर उजाले की अनुपस्थिति ही बता पाएगा। तनिक जीवन बता पाएगा, अ-जीवन न बता पाएगा। चेत ऐसा कि जिन के हाथों होता, उन जितना ही रहता, जैसा शरीर, इंद्रियाँ और मन बताते वैसा पाता; वो थोड़ा ही बता पाते। वो उतना भी न सँभाल पाता, लेकिन अनेक प्रयोजन करता। अनेक सभ्यताएँ, साम्राज्य, समाज, युग और आविष्कार बनाता। अचेत अबुझमाड़ कुछ न करता। चेत को अचेत का चेत नहीं; मात्र अनुमान और अवधारणा अलावा कुछ नहीं।

जब अनुभव के बाहर की बात हो तो अनुमान या अवधारणा होती है। एक ऐसी रियलिटी जन्मती, जो सिर्फ मन के अनुमानों में है। जब चार लोगों संग चार दिन

उनके जीवन परिवेश में संयोगवश रहना हो जाए तो व्यक्ति केवल अपना ही नहीं उनका भी अनुभव बताता। उन नदी, नालों, पेड़ों, पहाड़ों, खोहों, वीरानों, आकाशों का भी जो उनके साथ रहते। एक-दूजे से अनछुए, लेकिन साथ रहते। तो अबुझमाड़ अनछुए, अन-हस्तक्षेपित का अनुभव। वो लैंडस्केप, जो अन-हस्तक्षेपित हो समग्र हो रहा। ऐसा अन-हस्तक्षेपित लैंडस्केप पूर्ण समाज हो रहता। बँधी-बँधाई भाषा में ऐसे अन-हस्तक्षेपित की बात कठिन होगी। भाषा चेत की है; न बता पाएगी कि आदमी का उतना ही अस्तित्व है, जितना पेड़, पौधे, पहाड़, नदी, बाम्बी, खोह, बाघ, भालू या आकाश का। अनुभव में मन और उसकी अवधारणाएँ अप्रासंगिक हो रहते। मन का उतना ही उद्योग बचता जितना हाथ, मुँह या किसी अन्य अंग का।

अबुझमाड़िया अस्तित्व, स्वयं और अन्य की सपाटता का अनुभव करता। मूल से चरम तक, अस्तित्व के सिर्फ अपने टुकड़े को पहचानता। वो टुकड़ा, जो वो खुद है। उसके अनुभव में आस्तित्व का हर टुकड़ा, जिसे 'अन्य' कहा जाता है, उस जैसा ही है—हर पेड़, पहाड़, पशु, बाम्बी, टिड्डा और आकाश, हर पृथकता, हर अंतरंगता—सब एक जैसा है। अनेक भी उसी जैसे टुकड़े हैं तो वो टुकड़ा है, नहीं भी। एक है, नहीं भी। इसके आगे अनुभव भी न चलता।

अचेत अबुझमाड़ को ईश्वर की आवश्यकता से भी मुक्त पाया। जो अचेत है, उसे ईश्वर न चाहिए। मुक्त है; न चाहिए। जो मुक्त हुआ, अचेत हुआ; तब वह कोई प्रयोजन नहीं करता। हमारे लोक-समाजों में मुक्ति और ईश्वर दोनों रहा करते और दोनों पहुँच से बाहर ही रहे—प्राप्ति के विषय बन रहे। लोक-समाजों के अनुभव और विवेक में मुक्ति ईश्वर से ऊपर रखी गई। ईश्वर उस हेतु एक औजार या माध्यम जैसे रहा। अपने अचेत का अबुझमाड़ एक मुक्त जैसी अवस्था, जिसे न साधन चाहिए न साध्य, न प्राप्ति न प्राप्य, न अप्राप्ति। लेकिन वह ऐसी बात न करता। बात ही न करता। जैसे कहीं भीतर जानता कि चेत बात से अचेत टूटेगा और विनाश होगा। शायद इसीलिए अपनी बोली में न अधिक शब्द गढ़ता न गिनती बनाता। जितने शब्द उतना चेत—ये अनुपात अटूट। भाषा-गिनती चेत की होती। अचेत मूक, मौन रहता। इसलिए भी विद्वानों द्वारा आदिवासी संस्कृति मौन संस्कृति बताई गई, किंतु ये मौन चेत का नहीं। चेत शोरगुल, बंदर कूद करता। मौन अचेत का होता। अचेत और मौन एक होते।

अबुझमाड़ मात्र इशारा भर है कि जब तक मानव जीवन और उसकी व्यवस्थाओं को घोर-बीहड़ प्रकृति के बाहर देखते-समझते रहेंगे तब तक ईश्वर,

मुक्ति, धर्म, स्वतंत्रता, लोकतंत्र, मानव अधिकार, नारी-मुक्ति, संविधान, न्याय-अन्याय जैसे भटकाव रहेंगे। लोक-समाज घोर प्रकृति से छितर रहे, लेकिन बहुत दूर न गए। अभी भी यदा-कदा पुरातन प्रतिध्वनि करते। आधुनिक समाज विपरीत हो लगभग पूर्णत: भटकाव में आन रहा। अपने मनगढ़ंत मुद्दे बनाता, जूझता, थकता, हारता, हराता। वो अबुझमाड़ को अनुभव न कर पाएगा। पहले ही उसे समाप्त कर देगा। नक्सलवादी समाप्ति ही कर रहा। लगभग पूर्णत: कर चुका। उसे दोष न दिया जाए। कोई भी करता। वो न करता तो व्यापारी, अधिकारी, धर्म गुरु, न्याय-अन्याय, मीडिया, शिक्षा, स्वास्थ्य, बौद्धिक, आंदोलनकारी, आर्थिक-राजनीतिक, सामाजिक बंदोबस्त, संविधान—कोई भी करता। अलग-अलग ढंग से सब ने किया भी। अबुझमाड़ के लिए सब एक हैं। उनके चेत जहन में अचेत अबुझमाड़ न बसता। वो उनके अज्ञान में रहता; जहन की सरहदों के बाहर। नक्सलवादी सिर्फ एक शब्द है; नाम मात्र से अधिक नहीं। उसे ज्यादा दोष न दिया जाए। वो अज्ञान न जानता।

बाहरी समाज न जान पाएगा अबुझमाड़ में जीवन सुलभ, सहज होता। उसका सिर्फ अनुभव नहीं, उसकी ऐसी कल्पनाएँ भी नहीं। टूटी कहानी आगे न बढ़ पाई।

क्या करेगा? कुछ भविष्य तो दिखता नहीं। न घर है न परिवार; न साधन न साध्य या अन्य कुछ इंतेजाम। थोड़ा-बहुत लिखता; बाकी वक्त बैठा रहता; या खा-पीकर सो जाता; या बगल के गाँव की ओर सैर कर आता। नहीं पता क्या होगा। जो हुआ, उसका भी नहीं पता था कि होगा, लेकिन पिछले अड़सठ साल कमर टिकाए बैठे हैं। वो ठीक-ठाक हैं। उनमें थोड़ा तो अपेक्षा से भी अधिक हुआ। अब खुद या किसी अन्य से ऐसी शिकायत भी नहीं। छुटपुट असंतोष हैं; उतने तो होने भी चाहिए। जीवन का अनुभव और विवेक बताता कि उतनों की गुंजाइश छोड़नी चाहिए; नहीं तो एक तरह का अ-जीवन और विकार हो रहें; जीना दूभर हो चले। खुद से चार शिकायतें तो रहनी चाहिए, चार कमियाँ भी। बारह संतोष और चार शिकायतों का अनुपात जीवन को सहज बैठता है। सहजता यानी सचेत की सोलह आने बजाय थोड़ा अचेत होना; खुद के अचेत को और बढ़ाना।

कहीं भी, कभी भी खुद का अचेत ही अबुझमाड़ है। उसे मात्र भूगोल में न टिकाया जाए।

न-होना भी वो जो खुद को खोने स्वभावत: तैयार हुआ।

जीवन और समाज के मौजूदा संदर्भ में रहते, कुछ बुनियादी सवाल जरूरी

हैं। उनके उत्तर भी बुनियादी हों। बुनियादी वो जो जहन या अवधारणा का न हो परे से आए; और स्वीकार हो। अन्यथा, तमाम दावों और समृद्ध बहसों के बावजूद भी हम पर्याप्त रेडिकलाइज नहीं हो पाए। यानी निजी और सामूहिक पीड़ा पैदा करने की गुंजाइश बची है।

□

# 24

# पट्टी के कुत्ते

पट्टी में बीसियों कुत्ते थे। कोई भूरा, कोई लालू, कोई झूरी तो कोई झबरी। किसी एक के न हो, कुत्ते पूरी पट्टी के थे। हर घर रोटी और सोने की जगह मिल जाती। मौका लगा और खाट-बिस्तर पर लोट लगाई तो लठियाए भी जाते, लेकिन टाँगों बीच दुम दबा अकसर बच भागते। बच्चे से रोटी छीन ली तो कहीं दूर-पास छिप रहते, हाथ न आते। एक-आध दिन उस घर न जाते। पट्टी में घर सौ से ऊपर रहे होंगे—अन्यों में खा लेते। उन संग वैसे ही रहा जाता, जैसे गाय-बैल संग। किसी काम के न थे तो निकम्मे तो कहलाए जाते पर वैसी दुत्कार न होती। बच्चों को छोड़ अमूमन उनसे कोई सीधे मुँह बात न करता पर उन्हें भी ऐसे लिहाज में दिलचस्पी न रहती। लोग उन्हें ऐसा कोई मार-पीटते तो न थे पर फिर भी बचाव-से में रहते। लोगों से तनिक जोखिम महसूस करते पर शिकायत न करते। कान चिपकाए पूँछ हिला देते—संतों समान मनः स्थिति। कभी-कभार भौंक या हलका काट लेते। संत भी क्रोध कर लिया करते हैं। पट्टी में दिन भर यहाँ-वहाँ घूमते; नहीं तो किसी संग खेत या बाग चल लेते। फिर जैसे आपस में कोई मशविरा कर किसी खरहे या गीदड़ की तलाश में दौड़ रहते और कुछ नहीं तो उड़ते परिंदों के पीछे पूँछ उठाए नीचे-नीचे भागते।

गाँव में कहीं भी दिख जाते। पट्टी में, घर में, नहर पर, खेत में, कुएँ पर, बाग में, श्मशान-कब्रिस्तान में, मंदिर-मसजिद के अहातों में, कुरडी[1] पर ऊपर-नीचे दौड़ते, मवेशियों संग, किसी के बिछे बिस्तर में, किसी पीढ़े पर—कहीं भी। गर्मियों में तालाब में नहाते या नहर में कूदते। मना तो होता पर ऐसा भी मना न होता। कहीं-कहीं उन्हें पूर्ण निषेध होता, जैसे लिपे चूल्हे के पास। लेकिन मौका लगते ही आ बैठते और भगाए जाते। दोपहर और रात जब घर के लोग एक-एक कर खाने बैठते तो कुत्ते भी यथास्थान सामने आ बैठते। विश्वास रहता कि दो-चार फटकार सुनाना

आदमियों का दस्तूर जैसा है; बाद में रोटियाँ जरूर देगा। कुनबे का हर सदस्य आखिरी एक-आध रोटी जरूर देता। तीन-चार इकट्ठे हो थाली से तनिक दूर बैठ ध्यान से ताकते। सब सदस्यों से हर एक को एक-आधी कर चार-पाँच रोटियाँ मिल जातीं। कुछ भी हो आखिरी रोटी का नियम कदाचित् न तोड़ा जाता; अन्यथा पट्टी में बहुत तोहमत और शर्मिंदगी होती। वहाँ खा बगल घर दौड़ रहते। वहाँ भी मिलती, उसी ही प्रोटोकॉल में सुनना-सुनाना, भगाना, खिलाना आदि। डाँट से रोटी तक सब खा लेते। सुबह खेत इसलिए दौड़ रहते क्योंकि किसान सुबह की रोटी वहीं खाता। पट्टियाँ बँटी होतीं तो इस-उस पट्टी न जाते। जाने पर लड़ाई होती, लेकिन खेतों पर सब पट्टी वालों में आपसदारी-सी रहती, हालाँकि कुछ फासले भी रखते। सुबह की रोटी आती तो अपनी-अपनी पट्टी वाले लोगों के पास जा बैठते।

मुल्क के शायद ही कोई गाँव हों जो ऐसे न हों और जहाँ कुत्ते न हों। बिना कुत्ते हिंदुस्तान का गाँव अधूरा है। गाय, बैल, भैंस, बकरी, ऊँट, घोड़ा आदि जैसे कुत्ते किसी ऐसे विशेष काम के न सही, लेकिन गाँव को कुछ यूँ भरते कि बिना उनके वो नीरस और बेजान-सा होता। कोई ऐसी रखवाली भी न करते, क्योंकि ऐसी चोरियाँ भी न होतीं। मैं बचपन की बात कर रहा हूँ। कुत्ते रखवाली के लिए हों—ऐसा भाव तब न था। ये अलग बात है कि भौंक-भाँक में रखवाली हो रहती। कुत्ते किसी काम के न थे। स्वयंभू-से थे, बस। जो बिना काम, बिना उपयोग, बिना कारण हो—स्वस्थ समाज में ऐसे की उपस्थिति अनिवार्य होती है। ये गाँव समाज की पराकाष्ठा थी। वो उससे बहुत कुछ प्राप्त करता।

कोई कुतिया पिल्ले-पिलियाँ जन्मे तो उसकी देखभाल की जाती। बोरी या कोई पुरानी गूदड़ी आदि बिछाई जाती। खाना उसे वहीं मिल जाता। पिल्लों-पिलियाओं के लिए दूध पहुँचाया जाता। अन्य प्रकार की सुरक्षाएँ आदि भी दी जातीं, फिर पिल्ले-पिलिया पट्टी में दौड़-भाग शुरू करते और पट्टी के हो रहते। इसमें बच्चों के प्रयत्न ज्यादा रहते। बच्चे खूब दौड़-धूप करते।

जैसे मानव और अन्य चीजों-प्राणियों के होने पर मनाही न थी, उन्हें भी न थी। गाँव के लैंडस्केप में किसी को न थी। कुत्ते गाँव की उठ-बैठ, मिलनसारी, कलह, आपसदारी और साथ होकर भी स्वच्छंद रहने के प्रतीक थे। गाँव के किसी पर ऐसे कोई निषेध भी न थे। जब तक हरित क्रांति और डी.डी.टी. आदि न आए, तब तक पेड़-पौधे घर में या अहाते में या रास्ते पर कहीं उग सकते थे। ततैया-भिड़ के छत्ते, टिड्डी, भम्बीरी, चींटियों के बिंब, बंदर, हिरन, गीदड़, कछुए, गोह,

मैदान, टीले, केंचुए, कीड़े-मकोड़े, छोटे-बड़े पक्षी, सूखा, कीचड़—उस बंदोबस्त में सबके होने का इंतेजाम रहता। गाँव तब जा के गाँव होता। कुत्तों बिन गाँव तो होता, लेकिन उसके तारतम्य में फर्क रहता। साँप, बिच्छू को भी होने देते। बस उनके व्यवहार से वाकिफ रहते। हमारे घर की आखिरी, अँधेरी-सी कोठरी में बरसों से एक नाग रहता था। जनाने की बड़ी होने नाते घर का घी, दूध, मलाई, नोनी-घी मेरी ताई की देख-रेख में रहता। रात के समय वो उन्हें उस कोठरी में एक खड़िया-मिट्टी की अलमारी में रख देती। उसे मालूम था रात के समय हम बच्चों की आँख खुल गई तो खा चटकाएँगे। नाग भी रात को ही निकलता परंतु उस कोठरी से बाहर न आता। पौ फटते नाग अलमारी तले अपने बिल में जा बैठता और ताई सामान बाहर निकाल अब अपनी निगरानी में रखती। रात को नाग निगाह रखता, दिन में ताई। कैसी पारस्परिकता, सामंजस्य। दूध, मलाई, नोनी-घी सब सुरक्षित रहता और हम बच्चों को उचित समय पर ही मिलता। घर का कोई भी आदमी अँधेरा होने पर उस कोठरी न जाता। सब जानते थे कब कहाँ होना है। एक-दूसरे से जोखिम अवश्य महसूस करते पर होने में अड़चन न डालते एहतियात करते। इस में पारस्परिकताएँ और उनकी मर्यादाएँ बनतीं। ठीक अबुझमाड़ और वहाँ के शेर, भालू, नाग, अबुझमाड़िया जैसे। एक दफा जब हम गाँव गए, मेरे पिताजी ने खाने के बाद अपने बनावटी दाँत धोकर आँगन की छोटी फसील पर रखे तो एक कव्वा उड़ा ले गया। कव्वे अकसर बच्चों के हाथ से रोटी या आम की गुठली ले उड़ते। लोग बुरा भला तो कहते—काना, ढेडा, जैसे नाम भी धरते पर ऐसे इंतजाम न करते कि आइंदा ऐसा न हो। इस सब में कुछ हौला-सूक्ष्म-सा अवर्णनीय हो रहता। वो ही गाँव था। अब खो रहा। अब लगभग सभी चले गए; गाय-बैल, भैंस, ऊँट, घोड़े, गधे, कव्वे, तोते, गिद्ध, नहर, तालाब, बिंब सब। अब केवल आदमी है। अपने ट्रेक्टरों और खेतों की पैदावार संग, अकेला।

दूसरी ओर, अबुझमाड़िया गाँवों के कुत्ते मुल्क के बाकी कुत्तों से थोड़े अलग होते। गाँव तीन-चार झोंपड़ी के होते तो आबादी उतनी ही कम। उनमें पट्टियाँ न होतीं। चारों तरफ बीहड़ वन थे। वे शिकार में मदद करते। सूँघ या सुनकर जानवर का पता देते। उसे दौड़ते-थकाते ताकि शिकारी का काम आसान हो जाए। हरकती कम, शरमीले ज्यादा होते। शिकार में मदद तो करते पर जाने में घबराते। शेर, तेंदुए, भालू, जंगली सूअर जैसे बड़े जानवरों का डर रहता, फिर भी साथ चलते, लेकिन आदमी से लगभग सटकर। ज्यादा आगे-पीछे न होते। उनका अन्य जगहों जैसा

डोमेस्टिकेशन न था। गाँव की बकरियों, सूअरों, मुर्गे-मुर्गियों का भी न था। गाँव और बीहड़ की विभाजन रेखा ऐसी द्रष्ट न थी। रेखा लगभग न ही थी या धुँधली थी। यही बात मनुष्यों की भी थी, यानी बीहड़ के भी हैं, घर के भी। डोमेस्टिक और जंगली में ऐसा फर्क न दिखता। डोमेस्टिकेशन कृषि समाजों संग आई, ऐसा माना जाता है। आपसी विभाजन की बजाय आपसदारी अधिक रहती। वो बचपन से शुरू हो रहती। घर में चटाई एक ही होती तो सर्दी के मौसम में घर के बाहर सारे पिल्ले, बिलौटे, मेमने, घेंटे, चूजे और मानव शिशु सब एक छोटी-सी चटाई पर सटे धूप सेंकते सो रहते। चाहे पशु हों या आदमी, सभी उसी सुध में जिसमें वहाँ की वनस्पति, नदियाँ, पहाड़, समीर, आकाश। भालू को छोड़ बाकी पशु बेवजह न मारते-खाते, न झगड़ते, न उपद्रव करते। भालू भी आदमी छोड़ अन्य प्राणियों को न परेशान करते। आदमी दिखते ही उसे कुछ हो जाता और हमला करता। अन्य जानवर ऐसा कदाचित् न करते। कोठरी के नाग, जैसे एक तरह की आपसदारी निभती।

समाजशास्त्रियों ने गाँवों पर अनगिनत शोध किए हैं; अनेक ग्रंथ गाए हैं। गाँव ने अपना ठेठपन छिपा लिया। वो अपना ठेठपन अपने जैसों को दिखाता। वो न दिखा तो कुत्ता और बहुत कुछ न दिखा। गाँव की सूक्ष्मता और बारीकियों को कुत्ते कैसे बल देते, उसमें उनकी जगह और सार्थकता पर किसी का ध्यान न गया। पट्टी के कुत्ते, उनका स्वभाव और स्वछंदता गाँव के ठेठपन को पोसता। बिन उनके गाँव, गाँव न होता। जैसे अब नहीं। समाजशास्त्र के ऐसे अभावों ने हमारी अपनी अनुभवहीनता और दृष्टि-विकार उजागर किए।

कुत्ते गाँवों में ही हो सकते थे। गाँव ही उन्हें होने देते। अब दोनों चल बसे।

**संदर्भ–**

1. खाद हेतु गोबर के ऊँचे ढेर जो सूख रहते हैं

□

# 25

# दशहरे का दिन : कुछ सत, कुछ आँखमिचौनी

*आदमी का तजुर्बा और इतिहास बताता है, कम-से-कम, जहाँ तक मुझे समझ है, कुछ अनोखा और विशिष्ट तब ही उभरा जब मनुष्य का एक घर था और परंपरा में उसकी एक सहज बुनियाद थी। आज का चिंतन, लेखन बड़े पैमाने पर बेघर, बेबुनियाद और विनाशकारी है।*[1]

**—मार्टिन हेदेग्गेर**

गरबा के दिन थे। उस रोज दशहरा मनाया जा रहा था। गाँव में सप्ताह भर से हर रात नाटक खेले जा रहे थे। गली में उधड़े-से शामियाने और फड़फड़ाती चमकीली झंडियों के नीचे स्टेज पर दोपहर तक अदाकार गपशप करते, सोते या बीड़ी फूँकते दिखते। इक्का-दुक्की दादी-नानी पोती-नाती लिए आ बैठती। स्कूल का रास्ता गली से था तो बच्चे रुकते-रुकाते आते-जाते, गई रात के अदाकारों को विस्मय से देखते। कुत्ते, बिल्लियाँ, बकरियाँ उसी गली में ज्यादा मँडराते। आते-जाते लोग टीका-टिप्पणी करते गुजर जाते, फिर सूरज ढलने से पहले भोंपू पर हिंदी गीत, गाने, भजन, डिस्को आदि शुरू होते और जलसे का माहौल फिर आ जाता। काठियावाड़ी में कुछ चुटकुले, ऐलान या अनुरोध बीच-बीच में सुनाई पड़ते।

गरबा के दिन गली में तो कुछ बदलाहट ले आए थे पर गाँव की रोजमर्रा जिंदगी के सुस्ताए, मूक-से चलन में ऐसा नजर न आया। खेत-खलिहान, डांगर-ढोर और इतर काम अपनी हौली रफ्तार से थे। जहाँ दीगर गाँवों से आए लोगों की दो चार मोटरसाइकिलें यहाँ-वहाँ दौड़ जातीं या गाँव के बगल पतली सड़क पर आते-जाते बे-उसान छकड़े[2] दौड़-धूप होते, वहीं गाँव के आठ-दस बुजुर्ग उनसे

भी बुजुर्ग घने पेड़ के चबूतरे पर कुछ यूँ ऊँघते-बतियाते, जैसे कभी तो आपस में बतिया रहे हों कभी पेड़ से। पेड़ों तले ऐसे ही बतियाया जाता है। ऐसी नजदीकियाँ और श्रद्धा-निष्ठा देहात में अधिक मिल जाती हैं। नाटक के इक्का-दुक्का अदाकार भी काम-मजदूरी पर निकल जाते। एक-आध बघिया अपने सोये-से बैलों के पीछे घोंगे जैसी सोती-सरकती गुजर जाती। पुराने पेड़ के पास छोटे, जड़-से मंदिर के बगल खेलते पिल्ले और घर-घर में गाएँ अध-खुली आँखों से उन तिरछे किवाड़ों से देखतीं जो खुले हैं, लेकिन अधखुले।

कुछ है, कुछ खुला, कुछ अधखुला। जीवन रफ्तार में है, ठहरी-सी रफ्तार, जैसे कुछ चला, कुछ थम गया। कुछ रहा, कुछ छूट गया। कहाँ गया ?

डेढूकी कोई दो-तीन सौ घरों का गाँव है। काठियावाड़ में राजकोट से लगभग 80 किलोमीटर दूर और चोटिला से अंदाजन 36 किलोमीटर। गाँव में धूल और मिट्टी को न कहीं नाकारा गया न ढाँपा। अलबत्ता कुछ गलियों में जरूर घरंचे हैं। इनकी ईंटें मिट्टी सरीखी। जैसे पहचानती हों।

हम दो मित्र वहाँ कुछ ही दिन थे। दोपहर की जम्हाई न जाने कब अनायास बेहोशी में बदल जाती। आती बेहोशी, जैसे किसी दूर का आना हो। भरी दोपहर के सन्नाटे में उसकी आहट सुन जाती। लगभग वैसे ही, जैसे अबुझमाड़ के रहस्यमयी बीहड़ वन, निःशब्द और मौन, कहीं से आती कोई अज्ञात-सी ध्वनि सुनाते। थमी हवा में जैसे सब चलन थम गया हो। तब एक मद्धिम, मूक-सी झनझनाहट—है भी, नहीं भी। न सुनो तो सुन जाए, सुनो तो चली जाए। कोई कर्म-अकर्म, कोई मौन, कोई मंद इशारा, संकेत-सा; आलसी-सा पर तमो-रज से परे। वैसे भी गाँव में बहुत हलचल या व्यस्तताएँ नहीं हैं। गाँव का ताना-बना ही ऐसा हुआ कि बहुत करने की लालसाएँ न हो पाईं। गाँव पूर्ण रहा, अधूरा भी, इस पार रहा, उस पार भी। कोख में कुछ ऐसे घुमाव और लपेट लिए जिन्हें न तो समझा जा सकता है न समझाया।

दिल्ली के लाल किले से कुल 20 किलोमीटर नोएडा स्थित गाँव में एक परिचित बचपन से रहते आए हैं। पैदाइश, परवरिश वहीं हुई। उम्र के पहले चालीस साल उन्होंने न कभी दिल्ली देखी न उसका लाल किला। कहते हैं कभी चाह न हुई। 'वक्त गुजरते एक दिन दिल्ली ही लाल किला लिए गाँव चली आई और मैंने देख लिया'।[3] ऐसा अबूझ, अव्यक्त, आत्मीय-सा अलगाव हिंदुस्तान के लगभग हर देहात में सहज है। इस सहजता में सारा मुल्क एक है, अ-भेद है। इसमें दीन-धर्म, जात-पात, वर्ग-वर्गहीनता, विचारधाराओं के भेद नहीं। ये भेद मानव के होने की

डींगें हैं। दीन-धर्म, जात-पात, वर्ग-वर्गहीनता, विचारधाराओं से अलग पड़ किसी मुख्तलिफ मिजान के साथ एक साझा मत। एक अचिन्त्य पूर्णता और प्रासंगिक अधूरापन; होने का मूर्त प्रमाण और उसी की ही अमूर्त मरीचिका—इनके बीच बसे विराग में जो रच-बस गया, गाँव है। सत और उसकी प्रपंचक, फरेबी छाया, दोनों ही बिना गाँव हो न पाएँ। कुछ यहाँ है, कुछ यहाँ नहीं है, लेकिन हो सकते हैं, नहीं भी, जैसे मूर्त-अमूर्त का खेल हो। देव और पुरखे, पिशाच और आत्माएँ आदमी के साथ गाँव में ही तो बसते हैं। कभी अंधे कुएँ में, किसी वीरान झेरे में, कभी पुराने गूलर पर, कभी खाली बंजर जमीन पर, कभी खोहों में तो कभी बूढ़े जोहड़ पर। जहाँ आदमी का सरोकार या वश न हो, फासला हो, उनका रहना-खेलना, उन्माद होता है। बस्तर के भीतरी इलाकों में आज भी पुरखे, देवी, देवता, पिशाच, आत्मा गाँव की सरहद में रहकर भी फासले पर हैं। अलग भी हैं, आत्मीय भी। नदी पर जाने की उनकी पगडंडियों पर आदमी नहीं ही चलते। जहाँ वे रहते-खेलते हैं, वहाँ से बचा जाता है, नाराज न हो जाएँ, गाँव को झगड़ालू या विवादी न बना दें, गाँव में बाघों के बार-बार दिखने का भ्रमजाल न फैला दें या गाँव छोड़कर न चले जाएँ। वे पूरा समय बेबाक खेलते, मिलने-जुलते हैं। पाट देव तो लोगों के सर चढ़ खेलते हैं। मड़ई त्योहार पर चार मजबूत युवकों के कंधे बैठ इतना खेलते हैं, इतना खेलते हैं, इतने वेग से आगे-पीछे दौड़ाते-कुदाते हैं कि उन्हें बोहते छंटे, मजबूत युवक गिरते-पड़ते, बेदम हो, घुटनों और कुहनियों से लहूलुहान हो जाते हैं।

डेढूकी में, हालाँकि नाटक हर रात खेला जा रहा था पर, क्योंकि देर से शुरू होता तो हम एक भी न देख पाए थे। लेकिन उस रात राम-रावण युद्ध की बाट थी कि देखे कैसा मंचन होता है युद्ध का; उत्तर भारत जैसा या कुछ फर्क। यूँ भी गरबे का आखिरी दिन था। काठियावाड़ी उतनी समझ तो न आती, दिख जरूर जाती।

पहुँचे तो नाटक शुरू हो चुका था। तंग-सी गली में लोग जहाँ-तहाँ बैठे थे। महिलाएँ एक तरफ, पुरुष दूसरी। बच्चे हर कहीं। घर पर अकेले क्यों रहें तो बीच-बीच कुछ कुत्ते, बिल्लियाँ, बकरियाँ भी बचते-बचाते कूद आए थे। लोग एकटकी लगाए देख रहे थे। स्टेज की ओर देखा तो अजब लगा। राम-रावण न हो शकुनि, दुर्योधन और कृष्ण सभा कर रहे थे। दुर्योधन अपने लड़ाकू और शकुनि लसलसे भाव से कृष्ण से बतिया रहे थे। असमंजस हुआ, लेकिन देखते रहे। दृश्य बदले। कर्ण, अर्जुन, जरासंध, पितामह, सहदेव और अन्य पात्र आए-गए, लेकिन राम-रावण न दिखे। युद्ध भी हुआ, कौरव हारे भी। क्योंकि मंच छोटा था और गली भरी

तो योद्धाओं ने एक ही स्थान पर खड़े आड़े-तिरछे तीर, तलवारें, गदाएँ चलाईं; किसी ने टेढ़ा हो के, किसी ने बैठ के, किसी और ने वहीं खड़े-खड़े उचक-उचककर, और मौका मिला तो मंच से नीचे छलाँग मारकर। कोई मल्ल युद्ध कर रहा है तो कोई खड़ा हो किसी राजा का रुक्का बजा रहा है। एक उचित वेशभूषा में, दूसरा आधी-अधूरी में। जिसको जैसी सुविधा थी, पुरजोशी से कौशल दिखाया। दृश्य बदलने के छोटे-बड़े अंतरालों में विदूषक और भाँड़ कूद आते और पिछले-अगले दृश्यों का सिलसिला और दिशा बदल देते। न इन्होंने, न अन्य पात्रों ने कोई खासी रिहर्सल करी दिखती थी। हरकतें कर लौट जाते और तब दर्शक हँसते, खिलखिलाते, तालियाँ बजाते। गंभीर स्वभाव के नंदू भाई की डेढ़ूकी में अच्छी किसानी है, एक नामी सामाजिक संस्था से भी जुड़े हैं। वे भाँड़ बने। भाँड़ बनेंगे, यह सोचना मुश्किल था। देर रात होने लगी तो जगे रहने को कोई घर की चाय लगाव से पिला गया। भीष्म और दुर्योधन ने भी पी, हमें भी मिली, कुछ को नहीं भी। सब हास्यपद लगा, लेकिन हँसा कोई नहीं। एकटकी थी। अंतत: रात लगभग दो बजे नाटक खत्म हुआ। दशहरे या राम-रावण का जिक्र न दिखा, न सुना, न किसी ने पूछा, न बताया। कोई कह भी न रहा था कि आज दशहरे पर राम-रावण युद्ध न हो महाभारत क्यूँ? जैसे मुझे छोड़ अन्य में इन प्रश्नों का न औचित्य था न सरोकार।

यह कौन-सा मानस है, कौन से तेवर, फेर-फरेब हैं, कौन-सा व्यवहार कि जो यथास्थान है और नहीं भी? रामायण और महाभारत के जाने यथार्थ की अदला-बदली, कोई मिली-भगत, साँठ-गाँठ? इतिहास में हो न हो, हिंदुस्तान के मन में राम, रावण, कृष्ण, अर्जुन उतने ही वास्तविक हैं जितना कोई अन्य हाड़-मांस का व्यक्ति। यह कैसी स्मृति जिन्हें डेढ़ूकी सँजोता भी है, गँवाता भी है, भूत के खेल में आगे-पीछे भी करता है, ठिठोली भी करता है, रहस्यमय घुमाव भी देता है। जोड़ भी देता है तोड़ भी देता है, लुका-छिपी उनसे अनदेखी भी करता है और ठीक उनके बीचोंबीच अपना व्यवहार भी रचता है? चुपके से उस परिपाटी का निर्माण करता है जो जटिल, दुस्साहसी और अजानी है।

लंबे समय से उस मन के अंत:स्थल में जो रचा उसे शायद न तो समझा जा सकता है न समझाया—इस पर शायद न प्रश्न हो सके न उत्तर। वह निरुत्तर करता है। गाँव प्रश्नों का है ही नहीं। वह उत्तरों को भी विसर्जित करता है। उसे देखने-समझने के प्रयास में बहुत फरेब हुए। वो था भी और नहीं भी। दिख कुछ रहा है, हो कुछ रहा है, कर कुछ रहा है और इनसे अन्य, जो लुका-छिपी चल रही है उसे

कैसे जानें, कौन जाने? उसके अंतस्थल में सत, माया और प्राणी एक हैं, स्व एक है; और नहीं भी। इनके बीच रचा संसार—उसके लुभाव-फुसलाव हैं। लोकमानस में बुद्धि भी माया के अनेक नामों में से एक मानी गई है। इस मर्म को शायद डेढ़ूकी सरीखे विवेक ने पकड़ा और अपने 'पूरे-अधूरे' तालमेलों में खुला कह सुनाया पर समझ न आया, लेकिन कुछ हुआ, कुछ नहीं हुआ, कुछ छूट गया। कहाँ गया?

बरसाती मौसम में नदी-नाले भर जाते हैं। जंगल घना हो अभेद्य हो जाता है तो गाँव से बाहर आना-जाना कम हो जाता है। आस-पास से रिश्ते हलके हो रहते हैं। बस्तर में तब गाँव की हद पार बसे पड़ोसी अंतरिक्ष, नदी, गाँव, पहाड़, वन, वायु, पशु, पक्षी, कीट-कीटाणु—पूरा लैंडस्केप—पुनः गाँव में न्योते जाते हैं; रिश्ते ताजे होते हैं। उस पार बसे असीम, अजाने सनातन से पुनः वार्त्ता होती है। जिसका कारोबार गाँव में चलता है। हरियाणा में मेवात के मुसलमानों का एक तबका है, जो जोगी बन देवी-देवताओं के गीत-भजन गा निर्वाह करता है। ये कौन-सा होना है, जो पूर्णतः अपनी धुरी पर हो अन्य धुरी पर भी उतना ही फिरता है, अन्य घुमाव लेता है? जो सांसारिकता में दीन-धर्म, जात-पात, वर्ग-वर्गहीनता, विचारधाराओं से अलग पड़ उनसे घुमाव ले किसी अनोखे व्यवहार की ओर मुड़ लेता है? संसार और सनातन दोनों के प्राण से नित्य प्राण पाता है? हर स्वयं अन्य है; कोई स्वयं, स्वयं नहीं। वो कौन अ-स्वयं, अ-अन्य है, जिसकी दस्तक ये सुन पाते हैं?

डेढ़ूकी और उसके खेल शायद कभी समझ न आएँ। पिछली कुछ सदियों में जनजीवन के बाकी क्षेत्रों को ताक पर रख महज हर्फ, ज्ञान, विचार, तर्क, अनुसंधान और बात-बहस की व्यवस्था—तंत्र—बीचोंबीच आ खडी हुई तो मर्म की बोली दब गई। वाक्य-वाक्य में बसने वाले मिथक, सूक्तियाँ, देवगाथाएँ, कहावतें और बुलावों की, वो तमाम रिवायत, वो इशारे जो किसी अव्यक्त, अप्रत्यक्ष खुलासे को पुकारते थे, बिसर रहे। तंत्र और आधुनिक समाज, जहाँ डेढ़ूकी की सुगति की बात-बहस-अनुसंधान करते रहे वहीं उसका मर्म भी नकारते रहे; उसी के विरुद्ध एक हो उजाड़ते रहे। लोकतंत्र को पब्लिक की प्रभुता माना गया; पब्लिक उतना ही है जितना प्रत्यक्ष है।

किसानी-मजदूरी करते, अंतरिक्ष-वन-वायु को बुलाते, दूर गाँव में आदिम स्मृति को रेलते-मेलते, विलग जोगियों के गीत गाते, बधिया हाँकते, गाय-बकरी चराते डेढ़ूकी जैसे देहात और मिजाज किसी अप्रकट का खेल खेलते हैं। जो परली पार बसता है, अपढ़ डेढ़ूकी उसी का कारोबार करता है। अनाम सत के अजान रंग

में डूबते-सँवरते, कुछ खुला, कुछ अधखुला, कुछ कहा, कुछ अनकहा रखता है। वह एक मद्धिम, मूक-सी झनझनाहट—है भी, नहीं भी। न सुनो तो सुन जाए, सुनो तो चली जाए।

अब डेढ़ूकी होने पर हर्फ, ज्ञान, विचार, तर्क, अनुसंधान, बात-बहस की टोक है। प्रत्यक्ष की प्रभुता है।

## संदर्भ–

1. दर स्पेइगेल से इंटरव्यू 23.9.1966
2. 10-12 सवारियों वाला मोटराइज्ड देहाती बड़ा रिक्शा
3. दिल्ली का इतना फैलाव हुआ कि गाँव तक चली आई

□

# 26

# मारिया वर्थ का लेख और हिंदुस्तान

कुछ दिन हुए एक मित्र ने तैंतीस साल से हिंदुस्तान में बसी मारिया वर्थ के एक लेख का संक्षिप्त भाग भेजा। लेख दिलचस्प लगा तो अंश के हवाले से बाद में इंटरनेट पर पूरा पढ़ा। यदि मैं सही समझा तो कुल-मिलाकर मजमून है कि हिंदुस्तान क्यों खुद को हिंदू राष्ट्र कहने में कतराता है। हिंदू हो या अन्य, राष्ट्र राष्ट्र ही होता है। मारिया ने निष्पक्षता और निष्ठा से अपनी बात कही है। उनकी तरह अनेक लोग हिंदुस्तान को हिंदू नहीं तो राष्ट्र बनाने पर जोर देते आए हैं।

मारिया ने कुल-मिलाकर बात आधुनिक, पश्चिमी समाज की ही की है। आधुनिक, पश्चिमी समाज राष्ट्र हो चुके हैं। मारिया ने राष्ट्र की बात राष्ट्र की ही भावना में की है; उसी में हो सकती है। ऐसी दलील से कोई सहमति या असहमति हो, मेरा तकाजा नहीं। ऐसी दलीलों में दाखिल हो सहमत होना या विरोध करना एक ही बात है। मतलब, उनका हो जाना; उनकी संवेदना, सरोकार और जुबान-मुहावरे का हो रहना। वैश्वीकरण की मूल बुनियाद भी ऐसी ही रही। संवेदना, सरोकार और जुबान-मुहावरे एकरंग, एकभाव हो जाएँ। दोनों, आदमी और उसके समाज, को मिटाकर ही पनप सकते हैं।

हिंदुस्तान, न कि भारत, हिंदू राष्ट्र क्यों नहीं है, जैसी बातें अप्रासंगिक ही नहीं, खुद हिंदुओं और उनकी हिंदुस्तानियत/लोक के लिए खतरनाक हैं; उस लोक के लिए जो उसकी हिंदुस्तानियत और लोक अनुभव से आया। मारिया की दलीलों में आधुनिकता का मानस, समझ के वैसे दायरे, चिंताएँ, असमंजस और (धर्म) संकट हैं, जो राष्ट्र में होते हैं। ऐसी चिंताएँ, असमंजस और संकट लोक अनुभव या मानस में नहीं होते। हाल तक (और बहुत से हिस्सों में अभी भी) दैनिक लोक जीवन में चिंताएँ, असमंजस और संकट संसार से तुलनात्मक

दूरी को लेकर थे। दूरी का मतलब है, सांसारिक सरोकारों को कम करना। चंद दिनों पहले किसी एक और दोस्त ने बाबा साहेब अंबेडकर की 126वीं वर्षगाँठ समारोह की एक फोटो भेजी। किसी गाँव के स्कूल में ब्लैकबोर्ड पर हाथ से आड़ा-तिरछा 'डॉ. अंबेडकर 126वीं जयंती समारोह' लिखा है। बोर्ड से सटी मेज पर आजाद हिंद फौजवाली वर्दी में सुभाष चंद्र बोस की फोटो है। मेज या दीवार पर और कोई फोटो नहीं है। दो महिलाएँ फोटो को मालाएँ पहना रही हैं। बगल में खड़े मास्टरजी अपने मोबाइल में मग्न हैं। बोर्ड के ऊपर दीवार पर लिखा है 'सत्यमेव जयते'। दाईं तरफ अंग्रेजी कैलेंडर है, बाईं तरफ छुट्टियों की लिस्ट। डॉ. अंबेडकर का नामोनिशाँ नहीं। शायद कोई जानता भी न हो उन्हें, जैसे सुभाष बोस को अन्य जगहों पर लोग नहीं जानते।

यहाँ सवाल जानने, तथ्य या औचित्य का नहीं है। सही-गलत या चूक-अचूक का भी नहीं। सवाल पूर्णता का है—उसमें चूक भी है, अचूक भी। दोनों गौण हैं। राष्ट्रवाद की परिणति तथ्य, सत्य या असत्य जैसे घटकों में जीने-जूझने में है। समाज किसी भी तथ्य-सत्य-असत्य को पूर्ण मान लेता है, उनके पूर्ण को भी, अपूर्ण को भी। उसी के अनुसार अपने रिश्ते और व्यवहार गढ़ता है। बस्तर के कुछ हिस्सों में सड़कों को भी देवी कहा जाता है, क्योंकि ऊर्जा और ओज की वाहक अब वे भी हैं। लोकमानस में सड़क और देवी अलग-थलग हों, ऐसा मानस नहीं। बस, पूर्ण में श्रद्धा और भक्ति। पूर्ण के अंतर्गत है। आंबेडकर हों या सुभाष, सड़क हो या दंतेश्वरी माई ऐसे तथ्यों से फर्क नहीं पड़ता, ये प्रतीक मात्र हैं इसीलिए हिंदुस्तान में अतीत बोध पनपा। इतिहास बोध न पनप पाया। अतीत वो, जो बेपैमायश है, पूर्ण है। डेढ़ूकी गाँव में दशहरे के दिन धूमधाम से महाभारत का मंचन हुआ, राम या रावण का जिक्र तक न आया। कहीं कुछ होता रहता है कि अंबेडकर सुभाष बनने लगते हैं, सुभाष अंबेडकर; सड़क देवी बनने लगती है, देवी सड़क। राम और कृष्ण का भी यही होता है। समाज यूँ ही बनते, चलते हैं। हिंदू और मुसलमान का भी यही होता है। एक मित्र ने बताया कि पचास साल पहले तक मेरठ, सहारनपुर इलाकों के कई बनिया और ब्राह्मण और लखनऊ के आसपास कायस्थ, खतना भी करा लिया करते थे। मेरा अनुभव है कि मेरठ-बागपत-मुज्जफरनगर इलाकों के मुसलमान भी 'राम राम' कर लिया करते थे। मुझे मालूम नहीं कि मारिया के मूल देश जर्मनी में ऐसा होता हो। हिंदुस्तान इसीलिए राष्ट्र बनने से कतराता है। हिंदुस्तान राष्ट्र की सांसारिकता

के पार धूमिल, अनिश्चित में जीता अपने सामंजस्य बनाता-बदलता है। नित्य-निर्दिष्ट कुछ भी नहीं।

साधुत्व निश्चित-निर्दिष्ट, तथ्य या ज्ञान में नहीं जी सकता। ज्ञान, निश्चित आदि की आकांक्षा भौतिकवाद, राष्ट्र और सत्ता की ही होती है। संसार में तो बेसुध, बेलौस ही रहा जाता है—वो बैलौसी, जिसमें सड़क और देवी एक हो रहते हैं। वे सरोकार छूटने के हैं; न कि राष्ट्र निर्माण, राष्ट्र पहचान, आध्यात्मिक-ज्ञान (बनाम अध्यात्म) जैसे प्रतिष्ठानों, विधि-विधाओं या व्यवस्थाओं के; संसार में फँसानेवाले चतुर, चालाक और मायावी जंजालों के। छूटने की बेलौसी उनकी वेश-भूषाओं में, खान-पान, घरों की बनावट और रख-रखाव (या उसकी 'अनुपस्थिति'), पगडंडी या राहों की चहलकदमी-सी बनावट में, तालाबों की आकृति में, खेती-बाड़ी या रोजगार के तरीकों, बोली और दैनिक आपसी बातचीत-व्यवहार आदि में झलकते थे। जो समाज ऐसे साधुत्व की गुंजाइश नहीं छोड़ता वह पूर्ण नहीं हो सकता। बिना साधु, पीर, औलिया वह अधूरा, अपाहिज रहेगा। समकालीन राजनीति और उसके सरोकारों से तनिक फासला लेना, कुछ अनिश्चित छोड़ना, इस युग का साधुत्व होगा। समाज बिना गृहस्थ के भी नहीं हो सकता। गृहस्थ वह जो समाज के भीतर रहे, लेकिन बाहर की लालसा जरूर रखे। साधु वह जो बाहर हो रहे, अंदर झाँके नहीं। दोनों मिलकर वे गुंजाइशें जिंदा रखते हैं जिनके बिना जीवन और उसकी कल्पना दोनों अधूरे हैं। राष्ट्र संसार का है, सांसारिक, पैमाइशी है। उसे छूटने की लालसा नहीं। उसका मूल स्वभाव ही लिप्तता है।

अध्यात्म का धर्म नहीं होता। वह मुक्त रहता है, ईश्वर से भी, अनीश्वर से भी, संसार से भी और उसके चाल-चलन से भी। दोनों से खेलता भी है। वह केवल सहजता में ही पनपता है। खेलने से बड़ी सहजता या मुक्तता क्या होगी? मारिया और तमाम भारतीयों की दलीलें उस आधुनिक दृष्टि से जन्मीं जिससे हिंदुस्तान लगभग हमेशा अपना बचाव करता रहा। मारिया ने अपनी बात राष्ट्र की भाषा और लय में कही है, लोक की बोली में नहीं। उन्होंने शास्त्रीय बात की है। शास्त्र संसार के होते हैं, अ-संसार के नहीं। ऐसी बातें सिर्फ भाषा में होती हैं, बोली या सहज व्यवहार में नहीं; भाषा राष्ट्र की ही होती है, समाज की नहीं। राष्ट्र, राष्ट्र निर्माण, राष्ट्र पहचान या आध्यात्मिक-ज्ञान और सरोकार मानव और समाज की कल्पनाएँ बदल देते हैं; समाज राष्ट्र हो रहता है। अपना स्व और स्फूर्त खो किसी अस्फूर्त संविधान और व्यवस्थाओं में पलता है।

समाज बोलियों में बोलता है। बोलियों के पैमाने आदमकद; भाषा डील-डौल, सत्तावाली। संविधान तंत्र की भाषा में ही लिखा जा सकता है। भोजपुरी या गोंडी जैसों में नहीं। दूसरी ओर, कुदरत और खेल की लय भोजपुरी और गोंडी में ही कही जा सकती है, भाषा में नहीं। उस आदमकद लय और गति के लिए, जो राष्ट्र से भी बड़ी, अपार और बेपैमाइश होती है; चौरासी गाँव वाली।

अढ़सठ साल पहले, जब मैं छोटा था तो मुझे अपने गाँव में मारिया की बात न दिखती थी। आज दिखने लगी है, लेकिन गाँव से उस बात के संबंध आज भी गहरा नहीं पाए; देखने में जरूर लगता है कि गहरा गए, लेकिन गहरा नहीं पाए। बाद में छत्तीसगढ़, बिहार, झारखंड, राजस्थान, हिमाचल आदि के गाँवों-टोलों में आना-जाना-रहना हुआ। वहाँ भी मेरे गाँव जैसा ही था। आदिवासी इलाकों को छोड़, बाकियों में चौरासी गाँव का देश होता था। उसी में सबकुछ होता था। शादी-ब्याह, निर्वाह, व्यवसाय, बोली, कला, धर्म, कर्म, मोक्ष···चौरासी गाँव का देश होता था। उसके आगे परदेश थे, जो देश जैसे ही थे। इस तरह के सामाजिक ढाँचे और उनकी लय, पद्धतियों और रिवाजों-रिवायतों को मारिया जैसे लेख दरकिनार कर देते हैं; यद्यपि ये उनकी मंशा शायद न होती हो। एक अन्य, अविवेकी दृष्टि को ताकत और वैधता मिलती है। जिन आस्थाओं, मान्यताओं, लय और चहलकदमी से किसान, आदिवासी, मछुआरा, तेली, कुम्हार, बुनकर, लुहार आदि, पूरा देहात आते हैं उन्हें उनके विवेक समेत और पीछे धकेल दिया जाता है। राष्ट्र-मानस पनपता है।

बड़ौत निकट मेरे गाँव के मानस में राष्ट्र एक दूरदराज की, अनावश्यक-सी चीज होती थी। चौरासी गाँव के परले पार ही बसती थी। आँखों से लगभग ओझल। रखा ही ऐसे जाता था। वहीं गांधीजी जैसे संत-महात्माओं की भी तनिक विस्मृत-सी याद रखते थे। शायद यही गाँव का विवेक था। बुद्ध, अशोक, शंकराचार्य, उपनिषदों को शायद कोई भी न जानता हो। न रुचि न रुझान। गाँव की कल्पना और स्मृति गाँव जितनी ही बड़ी थी और जानने, हद से बाहर जाने, नापने के तकाजे न थे। वो राष्ट्र के लिए तैयार ही न था।

राष्ट्र के नाम पर मेरे गाँव का संसार अचानक इतना बड़ा कैसे दिखने लगा?

□

27

# रोजे और रोटी में बरकत हो

पिछले साल कुछ यूँ संयोग रहा कि एक दोस्त मजहर भाई से मिलने मेरा दो-तीन बार देहली-हरियाणा बॉर्डर पर एक बस्ती में जाना हुआ। लगभग सौ किलोमीटर का आना-जाना होता तो हर बार लगभग आधा दिन वहाँ बीतता। 1975 के आपातकाल ने तुर्कमान गेट और बाकि जगहों से उजाड़े लोगों को यहाँ पैंतीस वर्ग गज की खोलियों में बसाया था। बस्ती में हिंदू और मुसलमान लगभग बराबर तादाद में रहते हैं। खुले गटर के बगल में टहलती गाएँ, बकरियाँ, कुत्ते और जलेबी, मट्ठी, नमकीन के ठेले और दुकानें। यहाँ-वहाँ बदबू मारते कूड़े के बड़े ढेर और बहता-रिसता गंदा पानी। लोग और मवेशी अपने पैतृक गाँवों या घरों में ऐसे कदाचित् न रहते थे। इस मुल्क में समाज ऐसा न था कि अपने बाशिंदों को ऐसे बरते। छोटी-छोटी खोलियों में केवल एक चारपाई, जो खुले दरवाजे से दिखती और जिसके पाए ईंटों पर टिके होते। इक्का-दुक्का टीन का बक्सा, सो भी ईंटों पर। नीचे फर्श पर बरतन या कपड़े आदि माँजने-धोने से बिखरा पानी। बाहर गली में किसी फटी पाइप का कीचड़ दहलीज को छूता। बाहरी दुनिया में फैले बिखराव-तनाव और बस्ती के असंभव हालात के बावजूद सब में एक तरह की आपसदारी भी उतनी ही मात्रा में झलकती। ऐसी पड़ोसगिरी कि विश्वास कठिन है यहाँ धार्मिक फसाद न होंगे।

कुरान, वेद और अन्य शास्त्रों की समझवाले मजहर भाई गाँव जारचा (बुलंदशहर) के रहनेवाले हैं। ऐसे खास पढ़े-लिखे नहीं हैं। दो कमरों में से एक जनाना और दूसरा मरदाना है। घर के लोग नमस्ते कह अभिवादन करते। मैं अस्सलामे-वालेकुम कहता। आदर और मुहब्बत से चाय, बिस्कुट और सेवईं खिलाते। छोटे-से दो कमरोंवाले घर में कुरसियाँ नहीं हैं तो बिस्तर पर सिरहाने अदब से बैठाते। अच्छे मुसलमान होने के नाते मजहर भाई बीच-बीच नमाज

अदा करते और मैं बगल बैठा इंतजार करता। दोनों में से किसी को अटपटा न लगता। दोनों के यूँ होने में रस था। मजहर भाई करीब 50 बरस के होंगे। जितने मौलाना उनके गुरु हैं उससे ज्यादा हिंदू गुरु हैं। घर की दीवारों पर कआबा की तसवीर के अलावा अन्य तसवीर नहीं, लेकिन बातचीत में मुहम्मद साहेब, इमाम हुसैन, राम-सीता, कृष्ण-राधा के जिक्र बड़े स्नेहमयी और सहज भाव से करते। मुसलमानों और हिंदुओं के मजाक भी उड़ाते; ठीक जैसे मैं बचपन के गाँव में देखता था।

टूटी-फूटी-सी संकरी गलियों में आता-जाता मैं लोगों को देखता और दिखता। इबादती टोपी पहने बच्चे और बड़े यहाँ-वहाँ चहलकदमी करते आते-जाते। मेरी दाढ़ी देख अपने-अपने अंदाजे लगा कोई नमस्ते कहता कोई अस्स्लामे-वालेकुम। अजनबी को गर्माइश और आदर से देखना ये हर जगह देखने में नहीं आता।

2 सितंबर को ईद थी। गलियाँ चमकदार और रंग-बिरंगी झंडियों से सजी थीं। मुसलमानों के घर सजावट थी, हिंदुओं के यहाँ नहीं। जिसका त्योहार उसका व्यवहार। ठेलों-दुकानों पर अलग रंगत दिखी। हमेशा की तरह इबादती टोपी पहने या नंगे सिर, तहमंद या धोती बाँधे लोग यहाँ-वहाँ आते-जाते; या घर की दहलीज पर बैठे ऊँघते। ऐसे बीच एक त्रिशूलधारी, गेरुआ पहने, तिलक लगाए और कमंडल लिये एक फकीर घर-घर भिक्षा माँग रहा था। 'भोले नाथ के नाम से दो। रोजे और रोटी में बरकत होगी। भोले नाथ मंशा पूरी करेगा।' ईद की खुशियों और सजावट में वह अलग न लग रहा था। उस माहौल में कोई, या कुछ भी अलग न लग रहा था। ज्यादातर लोगों ने भिक्षा दी।

मजहर भाई का गाँव दादरी से कोई ग्यारह किलोमीटर दूर है। 2015 में दादरी गौ हत्याकांड में शक पर मुहम्मद अखलाक की हत्या हो गई थी। गाँव जारचा की कुल आबादी लगभग 10,000 है। इनमें से मुसलमान लगभग 40 प्रतिशत होते। हर जन्माष्टमी पर चार-रोजा मेला लगता है। भगवान् कृष्ण के जीवन पर नाटक खेले जाते हैं। मजहर भाई के बड़े साले साँवले थे तो मेले में कृष्ण का किरदार अदा किया करते। 'सैयद लोग गीता पाठ किया करते। चंदा उगाही सबसे होती। लोग एक-दूसरे को पीढ़ियों से जानते तो दीन के काम में कोई मना न करता। गाँव की नाक का सवाल भी रहता।'

गाँव से मेरा मतलब वो बस्तियाँ नहीं जिन्हें गाँव कहा जाता है, बल्कि इनसान की समाज में वो गुंजाइशें जिनके तहत ऐसे डिस्कोर्स सिर्फ संभव ही नहीं

हो पाते थे, पोषण और बल भी पाते थे। जब ये गुंजाइशें खत्म हो रहती हैं तो विकृतियाँ स्वत: हो रहती हैं। गाँव के अब अलग मायने हो गए हैं। शब्द और मायने बदल गए। शहरीयत शायद बस इतनी ही हो—बदलते मायने और उन्हें पकड़ते बदहवास लोग।

नीलिमा मेरे यहाँ खाना पकाने आती है। पिछले साल उसे लकवा मार गया तो छह महीनों के लिए चारपाई पकड़ ली। नजमा ने नीलिमा की पूरी सेवा की। दोनों का न धर्म-मजहब एक है न अदब के तरीके। बस पड़ोसी मात्र हैं। नजमा की खुद की माली हालत गरीबी की है तो इलाज के खर्चे का इंतजाम भी यहाँ-वहाँ से कर रही। अपनी रोजी-रोटी भी करती और नीलिमा के लिए भाग-दौड़ भी। ऐसे वेद-कुरान या राम-रहमान का क्या करना जिसका अनुभव अलगाहट पैदा करे? लोक-समाज इस बात को बखूबी समझता था और आचरण करता था। आज भी करता है। तो मजहब ताक पर रख छोड़े। सेकुलारिस्ट्स और कट्टरपंथियों ने मिल-जुलकर वेद-कुरानवाले धर्म-मजहब को ताक से उठा आगे ला खड़ा किया। वो कभी आगे न थे। साझापन और आपसदारी आगे रखी जाती थी। लोक-समाज अनुभव में चल राह बनाता, अनुभव और उसके आचार को अहमियत देता।

हो सकता है कइयों को ये बातें बढ़ी-चढ़ी लगें; कि ऐसा नहीं होता; कि हिंदू-मुसलिम फसाद बहुत हैं। ये हमारे समय और संस्कृति का दुर्भाग्य है। अकसर हम चीजों का विश्लेषण जरूरत से ज्यादा कर लेते हैं। बुनियादी नुक्ता ये है कि ऐसी बातें चंद साल पहले तक भी होती थीं, आज भी होती हैं। दुर्भाग्य ये भी कि जहाँ एक ओर टेक्नोलॉजी और उसकी पहुँच आदि में हमारे विश्वास बढ़ रहे वहीं मानव की अच्छाई में आस्थाएँ घट रहीं। आज कोई राम राज्य लाना चाहता है, कोई निजाम-ए-मुस्तफा तो और कोई सेक्युलरिज्म। मेरे बचपन के गाँव में भी रामराज्य जैसी शब्दावली थी लेकिन मिली-जुली। एक-दूसरे पर हावी होने के बजाय मिले-जुले व्यवहार थे। तो भाषा-बोली भी मिली-जुली, खान-पान और लिबास भी, बॉडी लैंग्वेज भी।

टीस होती जब शहरी दोस्त यकीन न करते कि बचपन के गाँव में हिंदू-मुसलिम के ऐसे फर्क न थे; न ही बैर और ऐसी अलगाहट। उन्हें ये बातें रोमांटिक लगतीं। एक-आध ने कह भी दिया कि बैर था लेकिन 'तुम्हें पता नहीं है।' समय चलते मैंने कहना बंद कर दिया।

बचपन के गाँव से देखता आया कि आम मुसलमान अपनी मिट्टी से प्यार

करता है। वह खुद को उस तरह का मुसलमान नहीं मानता जैसे मेरे होश सँभालने से बताया जाने लगा। न हिंदू खुद को वैसा हिंदु मानता। हमें झूठ और जहर सिखाया-बताया जाता है। हम उन पर चिंतन, मनन या लेखन कर बैठते हैं। ऐसे कुप्रचार में हम सब शामिल रहे हैं। किसी राजनीतिक दल आदि के सर दोष मढ़ने से काम न चलेगा। ऐसा तो अपने सच को छिपाना होगा।

यहाँ रहकर भी हमारे शिक्षित शहरी तबके की परवरिश यहाँ की न हो पाई; अनेक निर्णायक हस्तक्षेप रहे। उसके मूल्य और आस्थाएँ भी यहाँ की न हो पाईं। ऐसा शायद कुछ भी नहीं जो शहर का अपना हो। प्लास्टिक जैसा, वो स्व-हीन समाज रहा। शहरों की व्यवस्था और आर्किटेक्चर ही ऐसे कि उनमें केवल विचार और उसका सेक्युलर उदारवाद, हिंदुत्व, कट्टर इस्लाम, दक्षिण और वामपंथ जैसे प्रपंच ही रह सकते हैं; सिर्फ इन्हीं के सपने देखे जा सकते हैं। इनमें बचपन के गाँव, अबुझमाड़ या हिंद स्वराज के सपने न आएँगे; किसी और बड़े विचार या शहर के आएँगे; उन्हीं में सार्थकता दिखेगी। न उस मुहावरे की आवश्यकता होगी जिसमें आपसदारी बोलती थी। न ही उस संस्कृति के लंबे अनुभव का वजूद रह पाएगा। अनुभवहीनता में शहर विचारक हो रहता है; पुराने लंबे अनुभव और उनके स्पंदन न हों तो जीवन और समाज सिर्फ विचार-तकरार से चलता है।

अब वो हिंदू या मुसलमान न आएँगे। वो गाँव-बस्तियाँ खत्म हो रहीं; वो अदब और कल्पनाएँ भी।

मैं जितना हिंदू हो सकता हूँ, उतना हूँ। दशकों से खुद को हिंदू मानता आया हूँ। न उदारवादी हूँ, न हिंदुत्ववादी, न इसलाम विरोधी, न दक्षिणपंथी, न वामपंथी। एक आम हिंदू हूँ। मुझे घेर-घार के सींखचों में न बाँधिए। ये तमाम उपरोक्त वाद और आधुनिकता के अन्य पंथ झूठ बोलते हैं। मेरे हिंदू और इनसान होने के निजी अनुभवों को इन गुमराह विचारों से मुक्त रखने में गत है। कभी हिंदू के नाम पर कभी मुसलमान के नाम पर ये मिथ्या बात और मिथ्या आचरण करते आए हैं। बात यहाँ उस कुसंस्कृति की है जिसमें प्लास्टिक का आचरण होता है; उस राम की है जो धर्म के पार एक मिली-जुली संस्कृति और स्पंदन के हुआ करते थे। तब मेरे गाँव का मुसलमान भी 'राम-राम' कह लिया करता और हिंदू भी घर-परिवार में उर्दू बोला करता। मेरे पिता, ताऊ, चाचा उर्दू में ही खत लिखा-पढ़ा करते थे। हिंदी किसी को न आती थी। पूरा इलाका ही ऐसा था। हमें असहज न लगता था। उर्दू किसी मजहब की नहीं; न ही किसी इलाके की। वो लोगों के एक-दूजे संग अनुभव

और आपसदारी की है। बस्तर में मित्र अस्तु कहा करते थे मिथ्या आचरण न करो; पृथ्वी की उम्र छोटी होती है।

अल्लामा इकबाल ने 1908 में राम का कसीदा कहा। 1930 में अपनी इलाहाबाद तकरीर में राम को छोड़ पाकिस्तान का तराना कहा। ये नहीं कि तब इकबाल बदल गए। वो स्पेसज बदलने लगे थे जिनमें राम लोगों के हुआ करते थे। राम जब गाँव छोड़ शहर आए खुद उनके अपने मायने बदल गए। मेरे बचपन के साझे राम अब नहीं दिखते।

अब के राम अच्छे नहीं लगते। ये टीस रहेगी।

इस वक्त भी मेरे घर के बगलवाले मूलतः मुसलमान गाँव, शाहबेरी, में नवरात्रों का जश्न चल रहा है। गाँव का बाजार सजा है। वैसे ही जैसे पिछली ईद मजहर भाई की बस्ती सजी थी।

□

# 28

# गोद में बंदर आ बैठा

अंतरिक्ष खत्म हो रहे।

मुहावरे ऐसा कुछ बताते नहीं हैं, सिर्फ इशारे करते।

अबुझमाड़ तथ्य कम, इशारा अधिक है; अंतरिक्ष जैसे अनुमान देता।

रह-रह बस्तर और उसका अबुझमाड़ पुकारते हैं। उनका अ-कर्तापन और आलस किसी गुप्त-सुप्त भीतरी का उद्बोधक है। वहाँ की चिलचिलाती दोपहर अपने सन्नाटे में कुछ कहती है। गर्मी का सुस्तायापन और सन्नाटा हर देहात का स्वभाव और न्यारापन रहे।

जब तक चिलचिलाती दोपहर और व्यर्थ के आलस न लौटेंगे जीवन न हो पाएगा। जैसे अलसायापन और आस्तित्व एक हों। विचार और शब्द अगर कुछ कर सकते हैं तो सिर्फ वहाँ तक पहुँचा सकते हैं, जहाँ रिक्त होता है। वे उसके अंतरिक्ष को भरे नहीं, उसके छिपाव का इशारा बताएँ। शब्द वहाँ तक पहुँचा दें, जहाँ से आगे उनकी पहुँच और सामर्थ्य नहीं। वहाँ से यात्रा नितांत अपने नि:शब्द की। न विचार, न भाव, न शब्द, न रिक्त, न शून्य। नितांत अलसाया, न अकेला न दुकेला। शब्द का सार ही इशारा है, उस रिक्त तक पहुँचाने का। शब्द ने उसे (या हमें) भरना नहीं। शब्द में अर्थ नहीं; अर्थ में भी नहीं। वहाँ तक पहुँचना जहाँ शब्द, अर्थ अपने सामर्थ्य खो रहें। जब तक शब्द है सामर्थ्य रहेगा। ये खास फर्क रहा अबुझमाड़ और शहर के आलस में। वहाँ या किसी भी दूर-देहात में जिस्म, मन और आत्मा की एक शिथिलता हो रहती है; जैसे सब गतिहीन हो चला हो, जैसे यूँ तो कुदरत अ-गत हो। दिनदहाड़े आसपास का सब कहीं सोने चला गया हो, तब अनुपस्थिति का फैलाव और भी होता। ये बात शहर में नहीं। शहर में अनुपस्थिति नहीं, फैलाव भी नहीं; सिर्फ सिकुड़न। जिस्म और आत्मा शिथिल हो भी जाएँ, मगर मन गतिशील है, होने का मलाल लिए। ऊब शायद यही है। शहर आलसी नहीं हो

सकता। वो कर्मठता और सामर्थ्य के धरातल बनाता, इसीलिए रिक्त और उसके वीरान पर नहीं पहुँचना चाहता। उसका अनर्थ हो रहेगा। उसे अर्थ चाहिए।

अब गोद में बंदर आ बैठा है। एक भगदड़ मची है। उहापोह में कभी यहाँ हाथ मारते हैं, कभी वहाँ। हाथ कुछ नहीं लगता। हाथ मारना जारी है, जरूरी भी। नए-नए प्रावधान, कानून, एक्ट्स, नीतियाँ, योजनाएँ, मकसद, मंसूबे—अलावा इसके कोई विकल्प नहीं बचा दिखता। अब यही कूदते-फाँदते, बनते-टूटते रहते। अब बचे रहना ही संकटमय हुआ दिखता है। हमारा केवल दैनिक व्यवहार ही नहीं, भाषा और बातचीत भी भगदड़ और संकट के हो चले। एक पूरी सभ्यता इस हाल में आन पहुँची। इसे सभ्यता न कहा जाए। आदमियों का भगदड़ी-जमावड़ा लगता है। जब जंगल में आग लगी हो सब जहाँ-तहाँ बिना आगा-पीछा देखते बदहवास दौड़ते हैं।

ये क्या कर लिया हमने ?

ये भगदड़ परिणाम तो है ही, ये भी अपने परिणाम अलग से लाई। दिल्ली के मेट्रो स्टेशनों पर दिन भर भीड़ रहती है पर खासकर सुबह-शाम ऐसी खचाखच भागम-भाग कि भगदड़ सहज नहीं है; कम से कम हर दिन तो नहीं; साल-दर-साल तो नहीं। कतार तोड़ घुस जाना, धक्का-मुक्की कर एक-दूसरे को पीछे छोड़ना, कहा-सुनी, गाली-गलौच और कभी-कभार मार-पिटाई। पुलिस और सिक्योरिटी गार्ड की तैनाती में। बच्चे-बूढ़े, आदमी-औरतें, अपंग-सबंग सब भागे जा रहे हैं। आँकड़ों के अनुसार लगभग 35-40 लाख लोग सिर्फ मेट्रो से रोज भगदड़ करते हैं। बसें कारें, दुपहिए, ऑटो, टैक्सी, साइकलें, रिक्शाएँ, पैदल की अलग गिनती बनती। सड़कों पर अलग अटकाव और रोड़े, तनाव, झगड़े, रोड-रेज और क्या नहीं ? सेंस ऑफ पैनिक। सिर्फ जीविका के लिए बेशुमार इंतेजामात और बेशुमार रोक ? ये जीवन तो बिना जीविका चलना था; बिना रोक और उसके संताप चलना था। कोई सहज आराम से चलता, फिरता, बैठता, न ही दिखता। आराम से घूमना-फिरना-टहलना अब कानूनी जुर्म है (बंगाल आवारागर्दी अधिनियम 1945)। कोई यूँ ही नहीं टहल सकता।

बावजूद रोड़े और रोक के हर दिन और हर वक्त सब भागे जा रहे हैं तो घर पर कौन रहेगा ? घर की अवधारणा का क्या होगा ? घरेलूपन का क्या होगा ? जिसे विद्वानों और साधारण ने समाज की बुनियादी इकाई बताया, क्या होगा ? हाल तक जितना सहज व्यक्ति घर पर अनुभव करता है उतना कहीं और न करता हो। एक

ओर जहाँ घर बनाने-बसाने का सैलाब है, वहीं ज्यादा जीवन तो घर से अलग हो बीत रहा है। हमारे निजी जीवन, रिश्तों, अवधारणाओं, स्वयं होने के सेंटिमेंट से भी निकला जा रहा है।

एक मूर्तिकार मित्र बताते हैं कि जब शरीर बैठने के उचित आसन में आ जाता है तो पत्थर स्वयं को गढ़ मूर्ति हो जाता है। गढ़ना मूर्तिकार का काम नहीं, शरीर की लय का है। शरीर लय में आ गया, सेटल डाउन हो गया, सुस्ताई में आ गया तो पत्थर खुद को गढ़ रहता है। शरीर को समय और आसन चाहिए। जब यूँ हो तो सब अपने आप हो रहता है। न असमंजस, न ही सेंस ऑफ पैनिक, जो आधुनिकता की प्रामाणिक कसौटी बन चुका है। आधुनिकता को प्रमाणित होना है तो सेंस ऑफ डीप क्राइसिस लाजमी है। बिना डीप क्राइसिस और पैनिक वो न चल पाए न समझ आए; न ही उससे जुड़ाव हो पाए। अन्यथा उसमें जुड़ने का कुछ है नहीं। वो केवल बाँधती है। न ही उसके रुग्ण फल भोग पाएँ। सारी ऊर्जा और योग्यताएँ इस पैनिक पर लगी रहती हैं। बचाने, सँवारने-सँभालने में या उनके फल हासिल करने में—एक व्यर्थ पराक्रम हो रहता है। नए-नए प्रावधान, कानून, एक्ट्स, नीतियाँ, योजनाएँ; व्यस्तताएँ और वो तमाम चीजें, जिनको ले कर्मठता होती। जहाँ जीवन पराक्रम नहीं सहज हो वहीं बिना पैनिक और प्रयास के रहना नहीं हो पाता। राजनीतिक-सामाजिक संरचनाएँ, आर्थिक बंदोबस्त, रिश्ते और रोजमर्रा की असाधारण बातचीत—डेमोक्रेसी, असमानता, न्याय, जलवायु परिवर्तन—पैनिक के धरातल से आते हैं। हम संकट की भाषा बोल रहे, संकट के रिश्ते बना रहे। राजतंत्र, चिंतक, सिविल सोसाइटी और कॉरपोरेट सेक्टर एक ही भाषा बोलते हैं—संकट और उससे बचने की। परमहंस या रमन्ना भी ऐसी भाषा बोलते तो अबुझमाड़ से बात नहीं हो पाती। उनमें पैनिक नहीं। बस्तर के और इलाकों में सड़क किनारे जब 'कंठीवाले बाबा' ने अपना आश्रम बनाया और आदिवासियों से आह्वान किया कि अच्छा जीवन जीना है तो मुर्गा-बकरा-महुआ छोड़ दो तो सब सड़कवाले गाँवों ने छोड़ना शुरू कर दिया। भीतरी गाँववालों ने न छोड़ा। वहाँ धरातल न बना; न ऐसा पैनिक था न उसकी भाषा। चारों ओर संकट की भाषा चल रही है। ये हमारी बढ़ती मेस्क्युलिनिटी का संकेत है। उस संकट के लोकल से लेकर ग्लोबल तक के प्रयास उस मेस्क्युलिनिटी को और मजबूती देते हैं। एक हिरोइज्म की तलाश। हिरोइज्म कर्ता-कल्चर की देन है।

शरीरों की आत्माएँ अलग-अलग नहीं हैं। दो नहीं एक ही हैं। अनेक तो

अवधारणा और विचार हैं, गणित है। एक निर्विचार अगणित है। अबुझमाड़ को देखा तो लगा आत्मा में ही शरीर है; यद्यपि आत्मा का शब्द नहीं। हो भी नहीं सकता। सब एक ही हैं। शरीर आत्मा के बाहर नहीं है। जिसमें शरीर है वही आत्मा है—सो एक ही है। सो को क्या नाम दें? क्या जानें? किसी ने जाना भी तो चुप हो रहा। आत्मा में अनगिनत शरीर। धार्मिक, आध्यात्मिक ज्ञाताओं और शास्त्रों ने और उसी परंपरा में समाज-सुधारकों और राजनातिज्ञों ने शरीर को आत्मा से अलग कर लिया; नामकरण भी कर लिए। दोनों अलग कर लिए और शरीर में आत्मा कर ली तो जितने शरीर, उतनी आत्माएँ। गिन भी लिए। उलटे गणित बनाए कि शरीर में आत्मा बसती कि अलग शरीरों में अलग आत्माएँ बसतीं, फिर अनगिनत प्रयोजन हुए, होते आए। किसी को उस फँसी आत्मा का सत्य चाहिए था, किसी को उसका मोक्ष, किसी को पंथ और किसी को वोट—चट्टे-बट्टे एक ही रहे। झुनझुने बजते रहे, कभी इस नाम से कभी उस नाम से। अब भी बजते। पहचान शरीर-विशेष की होती; विचार, भावनाएँ और अनुभव भी उसके होते। सब सोचते 'इसका' या 'उसका' है। ये हमारी राजनीतिक-सामाजिक-आर्थिक सोच और दृष्टि के मूल आधार बनाते रहे। इन्हीं पर बड़े-बड़े समाज, डेमोक्रेसी, न्याय, देश और राष्ट्र जैसे बड़े पैराडाइम बनते। अबुझमाड़िया न आत्मा की बात करता, न शरीर की; न इनसे कोई राजनीतिक-सामाजिक-आर्थिक सोच और दृष्टि गढ़ता। न उलटे या सीधे गणित बनाता। जहाँ-जहाँ गणित बने, पैराडाइम बने। ह्रास हुआ। क्योंकि इंद्रियाँ पाँच हैं तो अबुझमाड़िया पाँच से आगे न गिनता। न अधिक शब्द बनाता। न उतना बोलता, न सुनता, न सोचता, न करता।

गोद में बंदर आ बैठा है। उतरेगा नहीं। समाज-असमाज, डेमोक्रेसी, आंदोलन, अधिकार-अनाधिकार से कुछ न होगा। झुनझुने हैं। बात जहाँ तक जाती उसे लेकर कुछ नहीं किया जा सकता। करने से न होगा। होता तो हो चुका होता। विचार या उसकी कर्मठता से न होगा। कैसे भी न होगा। खुद होगा। मद्धिम-सा।

गर्मियों में जब सूरज बहुत तीखा हो जाता, पेड़ की छाल सूखने लगती और पत्ते झड़ रहते, हवा की सांय खत्म हो रहती, जीवन का रोजमर्रापन कहीं जा सुस्ताता और मन सो जाता, तब दोपहर में बीहड़ बिल्कुल स्वर-हीन हो जाता। लगता जैसे कुछ न हो। न गति न गतिविधि, न ध्वनि न स्वर—सब की अनुपस्थिति। तब उस सुस्ताई-सी दोपहर के सन्नाटे में बीहड़ बोलता। एक बिल्कुल मद्धिम-सा स्वर जो कानों तक मुश्किल ही पहुँचता—हम्मम्मम्म। वो मद्धिम है, लेकिन साफ और बिला

शक। उस बीहड़ सन्नाटे का एकमात्र बोल उतना ही होता। तीन-चार घंटे से फालतू न सुनता। न उतरता न चढ़ता न बदलता। चार घरों के गाँव में भी उतना न सुनता जितना दस कदम बाहर निकल कर। दिन के बाकी समय न सुनता। रात को कतई न होता। रात ऐसी कि सब तरह के स्वर या ध्वनि कहीं चले जाते, जब वो आता पूरी प्रकृति खामोश रहती। एकमात्र वो ही होता, न होने जैसा होता, तब स्थान या अ-स्थान न होते। ज्यों किसी पहले स्वर की आवाज खुद अपने आपको बुलाए। उससे न डर होता न लगाव। न क्रिया न प्रतिक्रिया। इतना गूँगा-सा और बे-गिनती कि हर दिन जब जाता तो न अहसास छोड़ता न विचार। उसकी न कोई स्मृति बन पाती न कल्पना। अबुझमाड़ उसे उस जैसा ही छोड़ देता—न कभी बात न चर्चा। अगली दोपहर फिर आ रहता। रोज का आना-जाना। न मकसद न मंसूबा। यूँ ही आता। न कहता न सुनता। अबुझमाड़िया भी ऐसा।

तब वीरान होता। 'स्व' का 'अन्य' न होता।

□

# 29

# रुखसाना से अल्पना

मुसलमानों के गाँव शाहबेरी से सटे क्रॉसिंग्स रिपब्लिक में हरि कृपा धाम मंदिर है। कॉलोनी की तरह मंदिर भी नया है।

मंदिर पर हर मंगल श्रद्धालुओं की भीड़ रहती है। शाम के वक्त औरतें, आदमी, बच्चे, बूढ़े, जवान बहुत से लोग आते हैं। बुजुर्ग मदारी मियाँजी भी अपने दो बंदर ले अहाते में आ बैठते हैं। हनुमानजी का दिन है हनुमानजी आदमी और वानर दोनों के इष्ट हैं। मियाँजी की आँखों में मोतिया की झिल्ली तनिक आँख मिचौली कर लेती है। तहमंद बाँधे, दिन भर खेल दिखा, मंगल की शाम यहाँ आ बैठते हैं। रमजान में भी आते हैं। उनका न हो, उम्र का अपना स्वभाव होता है। किसी से ऐसी खास बातचीत नहीं करते। कुछ अलग से बैठते हैं, लेकिन अलग-थलग नहीं दिखते। यथा स्थान न हों, ऐसा भी नहीं लगता। न ही लोग उन्हें ऐसे देखते लगते हैं। मजहब-मत के ऊपर भी एक स्वभाव होता है। उसे श्रद्धा न कहा जाए। उसका शायद कोई नाम न हो। मियाँजी मंदिर में भीतर तो नहीं जाते पर पूजा का प्रसाद उन्हें अदब के साथ मिलता है। बंदरों को फल मिलते हैं। बच्चों के साथ उनकी उछल-कूद पूरी रहती है। नाले पार दो-तीन सौ गज पर शाहबेरी गाँव है। वहाँ मसजिदें भी हैं, मंदिर भी।

हरि कृपा धाम के बगल वाली झुग्गी में एक चाय की दुकान है। महीने-दो-महीने में वहाँ जा चाय पी आता हूँ। इस बार गया तो रुखसाना ने बताया वो अच्छे नंबरों से पास हो आठवीं में आ गई। गर्मी की छुट्टियों के बाद स्कूल अब खुलनेवाले हैं। हालाँकि बचपन का चुलबुलापन और नटखटी काफी है, हर समय हँसती रहती है, स्कूल से लौट चाय की दुकान पर माँ की भरपूर मदद भी करती है। लोगों को चाय पिलाती है, कप-प्याले धोती है और हँसी-खेल करती है। माँ-बेटी

दोनों नमाज अदा करती हैं, रोजे भी रखती हैं। दुकान का आधा हिस्सा घर है। घर में लगी कआबे की चाँदी के रंगवाली तसवीर बाहर से दिख जाती है। जब भी जाता हूँ, माँ-बेटी से बातें होती हैं।

उस रोज बगल में उसी की उम्र का लड़का खड़ा था। उसे पहले एक-आध बार ही देखा होगा। रुखसाना ने बताया वो उसका बड़ा भाई है। मैंने नाम पूछा तो राहुल। अचरज हुआ। जानते हुए भी मैंने ठिठोली करते राहुल से रुखसाना का नाम पूछा तो बताया अल्पना। रुखसाना अंदर से चाय ला मुझे दे गई तो फिर भाई से ठिठोली करने लगी, जैसे छोटी बहनें करती हैं। इतने में अम्मी भी काम निबटा बाहर आ बैठ गई। तीनों संग यहाँ-वहाँ की छुटपुट बातें हुईं। चाय पी और कुछ देर बाद चल पड़ा। बच्चों की छोटी-सी भीड़ से घिरे मियाँजी अहाते में, जहाँ एकटक निराकार भाव से बैठे थे, वहीं बंदर बच्चों से खींच-तान में जुटे।

मैंने रुखसाना से नाम बदलने की बात न पूछी। सवाल उसके भीतर सहज ताने-बाने में कहीं अड़चन करता। सवाल मासूम नहीं होते। स्थिति की पूर्णता भंग करनेवाले होते हैं। रुखसाना के लिए नाम महत्त्वपूर्ण न लगा, न अम्मी के लिए, न भाई के लिए। उन्हें अपने नाम बदलना अ-सहज न था। जीवन की गति और ठहराव से अलग, उसे सोखने की उस गजब की क्षमता में मैं सवाल कर रुकावट न डालना चाहता था। वो न रुखसाना थी, न अल्पना। स्वयं न थी। कोई पुरातन था जो कहीं से आता है, कहीं चला जाता है। उसकी टोह नहीं। वो उसके भीतर प्रस्फुटित हो रहा था। उसके रहते निजी नाम, धर्म-मजहब, पहचान, समय आने पर गौण हो जाते हैं। यही उससे अंतरंगता और यही दूरी भी, यही आँख-मिचौली—समय आने पर गौण कर देना। सवाल पूछ उस वेग को बाधित करना बेअदबी ही नहीं, पापमय था। उस पुरातन का कोई नाम नहीं।

रुखसाना या उस जैसे अनेक अनगिनत को देख लगता है मुझ जैसों ने जितना जान-समझ लिया है, उतना इस समाज या मुल्क को जरूरत न थी। पीढ़ियाँ शहीद कर दीं। बंदर को हल्दी की गाँठ क्या मिल गई, पंसारी बन बैठा। जहाँ एक बकरी काफी थी, हथिनी पाल ली।

लौटते हुए सोचा ये कैसे लोग हैं? कैसा मुल्क-समाज है? आवश्यकता पड़ने पर चीजों को बदल देता है और फिर भी कुछ नहीं बदलता। उसका ध्यान मजहब, मूल्य पर नहीं, कहीं और है। ऊर्जा कहीं और खींचती है, जैसे स्वयं से एक दूरी बनाए हो, स्वयं न हो।

बताया और पढ़ाया जाता है धर्म–मजहब के नाम पर लोग मरने–मारने तैयार हो जाते हैं (हालाँकि अभी तक मुझे ऐसा कोई मिला नहीं, सुना–पढ़ा जरूर है)। अब तो निजी पहचान के नाम पर भी ऐसा होने लगा है। अल्पना, राहुल और अम्मी अपना मजहब कहाँ दरकिनार कर आए? खुद किस धूमिल, अव्यक्त में जा रहे? क्या हो रहे?

लेकिन कआबे की तसवीर, मंदिर और मदारी मियाँ?

अरसे से आ रहे बांग्लादेश के काफी लोग अपने नाम बदल हिंदू नाम रख लेते हैं। जहाँ एक ओर वे सुरक्षित महसूस करते हैं, वहीं दूसरी ओर कुछ और इशारे भी मिलते हैं।

हिंदू भी हिंदू होने के पहले कुछ और थे, कबाइली रहे हों, न रहे हों। ये बातें महत्त्वपूर्ण नहीं हैं, बना दी गईं। फिर हिंदू हुए। समय आने पर रुखसाना की तरह उन्होंने ने भी नाम–धर्म बदले। केवल औरंगजेबों के दबाव में बदले, कहना गलत है। बहुत बौद्ध और ईसाई भी हुए। बौद्धों, ईसाइयों में कोई औरंगजेब न था। नाम, धर्म, पहचान बदल जाएँ तो कोई कड़ी टूटती है? कुछ विध्वंसित होता है? बदलना और बदल के भी वही रह जाना—रुखसाना जैसे ये कौन लोग हैं?

शायद पहचान को छोड़ और कुछ न टूटता हो। पहचान बनाने का तो मानस यहाँ कभी न रहा। पढ़े–लिखे ज्ञानवान और शास्त्र–आधारित समाज में हो न हो, लोक–समाज में तो हस्ती मिटाने का मसौदा रहा।

हस्ती बनाने का राजतंत्र हम जानकार लोगों के हाथों पोसा गया। रुखसाना या मदारी मियाँ के पास हस्ती, पहचान, काबिलीयत कहाँ? सूक्ष्म और स्थूल तरह से राजतंत्र बनाए रखना हमारे फायदे में है। समाज तोड़ राजतंत्र बनाना हमारे फायदे में है। रुखसाना या उसकी अम्मी मूक बोलियों की हैं, राजतंत्र और उसकी भाषा से जन्मे सामर्थ्य नहीं जानती। हस्तीवान और पराक्रमी, राजतंत्र और धर्म ही हो सकते हैं। रुखसाना लोक मजहब से आती है। वो हस्ती मिटाती है। उसकी बोली, संवेदनाएँ, सरोकार, चर्चाएँ एवं मुद्दे हस्ती मिटानेवाले हैं। उसमें जानने–समझने का ऐसा गौरव नहीं। वो दुनिया को छोटी रखती है। अपनी सुध–बुध खोकर। उसका पुरातन स्त्रैण है। मदारी मियाँ जैसे। सवाल और उसका ज्ञान स्त्रैणता को बाधित रखता है।

ज्ञान, मोक्ष, सत्य, धर्म, मत, विचार उसी मिट्टी के हैं जिनसे प्रगति, परिवर्तन, मौजूदा राजनीतिक बंदोबस्त और इनके विकल्प की कल्पनाएँ आती हैं। वे किसी

पराक्रम की अशांत तलाश हैं। कुछ जो आगे बसता है, 'इस' से बड़ा है। राजतंत्र का विकल्प नहीं। वह स्वयं ही अपना विकल्प है। उसके ऐसे विकल्प उसे ही मजबूत करते हैं। विकल्प हासिल करनेवालों को शौर्य महसूस होता है—पराक्रमी महसूस करते हैं। गौर हो कि अबुझमाड़, जैसे समाजों में कोई तंत्र नहीं है। कोई कृष्ण, बुद्ध, यीशु या मुहम्मद साहब नहीं हुए। न ही ग्रंथ या गुरु। न उनकी लालसा। न ज्ञान, विचार के ऐसे जमावड़े। आदमी की तरह ज्ञान जब पैदा हो लेता है तो चल पड़ता है। जैसे विचार जब पैदा होता है तो चल पड़ता है; उसका चलना ही पराक्रम है, उसकी अशांत तलाश है। जहाँ से आया वापस नहीं लौट सकता—उसका स्वभाव ऐसा नहीं। राजतंत्र फिरेगा नहीं। रेखा लौटती नहीं, लीक लौट आती है। अबुझमाड़ जैसे समाजों ने यह बात शायद पहचानी और कोई तंत्र न बनाया। रेखा का शौर्य है। शौर्य रुखसाना जैसे साधारण को नकारता है। बड़े की ओर बढ़ते रहने को बुनियादी मानता है—यही तंत्र राजनीति का, यही धर्म का। ऐसी आस्था सिर्फ बेरुके बढ़ने या परिवर्तन में ही पल सकती है, वरना दम घुट रहे तो पहले कुदरत में तंत्र देखा, फिर रेखा देखी, फिर परिवर्तन देखा, फिर उसी में परिवर्तन किया। दूसरी ओर साधारण रुखसाना ने नाम, धर्म, तंत्र गौण रख जीवन को अपरिवर्तनीय के इर्द-गिर्द समेट लिया। कुछ ऐसा समाज, संगत और माहौल बना कि अपरिवर्तनीय को हर परिवर्तन में पाया। सृष्टि से बातचीत करते रहने में धर्म, तंत्र, विचार, ज्ञान या गुरु की जरूरत न हुई।

रुखसाना और अबुझमाड़िया एक जैसे!

□

# 30

# एक गधा था

गधा देखे बहुत वक्त गुजर गया। बहुत साल हो गए। अब देखने को मन ललचाता है।

गाँव में गधा कुम्हार का होता। शहर में धोबी का। कुम्हार मिट्टी ढोता। धोबी कपड़े। बताया जाता है कि बीते 10,000 सालों में सभ्य समाजों में उसने चरवाहे का काम भी किया। पर छत्तीसगढ़ में गधा अमूमन न ही दिखा। कुम्हार मटके आदि कंधों पर काँवड़ में बोहता। गाँवों और शहरों में जब निर्माण के दौर ने जोर पकड़ा तो उसने ईंट-पत्थर ढोए। बाद में बिल्डर आए तो ट्रक, ट्रेक्टर साथ ले लाए। तब गधा दिखना बंद हो गया। ट्रक, ट्रेक्टर में गधेवाली बात न आ पाई; बल्कि आदमी से भी जाती रही। उसकी गैर-हाजिरी से मानव जीवन का दर्शन और परिवेश जाता रहा।

गधा परिवेश सँजोता। किसी गढ़े दर्शन में न रह सहज कुदरती जीवन जीता। उसके जाने पर जीवन की एक लय और रफ्तार जाती रही। हर आदमी में कहीं-न-कहीं एक गधा होता है। वह गधे से ही उजागर होता। खुद में जो देखने को मन नहीं होता, उसे ही देखूँ तो सद्गति है। आदमी उतना ही काम करता जितना करना होता; उतना ही सोचता जितना जरूरी। गधा भी उतना ही मेहनतकश जितनी कराई जाए। सोच-विचार तो बिल्कुल न करता। दोनों न अधिक चाहते, न करते। कोई ज्यादा कराता तो पलटी मार जाता। जैसे नमक के सौदागर वाली कहानी में नदी में लोट गया था। ये अपवाद होते, लेकिन शिक्षाप्रद होते। आदमी और गधे में अनेक सामंजस्य रहते। दोनों के लिए एक समान परिवेश बनाता। मैंने गधे को सड़कों पर घूमते शायद ही कभी देखा हो। तब आदम समाज में सड़कों पर घूमना अच्छा न माना जाता। आवारागर्दी कहा जाता। सड़क को आवारा ही माना गया। आवारागर्दी आई ही सड़कें बनने के पश्चात्। आवारा लड़कों और कुत्तों को छोड़ शायद ही

कोई अन्य सड़कों पर घूमते; सड़कें भी इतनी न होतीं। गाय, बैल, भैंस, बकरी, मुर्गी आदि भी सड़कों पर न दिखते। या तो अपने-अपने घरों के अहाते में रहते या हरी घास और ताजी हवा के लिए मैदानों में। गधों के झुंड साथ-साथ चरते कम ही देखे। इक्का-दुक्का ही मिलते। उसे शायद ही कभी बैठे देखा हो। कभी-कभार 'धीन्चो धीन्चो' करता अन्यथा सर्व-समय समाधीस्थ खड़ा रहता।

गाँव में जब मैं छोटा था तो ताई कहानी सुनाने से पहले एक जुमला कहती— 'आपबीती सुनाऊँ या जगबीती।' हम बच्चों को तो इनमें फर्क मालूम न था तो जो कहानी उसके मन में आती, सुना देती। गधा आपबीती और जगबीती दोनों से उबरा दिखता। न काहूँ से दोस्ती न काहूँ से बैर। न मोह न माया, न स्वार्थ न निःस्वार्थ। न रुचि न अरुचि। न मैं न तू। जो है, जैसा है, है। सोच-विचार-मनन में न पड़ता। उसकी आँखों के भाव न बदलते। उन में सदा कुछ ऐसा दिखता जो मद्धिम-सा, अव्यक्त-सा हो। कुछ धुँधला-सा भाव लिए, जैसे मोतियाबिंद दिखता है। न उसे संसार में अपने लिए कोई जगह दिखती न वो चाहता। न मन में कोई भाव आते-जाते लगते, न शरीर में। नजरअंदाज करना बखूबी जानता। आदमी में जो बात परिपक्वता, तीक्ष्ण बुद्धि और दूरदर्शिता से आती है गधा वो गुण लेकर ही जन्मता। उसका मन जैसे बँटा न हो। बताया जाता है कि जब मन बँटा न हो उस क्षण आदमी मन के पार देख लेता है। गधा जैसे सहज रूप से पार देखता।

बचपन के गाँव में हम बच्चे जहाँ कुत्तों, गायों, बैलों और भैंसों से रह-रहकर खेलते, वहीं गधे से न खेलते। इसलिए नहीं कि वो गंभीर या संजीदा दिखता, बल्कि उसमें कुछ ऐसा होता जो दुनियावी न लगता; न वो हलका न भारी, जैसे संसार में लिप्त न हो, मूकदृष्टि से उसकी देखी-अनदेखी कर रहा हो। न इहलोक की कामना न परलोक की। यदि कोई तंग करता तो दुलत्ती जड़ता। निज व्यवहार को अच्छे या बुरे की कसौटी पर न आँकता। केवल इतना देखता व्यवहार प्रभावकारी रहा कि नहीं। सिद्ध भी यूँ ही करते।

उससे ऐसे घरेलू या व्यावसयिक काम लिये जाते जिनके लिए वो कतई उपयुक्त न था, फिर भी करता। संगति से दूर रहता। मीरा तो दिन-रात कृष्ण की संगति में होती, गधा किसी से भी संगत न करता, न अपेक्षा। बिना कृष्ण मीरा मीरा न होती। मीरा तो भगवद् संगति से ही हुई। जैसे गधा जानता उसे कुछ नहीं होना है। न-होना ही कृष्ण है। उस अनादि और अनंत की निरंतरता में जीता। जितना है उसी में संपूर्णता पाता। उसे 'जितने' का गौणत्व ही चाहिए होता। उसी में परिपूर्णता होती।

जिसे सत्य उपलब्ध हो वह अन्य नहीं चाहता। ऐसे संत कहाँ मिलते? जीवन में न बुद्ध न शंकराचार्य की आवश्यकता महसूस करता। अपना ही सहज दर्शन जीता जो कृष्ण की निरंतरता से रल-मिल आया; चाहे कोई कितनी फब्तियाँ कसे, कुछ भी नाम पुकारे। वह मीरा, बुद्ध और शंकराचार्य के समाज को न मानता। समाज को ही न मानता। ऐसा अदम्य साहस गधे का ही होता। मीरा से पहले और बाद में संतों की भीड़ ईश्वर की तरफ चली तो जन-साधारण भी चला; बुद्ध अनीश्वर की ओर चले तो समाज भी चला। लोग अलग-थलग मतों के हो रहे और आज भी अलग-थलग हैं। लेकिन गधे जैसे पहले थे, सो आज भी हैं। आदमी अपनी सहज प्राकृतिक लीक न पकड़ किसी और की दौड़ में शामिल हो रहता। सब गुमराह लगते। सदा आत्मा की पुकार और संसार की आसक्ति के बीच फँसे रहते। गधे को छोड़ कोई न सोचता, 'क्यूँ चलूँ?' इतनी सहज और मुक्त आत्मा कहीं न मिलेगी। न ईश्वर चाहिए न अनीश्वर। न आत्मा न संसार। निर्लिप्त, निर्भाव, निर्विचार, जैसा बना वैसा रहा; न कम न ज्यादा होने की अभिलाषा। खुद के होने पर कभी प्रश्न न खड़े किए। अबुझमाड़िया को छोड़ शायद ही कोई उसके इतने करीब आता हो। इतना पूर्ण विरक्त। किसी भी विचार, मत, आत्मा या संसार के पीछे न दौड़ता। जैसे त्याग को भी त्याग दिया हो। वह सिद्धों की तरह बुद्धि से ऊपर उठा निकला। कहीं ऐसे तल पर रहता जहाँ बुद्धि की न तो कोई भूमिका है, न औचित्य। सिद्धों समान जानता बुद्धि केवल क्षीण प्राणी काम में लाते। ऐसे अपनी अवधारणाओं की व्याकुलता में जीते। सिद्ध स्वयं को हर हाल में स्वीकारता और सहजता के आनंद में जीता।

किसी को बुद्धिहीन या अहमक कहना हो तो लोग अकसर उसे गधा कह देते। अब तो शब्द बदल गए। 'अहमक' शब्द तो जाता ही रहा। उस संग एक शब्दावली और उससे पैदा होनेवाले अहसास और जायके भी विलुप्त हो रहे।

मेरे पड़ोसी गाँव शाहबेरी में भी गधा देखने को न मिलता। कुत्ते, गाय, भैंस, बकरी तो यदा-कदा देखने को मिल जाते, गधा नहीं दिखता। अब आदमी के जीवन में उसकी भूमिका नहीं बची। तनिक और गौर से देखें तो आदमी के अपने जीवन में खुद अपनी भूमिका नहीं बची। कुम्हार और धोबी दोनों गए। उन संग गधा भी गया। एक शब्दावली और दर्शन भी जाते रहे।

अब उसे देखने को मन ललचाता। मैं उसे भूल न पाया।

□

# 31

# लोक-समाज और आदिवासी : गांधी की प्रासंगिकता

गांधी को किसी ने उस मायने में अप्रासंगिक नहीं बनाया। वे व्यर्थ होते चले गए। अब उस मायने में हम गांधी को प्रासंगिक भी नहीं बना सकते। उनकी प्रासंगिकता या अप्रासंगिकता निर्भर करेगी कि हम कैसा समाज चाहते हैं।

जिस समाज में हम अब रह रहे हैं, उसके प्रेरणा स्रोत कहाँ से आते हैं? जब तक कि लोकपन की महत्ता न होगी, तब तक गांधी असंगत ही रहेंगे। जहाँ एक ओर गांधी मर्यादा को मान देते थे, वहीं दूसरी ओर तकनीकी समाज निरंतर हर मान्य मर्यादा और सीमा को पार कर रहा है। ऐसे में गांधी की सार्थकता क्या हो सकती है? उतनी ही जितनी एक अबुझमाड़िया की। प्रासंगिक बनाने गांधी को कट और पेस्ट थोड़े ही किया जा सकता है? कट-पेस्ट तो हम वैसे भी जीवन के हर क्षेत्र में कर ही रहे हैं। ये कट-पेस्ट जैसे तरीके नहीं चल सकते कि चलो एक पेंच यहाँ कस दिया और दूसरा वहाँ ढीला तो गांधी भी आन रहेंगे तथा जीवन और समाज भी बने रहेंगे। अपनी पूरी बुनियादी दृष्टि—निजी और सामूहिक—बदलने का मसला है। केवल दुरुस्त करने की बात नहीं है, बदलने की बात है। वे क्या हैं जिनसे मेरी जीवन-दृष्टि और विश्व दृष्टि बनती है? कौन-सी प्रेरणाएँ हैं? कहाँ से आती हैं? कहाँ ले जाती हैं?

चंबल घाटी में पहला बागी समर्पण '60 में हुआ था। मानसिंह की मृत्यु के बाद बागियों ने गांधीवादी विनोबा के ही सामने क्यों समर्पण किया? किसी नेहरू को क्यों नहीं समर्पण किया? न नेहरू को जरूरत लगी, न नेहरू के सामने समर्पण हुआ! विनोबा एक ऐसी आध्यात्मिक और नैतिक विश्वदृष्टि से आते थे जो बागी की भी थी। वो विनोबा की भी थी। एक साझापन था। आज का कोई व्यक्ति, आज का मैं या कोई और, उस दृष्टि का हिस्सा ही नहीं है तो बागी के समर्पण की बात ही

खत्म हो चुकी है। वो दृष्टि ही न बची तो समर्पण का विषय ही नहीं उठता। तो अगर गांधी की दृष्टि को फिर से ताजा करना है तो सबसे पहले अपने आप और अपने समाज को देखना पड़ेगा। अपने प्रेरणा स्रोतों और उनकी भाषा को देखना पड़ेगा, दृष्टि को देखना पड़ेगा। हम चंबल के डाकुओं को डाकू कहते हैं, लेकिन स्थानीय समाज अपनी बोली में बागी कहता। उन्होंने बगावत करी हुई थी। हमने स्थानीय समाज के 'बागी' के बदले 'डाकू' क्यों चुना? अपनी दृष्टि की जो निराशाएँ, कुंठाएँ, थकान है और उनसे उत्पन्न भाषा—उन सबको देखना पड़ेगा। अगर हमें लगता है कि हम अपनी अति पर आन आन पहुँचे है तो गांधी की तरफ खुद ही बढ़ चलेंगे। इस तरह से नहीं कि लाल किले पर त्योहार और लोकनृत्य करा दिए। एक पूरी दृष्टि की बात हो रही है। अगर हमें लगता है कि हम कगार पर पहुँच गए हैं, जहाँ सुख की दिशा में आगे बढ़ना अब संभव नहीं रह गया है, न निजी जीवन में न ही सार्वजनिक जीवन में, तो हम प्रेरणास्रोत कहीं और खोजेंगे, कहीं और मुड़ेंगे। हमारा सबसे करीबी स्रोत हमारा अपना लोक-समाज है। अगर हमें लगता है कि नहीं अभी और गुंजाइश है तो फिर हम उसी दिशा में आगे बढ़ते चलें, जिसमें हैं। समाज अपने जहन पर, अपनी दिशा, प्रेरणाओं और मंसूबों पर जब तक प्रश्न नहीं लगाएगा, गांधी की प्रासंगिकता न महसूस करेगा न होगी। हमें आज भी लगता है कि एक धक्का और लगाने की जरूरत है और हम पार हो जाएँगे। ये आधुनिकता के प्रलोभन हैं; बड़ी मायावी चीज है। आगे धकेलती ले जाएगी; खींचती चली जाएगी जब तक कि हमारी वापसी असंभव न हो रहे। एक धक्का और लगाओ। एक धक्का और लगाते-लगाते मसजिद टूट गई।

मेरे बचपन के गाँव में हिंदू धर्म की कभी कोई ऐसी दिखने योग्य उपस्थिति नहीं थी। बुद्ध भगवान् को कोई न जानता था। मेरे बचपन में तो कोई न जानता था। अशोक महान् को भी कोई नहीं (हालाँकि गाँव में एक-आध का नाम 'अशोक' जरूर हुआ करता)। औरंगजेब का सुना था, लेकिन औरंगजेब की न सुनी; बाहर ही रखा। क्योंकि लोकसमाज खुद को सीमित दायरे में रखता तो हमारी चौरासी गाँव की खाप हुआ करती थी। चौरासी गाँव हमारा संसार हुआ करता। यूँ कुल संसार तो बृहद् हुआ ही करता, लेकिन गाँव का संसार चौरासी की खाप तक ही हुआ करता। उसके आगे ऐसे कोई खास सरोकार न होते। अब गाँव का स्केल, साइज और स्पीड बढ़कर वैश्विक हो गया है। इसने तो गांधी को बाहर धकेल दिया। गांधी तो न स्केल के थे न स्पीड और साइज के।

2013 तक मैं बस्तर में था। यहाँ गांधी बस्तर से कितने जुड़ जाते हैं, हालाँकि वे कभी बस्तर न गए और न बस्तरवालों ने कभी गांधी को सुना। अब जो स्कूल या कॉलेज जा रहे हैं उन्होंने सुन लिया होगा, अन्यथा नहीं सुना।

बस्तर में एक गाँव ने हमें तीन एकड़ जमीन यूँ ही दान दे रखी थी। उस पर हमने तीन चार झोंपड़े बनाए हुए थे। हम कुछ करते-वरते नहीं थे, क्योंकि लोक-समाज खासकर 'आदिवासी समाज' अधिकांशतः अकर्मी होता है। यह सिर्फ आधुनिक समाज है जिसे लगातार जरूरत लगती है कि कुछ करना है। बहरहाल, साल में दो-तीन बार मैं स्थानीय गुणी-वैद्यों के साथ वहाँ एक मिलना-जुलना कर लिया करता था। एक सभा हेतु अपने गुणी मित्र नुरेटी को सूचना और न्योता देने मैं उनके गाँव फूलपुर गया। फूलपुर मेरे रिहायशी गाँव से कोई सत्तर किलोमीटर था। उस रोज मुझे इत्तेफाक से काँकेर शहर का एक मित्र गाड़ी में ले चला था। जब मैं फूलपुर पहुँचा तो देखा कि मेरे ही गाँव के एक बुजुर्ग नुरेटी के पास इलाज के लिए दस दिन से रह रहे हैं। दुआ-सलाम हुई और मैंने पूछा कि आप कब वापस जाएँगे? बोले मेरा इलाज तो आज ही सुबह पूरा हो गया और आज ही गाँव निकल पड़ूँगा। तो मैंने कहा दिनेश मुझे गाड़ी में ले आया है और अब हम तीनों साथ चलेंगे। उन्होंने कहाँ कि हाँ ठीक है। फिर और दो-चार बातें हुईं, जो बीड़ी-बाड़ी पी जाती है सो पी गई। नुरेटी ने सभा में आने का वायदा किया। रस्म मुताबिक चुटकी भर तंबाकू भी लिया-दिया गया। आध-पौन घंटा और लग गया। तब मैंने बुजुर्ग से कहा—'अच्छा आइए, बैठिए गाड़ी में।' तो वे बोले मैं नहीं बैठता। पूछने पर बोले कि नहीं तुम लोग चले जाओ गाड़ी से। मैंने कहा, 'आप सत्तर किलोमीटर जाएँगे, आप की उम्र 70-75 साल है, बीमारी से उठे हैं अभी, फिर बीमार हो जाएँगे। बोले नहीं, बीमार नहीं हूँगा, मैं पैदल ही जाऊँगा। मैंने कहा, 'आपको तीन दिन लग जाएँगे। पहाड़, नदी, घाटी, जंगल, पैदल और उम्र इतनी हुई पड़ी है। आपको कम-से-कम तीन दिन लग जाएँगे और हम तीन घंटे से कम में पहुँच जाएँगे। तो साथ चलिए, गाड़ी में जगह भी है।' वे नहीं माने। बहराल, बैठे ही नहीं। मुझे कुछ समझ न आ रहा था तो कौतूहलवश पूछ लिया कि आप गाड़ी में क्यों नहीं आ रहे? तीन दिन का सफर तीन घंटे में कट जाए तो क्या आपत्ति है? उन्होंने कहा, 'देखो, गति हम आदिवासियों को भाती नहीं है। हालाँकि मेरी उम्र हो चुकी है, लेकिन मैं पैदल ही जाऊँगा। यहाँ से तीन-चार दिन लगेंगे। उन्हीं पुरानी पगडंडियों से होता हुआ, पुराने गाँव, जहाँ मेरी जान पहचान है, दोस्त और जानकार लोग रहते हैं। एक गाँव में

मेरे समधी भी रहते हैं। उन सबके यहाँ रुकता-रुकाता जाऊँगा। सगे-संबंधियों से मिलता हुआ, बच्चों को आशीर्वाद देता हुआ, नदियों में नहाता, पेड़ों तले सुस्ताता हुआ जाऊँगा। इसमें मेरा और स्वास्थ लाभ होगा। तुम्हारी गाड़ी में बैठ कर जाऊँगा तो सही बात है कि तीन घंटे में पहुँच जाऊँगा, लेकिन फिर बीमार पड़ जाऊँगा।' ये हिंद स्वराज के गांधी बोल रहे थे। जैसे मैंने पहले कहा गांधी कभी बस्तर गए, न बस्तर वालों ने कभी गांधी को सुना तो जब तक खुद और गांधी को ऐसे परिप्रेक्ष्य में न देखेंगे उनका पुन:स्थापन कॉस्मेटिक ही हो सकता है; सो तो हो ही रहा है। उसमें और कुछ फेरबदल करने की जरूरत नहीं है। इस कॉस्मेटिक को थोड़ा और ज्यादा कॉस्मेटिक बना लें—क्या हर्ज है? लेकिन किसी संजीदा मायने में अगर हम गांधी का पुन:स्थापन चाहते हैं, किसी गहरे मायने में तो मौजूदा राजनीतिक, सामाजिक और टेक्नोलॉजिकल संरचनाओं और प्रक्रियाओं, जो स्केल, साइज और स्पीड से आते हैं, के चलते न हो पाएगा। एक समाज जो स्पीड, स्केल और साइज से संचालित है उसके ढाँचे भी उन्हें पूर्ण करनेवाले बनेंगे।

अलग-अलग समुदायों में जिस तरह के सामाजिक रिश्ते थे, चाहे आपस में या फासलों और गति के साथ या मवेशी के साथ, चाहे खेती के साथ—अब तो खेती बदल गई है, अब खेत से रिश्ता न हो व्यापार है—तो उसमें, जो रिश्ते बनते थे, उसमें गांधी की प्रासंगिकता बनी। उन्हें मजबूत कर गांधी ने हमारा आत्म-सम्मान जगाया कि हम जो कर रहे हैं, ठीक कर रहे हैं। बाकी सबने हमारा आत्म-सम्मान तोड़ा, आयातित राजनीतिक-सामाजिक ढाँचों ने, अर्थव्यवस्थाओं ने, टेक्नोलॉजी ने, आधुनिक शिक्षण, उपचार पद्धति, तौर-तरीकों आदि ने। तो चाहे मेरे बचपन का गाँव हो या बस्तर या अन्य, इनमें गांधी बड़े प्रासंगिक हो रहते हैं। बाकी समाज में गांधी के लिए कॉस्मेटिक के अलावा कोई गुंजाइश नहीं बनती। बने भी कैसे? हमने ये हश्र किया अपने लोक-समाज का कि हाशिए पर धकेल अप्रासंगिक कर दिया। यद्यपि लोक-समाज, उसका तत्त्व और सार, अभी भी बचा हुआ है। लंबा न बच पाएगा।

हमारा आम समाज ऐसे ही हुआ करता था; मेरे बचपन के गाँव और इलाके में भी ऐसा ही कुछ हुआ करता था। सामाजिक विज्ञान, राजनीतिक विज्ञान, इतिहासकार, मजहबी आलिम, विश्लेषणकर्ता या अन्य प्रबुद्ध कुछ भी कहें, हमारा समाज ऐसा ही हुआ करता था। लेकिन आधुनिक समाज में इसे तरजीह नहीं है, न दस्तावेजीकरण हुआ, न उस काबिल माना गया। एनेक्डोट, किस्से कहानी, जैसा कह खारिज कर दिया गया है। तो यही तो गांधी का समाज था; यही राम-राज्य था।

गांधी ने कोई नया समाज न बनाया। उसी समाज की आपसदारी का आत्मसम्मान बढ़ा मजबूत किया; उस दृष्टि, मानस और भाषा-मुहावरे को मजबूत किया। वो गांधी ने ईजाद न किया; लोक का अपना था। गांधी ने सम्मान और बल दिया। अब इसका मतलब यह नहीं कि लोगों में आपसी तकरार नहीं होती थी, आपसी कहा-सुनी नहीं होती थी, तनाव नहीं होते थे, झगड़े नहीं होते थे, लेकिन वह महज आपसी होते। वो सांप्रदायिक, सामुदायिक नहीं होते। वो बोली और मुहावरा आपसदारी और समर्पण का है। तो इस तरह की चीजे उम्मीद जगाती हैं। बहुत नहीं जगाती, क्योंकि अब यह सब कमजोर और गायब होती चीजें हैं। लोकपन का मुहावरा और दृष्टि गायब होती चीज है। बात करने वाले इन पर बात भी नहीं करते; लेकिन गांधी की प्रासंगिकता को कट-पेस्ट करते।

हमारा परिवार आर्य समाजी था। मूर्ति पूजा मना थी। घर में भगवान् की तसवीर या मूर्ति नहीं होती थी। गाँव में एक शिवालय था। विश्वास करना मुश्किल हो सकता है कि शिवालय की देख-रेख न होती थी और वो बदतर हालत में रहता। शिवालय तालाब किनारे हुआ करता था। तब सूखे का जमाना नहीं था, अब तो कहीं पानी नहीं मिल रहा। मैं 50-60 साल पुरानी बात बता रहा हूँ। शिवालय का शिखर तिकोन और ऊँचा था। उस पर सीमेंट के साँप-से बने होते थे। वे भी कहीं से टूटे-फूटे। स्तंभ भी यहाँ-वहाँ से टूटे-फूटे थे। गाय, बैल, भैंस, बकरी चरने जाते और भरी दोपहर में जब गर्मी बढ़ जाती तो पानी पीने तालाब चले आते। उन्हें छाँव भी चाहिए होती तो कुछ शिवालय में घुस आते, बाकी पेड़ों तले बैठ जाते। शिवालय में कोई आदमी तो जाता न था। पूजा अर्चना हमें मना थी। मुझे आज तक समझ नहीं आया वो शिवालय बना क्यों था। न कोई बता पाया। शायद यूँ ही बना दिया। पुराना समाज इतना मकसदी न हुआ करता था कि सिर्फ मकसद वाले काम करे। बहुत कुछ तो यूँ ही कर लेता था। देखा-देखी में भी कर लेता। ऐसे ही घर की छत पर सीमेंट का हवाई जहाज बना खड़ा किया। घर के मुख्य द्वार पर, करीबन बारह फीट ऊँचे, आयना जड़ दिया। इतना ऊँचा कि कभी कोई अपना चेहरा न देख पाता। उसपर चिड़ियाएँ आ अपनी छवि को चोंच मारतीं। बहुत कुछ यूँ ही हो जाता था। फलाँ चीज, फलाँ गाँव ने बनाई तो हमने भी बना दी। तो जैसे शिवालय था वैसे ही मसजिद भी थी, टूटी-फूटी सी। ना शिवालय की देख-रेख थी न मसजिद की। मसजिद से कभी अजान न सुनाई दी। तो धर्म और मजहब का मात्र उतना ही स्थान होता था—एक जैसा। लत्ते-

कपड़े भी एक जैसे, तब तहमंद या पाजामा होते। बड़े-बुजुर्ग धोती बाँध लेते थे, लेकिन घुटनों से तनिक ऊपर तक की, कोई लंबी धोती नहीं। अब तो मुसलमान छोटा पाजामा पहनता है और हिंदू टीका-चंदन करता है। ज्यादा हिंदू हुआ तो लंबी धोती भी बाँध लेगा। तो लिबास एक जैसा, बोली एक, मुसलमान भी राम-राम कर लिया करता था साझा, गली में गुजरता हिंदू भी उसे सत्बाह कह लेता। वालेकुम-अस्सलाम या नमस्ते न थे। एक अरबी शब्द है, दूसरा संस्कृत। हमारी बोली के न थे। तो साझी बोली, साझा लिबास, साझा खान-पान। कोई यह कहे कि मुसलमान गाय खाता था, कोरा झूठ है। पता नहीं हम इसे कैसे फैलाते हैं और विश्वास कर लेते हैं। मेरे गाँव का कोई मुसलमान गाय न खाता था। आसपास के तमाम गाँव के मुसलमान ऐसे ही होते। पश्चिमी उत्तर प्रदेश में करीबन 35 प्रतिशत मुसलमान होंगे। जो मूलत: मुसलमान गाँव हैं, वे मजबूत गाँव हैं। अच्छी जमीन है, अच्छी पैदावार। गाय या मांस न खाना कोई धार्मिक वगैरह मसला न था। सांस्कृतिक मसला था। हमारी संस्कृति में मांस खाना अच्छा न माना जाता। कोई बकरा न खाता था, मुर्गा न खाता, अंडा भी नहीं। कभी-कभार खा भी लिया तो लुक-छिप के खाया। समाज लुका-छिपी में बड़े बड़े काम कर जाता है। मुसलमानों के यहाँ जरूर ईद के रोज बकरा कटता था। मैं तो बहुत छोटा था, लेकिन चचेरे भाई या हमसे बड़े और लड़के चुपके से किसी मुसलमान चचा के यहाँ पहुँच जाते। उन्हें पता होता ईद का बकरा कटा है। अब अगली ईद तक न कटेगा। हालाँकि छुआछूत भी थी कि मुसलमान के घर नहीं खाएँगे। समाज के ऐसे स्वीकार्य होते, इनपर कोई झगड़ा नहीं होता था। इनपर कभी कोई समता, न्याय या बराबरी जैसे मुद्दे न होते। ठीक है हम तुम्हारे घर नहीं खाएँगे और तुम हमारे यहाँ नहीं, लेकिन हम संग रह सकते हैं—ऐसा पारस्परिक स्वीकार्य था। उसी से ही लोक-समाज की आपसदारी होती। तो अँधेरा होते ही लुका-छिपी उस चचा के घर पहुँच जाते, बकरा खाते, किसी को पता भी नहीं चलता। इस समाज ने लुका-छिपी में बहुत बड़े-बड़े काम किए हैं, आपसी तालमेल बनाए हैं कि साल में दो-एक बार जरूर तुम्हारे यहाँ बकरा खाएँगे, लेकिन किसी को बताना मत। यह बड़ा विविध समाज हुआ करता था। बकरा खाने पर हमें मनाही थी, लेकिन फिर भी खा आते। मुसलमान के यहाँ खाने पर मनाही थी, लेकिन उसी के यहाँ खा आते। समय आने पर सामाजिक व्यवहार कुछ और भी हो जाता। एक प्रतिबंध है भी, लेकिन समय आने पर नहीं भी है। इस तरह के लचीलेपन

में समाज, रिश्ते, अनुभव और आपसी सूझ-बूझ चलते तो समाज की जितनी भी अहिंसा थी, बनी रहती। हिंसा दूर रहती। सन् 1947 में जब बँटवारा हुआ तो हमारे यहाँ के पूरे इलाके में बागपत के नवाब के अलावा शायद ही कोई पाकिस्तान गया हो। इक्का-दुक्का छोड़ हिंसा न हुई।

माँ की मृत्यु दस साल पहले हुई। तब वो लगभग 90 साल की थी। मैं अकसर उससे उसकी पुरानी यादों की बातें पूछ लिया करता था। तो जो माँ, बाऊजी या अन्य बड़े-बुजुर्गों के अनुभव और यादें थीं कि हिंदू-मुसलिम रिश्ते कैसे होते थे। खेती संग रिश्ते कैसे होते थे, मवेशी के साथ कैसे, गाँव और घरों की फैलाहट या बनावट कैसी, काली आँधी कैसी होतीं, दुकानें कितनी होती और उन में क्या-क्या मिलता, केवल मुनाफे की न हो अर्थव्यवस्था मर्यादा की कैसी होती थी? मुनाफे को बुरा माना जाता था, ऐसी बातें बड़े बुजुर्गों के अनुभवों और यादों से ही मालूम पड़ीं। उन जैसों के अलावा बातें जानने का अन्य कोई और स्रोत था भी नहीं। जिसने अनुभव किया है, वो ही बता पाएगा। अखबार, पुस्तकें, सेमिनार आदि न भरोसे के थे न हैं। सन् '47 में बताया जाता है कि मुल्क के अनेक हिस्सों में मारकाट हुई, लेकिन मैं अपने गाँव और इलाके की बात करूँगा, क्योंकि मूलत: मैं पूरे हिंदुस्तान का आदमी नहीं हूँ। अपने इलाके को अपने बड़े-बुजुर्गों से जानता हूँ; कुछ अनुभव मेरा अपना भी है। उससे अधिक अखबार, किताब, सेमिनार आदि जैसे अजनबियों से सुनी-सुनाई बातें हैं। मैं हिंदुस्तानी हूँ पर पूरे को नहीं जानता—खुद से इतनी विनम्रता की उम्मीद भी करता हूँ। ऐसी स्मृति किसी पुस्तक में नहीं मिलती। वह केवल दिमाग की नहीं होती। पता नहीं कहाँ की होती, लेकिन वह सिर्फ सदियों के रोजमर्रा के अनुभव और व्यवहार से आती है।

यह लोक-समाज है। इस तरह की भूमिका और रिश्ते हों तो गांधी प्रासंगिक होंगे, जब हम अपने तकाजों से मुँह न मोड़ मर्यादित रहें।

पुस्तक लिखने का भी अपना डिजाइन होता है। रिसर्च सिस्टम्स और यूनिवर्सिटी सिस्टम्स एक डिजाइन के तहत चलते हैं। मैं यह नहीं कह रहा वो डिजाइन अच्छा-बुरा है। सिर्फ इतना कि वो भी एक डिजाइन है। उनमें माँ की बातों का स्थान नहीं है। इनको ऐसे ही सिर्फ एनेकडोट, किस्से-कहानी के रूप में सुना जाता है और वहीं पर छोड़ भी दिया जाता है। वह हिंदू फकीर, जो ईद के समय ईश्वर के नाम पर रोजी, रोजे और रोटी की बरकत की बात कह रहा था, सिर्फ सुनने में अच्छा लगेगा, लेकिन अध्ययन या रिसर्च का हिस्सा न बन पाएगा। अब

ये किस्से-कहानी हो गए। लोग संजीदगी से नहीं लेते। सहमना लोग ले सकते हैं, लेकिन सब तो सहमना नहीं होते। तो लगभग पूर्ण नकार है उस ज्ञान और अहसास का; उस दृष्टि को वजन ही न मिल पा रहा। बस्तर के आदिवासी के साथ यही हुआ। नक्सलवादी और उनके सहमना कहते रहे उनकी जमीन छीन ली गई है, उन्हें विस्थापित कर दिया। यह सब तो हुआ ही है; सच है पर उससे भी घातक हुआ कि उनके अनुभव में जो सामंजस्य था, जो पड़ोसी को पड़ोसी से और गाँव को गाँव से जोड़ता था, वो समाप्त कर दिया गया। पूरा आदिवासी समाज केवल आपसी भरोसे पर टिका था। किसी पॉलिटिकल सिस्टम, आर्थिक ढाँचे या टेक्नोलॉजिकल प्रक्रिया पर नहीं। ये सब तो हाल तक वहाँ नहीं थे। केवल भरोसा और विश्वास था। जैसे बचपन का मेरा गाँव भी ऐसे भरोसे पर टिका था। अब वो भरोसा टूट गया है, इससे अधिक मूल्यवान शायद कुछ न होता हो। मेरा बस्तर से वापस लौटने का एक कारण यह भी था कि बस्तर रहने लायक नहीं रह गया था। जिस समाज में भरोसे नहीं, वहाँ सब एक-दूसरे को शक या निजी बचाव की निगाह से देखते हैं। मेरा पड़ोसी पुलिस का मुखबिर है या माओवादी का? मेरी भाभी कहीं दलम की सदस्या तो नहीं? उनकी सभाओं में तो नहीं जा रही? अगर जा रही है तो मुझे सँभलकर रहना पड़ेगा, मेरी कुछ बता न दे। पेशी लग जाएगी दलम में। गोली मार सकते हैं; मार भी देते हैं। या मैं सुबह अपने गाँव से निकला—मुझे अपनी बहन के गाँव जाना है, जहाँ वो शादी हो के गई है। या मुझे अपने दोस्त के गाँव जाना है या मुझे किसी त्योहार में जाना है जो दूसरे गाँव में हो रहा है या गुणी को दवा-दारू करने बुलाने जाना है। भरोसा नहीं है वहाँ पहुँच जाऊँगा। पता नहीं पगडंडी पर बारूदी सुरंग बिछी हो, पेड़ों पर उनके बंदूकवाले बैठे हों या आते-जाते उनका या पुलिस का कोई दस्ता टकर जाए, तब खैर नहीं। सो जब एक समाज के बुनियादी ताने-बाने भी टूट जाते हैं तो उसे पॉलिटिकल सिस्टम चाहिए, मजबूत अर्थव्यवस्था और लगातार विकसित होती टेक्नोलॉजी चाहिए, पार्लियामेंट और कचहरी चाहिए। उस समाज के अपने स्रोत और संसाधन खत्म हो चुके होते हैं। अब बनावटी चाहिए। समाज चलाना है। अब समाज वेंटीलेटर पर चलेगा तो वेंटीलेटर में सुधार करते रहिए। कट-पेस्ट करते रहिए, कभी गांधी को कभी बुद्ध को। कोई पेच यहाँ कस दीजिए, कोई वहाँ ढीला कर दीजिए। आधुनिक समाज ऐसे ही चल रहा है। इसका न लोक है न परलोक। ऐसे से जो व्यवस्थाएँ, प्रक्रियाएँ, शासन-प्रशासन प्रणाली, प्रेरणाएँ, मंसूबे और जीवन दृष्टि आएगी तो संकेत निश्चित बुरा और आत्मघाती है।

लोग कहते हैं, 'मजबूरी का नाम महात्मा गांधी'। सो सच है कि दशकों से ऐसा ही कहा जा रहा है। मेरे गाँव में भी, बस्तर में भी और अन्य जगहों पर भी। अपनी बोली बोलने से मुझे मना कर दिया। मेरी बोली में मेरे स्वंय को गाली नहीं दी जाती है। आप मुझे कोई दूसरी भाषा दे दें, उसमें मैं लगभग कुछ भी कह सकता हूँ। हिंदी में गाली दे दें, कह सकता हूँ कि 'मजबूरी का नाम महात्मा गांधी'। अपनी बोली में नहीं कह सकता। बोली की संवेदनाओं में यह नहीं आता। मेरा निज मुझसे ले लीजिए, फिर कुछ भी कहलवा लीजिए। जब निज नहीं तो जो होगा आप का ही लूँगा। जिस तरह नचाएँगे, नाचूँगा। जो मूल्य देंगे मुझे मजबूरन लेने पड़ेंगे, क्योंकि जिंदा रहना है। जैसे आदिवासी को इस वैश्विक आर्थिक व्यवस्था के बंदोबस्त लेने पड़े नहीं तो चूल्हा न जल पाए। आधुनिक आर्थिक व्यवस्था अधिक-से-अधिक की है। वन की बे-मुनाफे की व्यवस्था खत्म कर डाली। वो भी एक आर्थिक बंदोबस्त था। मजबूरन वैश्विक से जुड़ना पड़ा—चूल्हा जलाए रखना था। उसमें तो ज्यादा-से-ज्यादा मुनाफा लेना ही पड़ेगा, वरना आप बाहर फिंक भूखे मर जाएँगे। इसलिए जो कभी न किया, आदिवासी उसे आज कर रहा है—अपने जंगल खुद काट रहा है। अपना रहन-सहन खुद बरबाद कर रहा। जब फॉरेस्ट ड्वेल्लर्स अधिनियम 2007 आया तो बुद्धजीवियों, आंदोलनकर्ताओं, मीडिया जैसे मजबूत वर्गों द्वारा उसका विरोध होना चाहिए था; उलटे सशक्त समर्थन दिया। अधिनियम के पहले और भी बहुत कुछ आता रहा है—परोक्ष और अपरोक्ष दोनों तरह से। उसकी गिनती लंबी है। संक्षिप्त में कहा जाए तो अधिनियम आने तक आदिवासी वैश्विक अर्थव्यवस्था से जुड़ चुका था। राजनीतिक कारणों से उसे जंगल पर अधिकार दिया तो उसे जंगल को खाने में ही अपना बचाव दिखा। आपने अधिनियम बनाया तो खुद खाने हेतु था तो आदिवासी आपका काम करेगा। आप को मुनाफा भी आएगा और आँच भी न आएगी। बस्तर में यह अधिनियम आने के बाद भीतरी गृह युद्ध भी हुआ। पहली बार पुराने रिश्ते टूटे और जानें ली-दी गईं। घर जलाए गए, मवेशी मारे गए। सदियों में यह न हुआ था। जो आदिवासी और गैर-आदिवासी सदियों से संग-संग रह रहे थे (बिना दोनों के गाँव पूर्ण न माना जाता था), उन्हीं ने एक-दूसरे को मारा या बेदखल किया। पुराना और गहरा रिश्ता एक गैर-स्थानीय अधिनियम के तहत टूटा। आदिवासियों ने मानना शुरू कर दिया, अब तो अधिकतम मुनाफा चाहिए। मुनाफा भी, जंगल भी, जमीन भी और जीवन भी अधिकतम। मान-मर्यादा न चाहिए। तो सदियों में पहली बार आदिवासी ने गैर-आदिवासी से कहा, 'देखो, तुम तो यहाँ के मूल बाशिंदे नहीं

हो, तुम्हारे तो पुरखे आए थे, गुजरात से या राजस्थान या मध्य प्रदेश से या महाराष्ट्र से। तो तुम वापस चले जाओ'। क्योंकि पहली बार उन्हें लगने लगा जंगल और जमीन में कहीं इनकी भी हिस्सेदारी न हो जाए। वह स्वंय जिसने हजारों साल उसे वहाँ उसी जमीन पर रखा। जब वह पहली बार पहुँचा होगा तो आदिवासी ने यही कहा होगा कि 'मेरे पास तुम्हें देने के लिए कुछ नहीं है। न मैं खेती जानता हूँ, न मेरे यहाँ कोई उद्योग हैं, न व्यापार। मेरे पास ऐसा कुछ नहीं है जो तुम्हें दे सकूँ लेकिन तुम आए हो तो मेरे साथ मेरे गाँव में रह सकते हो। घर बनाने के लिए तुम्हें जमीन का एक टुकड़ा दे सकता हूँ।' वही आदमी इस अधिनियम के बाद कह रहा है तुम चले जाओ वापस, क्योंकि यह जमीन हमारी है, हमें ही मिलनी चाहिए। पुराने तकाजे थे तो मारकाट ज्यादा नहीं हुई, लेकिन फिर भी काफी हुई। दोकरानला और अन्य जगह गाँव और घर जलाए गए। मवेशी खोलकर जंगलों में भगा दिए गए कि वहाँ उन्हें शेर या तेंदुआ खा जाए। यह पहले कभी न हुआ था। आदिवासी की मूल दृष्टि चर्रमर्र कर दी गई। एक नई दृष्टि बनी जीवन की, जिसके अंतर्गत कल तक का अपना भी शत्रु दिखने लगा। हिस्सा सिर्फ मेरा है और अपना उसे खा जाएगा तो 'महात्मा गांधी का नाम मजबूरी' यह एक जुमला तो है ही, लेकिन यह उससे आगे भी जाता है। एक निजीत्व का छिन जाना। जिससे मेरा मैं बनता था, एक आत्मसम्मान आता था, मर्यादाएँ बनती थीं, वह सब धराशायी हो गया।

अब इससे वापसी कैसे हो? यह तो रग-रग में जा चुका है। आज हम में से कितने लोग हैं, जो अपनी बोली आत्मसम्मान से बोलते हैं? बोलना तो दूर, बताते भी नहीं हैं। देखने में यह बात छोटी लगती है, लेकिन सहजता या असहजता जहन को बनाती या बिगाड़ती हैं। मैं कौन-सी भाषा बोल रहा हूँ? बोली कौन-सी बोल रहा हूँ? मेरे शब्द कैसे हैं? मेरी भाषा में शब्द कितने हैं? उतने की जरूरत है क्या? अबुझमाड़िया 500 शब्दों में सदियों से रहता आया और कहीं ज्यादा खुश, उत्साही और विवेकी है। मेरे यहाँ अनगिनत शब्द होकर भी मैं अपनी बात नहीं कह पाता। कुछ बुनियादी टूट गया है।

जब उपरोक्त धराशायी हो जाता है तो वापस अपने 'स्वंय' पर लौटना मुश्किल हो जाता है। पूरी कोशिश है मेरा स्वयं मेरी धरती से न आए, जहाँ से मैं बना हूँ। उसके प्रेरणा स्रोत बाहर से आएँ तो इस जमीन का जो भी है वो बुरा और हीन है—अप्रासंगिक है। चाहे वह हिंदुस्तानी होना हो, चाहे मेरे तीज-त्योहार, विश्वास, तौर-तरीके या मान्यताएँ हों, चाहे मेरी बोलियाँ हों, पुराने

आपसदारी के रिश्ते हों या बे-मुनाफे के आर्थिक बंदोबस्त हों। वह सब संसार या वह सब, जिससे वह संसार बनता था, उसकी जड़ें गईं। भरोसा मिटाकर बस्तर की जड़ काट दी। चलने के लिए अब उसे बाहरी स्रोत चाहिए; बाहरी प्रेरणाएँ, दृष्टि, मूल्य, सोच सामाजिक-राजनीतिक-आर्थिक व्यवस्थाएँ, घरों और गाँवों की बनावट, उठ-बैठ, खान-पान, ओढ़ना-पहनना, लहजे-जुबान आदि। उसके लिए पार्लियामेंट, चुनाव प्रणाली, संविधान, उनकी भाषा में हिस्सा लेना जरूरी हो गया है, वरना वह कहीं का न रहेगा। जो आदमी वोट देने के भी काबिल नहीं ऐसे बंदोबस्त में वह कहीं का नहीं।

अंग्रेजी या हिंदी जैसी आधुनिक भाषा में लिखा मुल्क का संविधान आधुनिकता की प्रेरणाओं से आया; किसी बोली में न लिखा गया, न लिखा जा सकता था। संविधान की उस तरह की संवेदनाएँ ही नहीं हैं। वह आधुनिकता की अभिव्यक्ति है। उसका लोक-समाज की लय से लेना-देना नहीं है। लोगों के लिए होकर भी इसकी संवेदनाएँ लोगों जैसी नहीं हैं; लोगों के लंबे और गहन अनुभव से नहीं उभरती। समाजों में देश नहीं हुआ करते। हाल तक गाँव को भी वतन कहा जाता था। 'वतन जा रहा हूँ। दो माह बाद आऊँगा।' आधुनिकता और राजतंत्र ने मेरा मैं और वतन तोड़ दिया। हम अगर अपने उस लोक तारतम्य को स्थापित नहीं कर सकते तो गांधी तो क्या हम भी अप्रासंगिक रहेंगे, खुद अपने लिए भी। गांधी भी अप्रासंगिक रहेंगे। जो भी मेरा है, अप्रासंगिक रहेगा। उसका कोई मूल या तूल न बन पाएगा। चाहे शासन प्रणाली है, सामाजिक बंदोबस्त है, शिक्षा, रिसर्च, कर्म या कुछ और है, मुझे दूसरे का लेना पड़ेगा।

मेरे लिए गांधी वह है जिससे मेरा मैं बना है और जो खो गया है। यह कोई छोटा-मोटा नुकसान न हो जीवन पर्यंत का नुकसान है। गांधी मेरी प्रेरणा थे भी और हैं भी; मेरे भरपूर आदर और स्नेह पर इख्तियार रखते हैं। गांधी मेरी उम्मीद भी जगाते हैं। वो व्यक्ति उस विश्व और जीव दृष्टि को, उस साधुत्व को, जिससे यह वतन बना, उसे चित्त में बैठा छोड़ते थे। गांधी साहस थे। इतने के बीचोबीच रहकर साहसी रह पाना, कुंठित व्यवस्था में रहकर भी साहसी रह पाना, मेरे लिए गांधी का अर्थ इतना ही है। वे सिर्फ हिंसा-अहिंसा नहीं थे। न ही चरखा या तेल घनी थे। वे इस बात को सहज बनाते कि व्यक्ति संसार को कैसे देखता है, उसके रिश्तों को कैसे और उनमें उसका क्या स्थान है। अब मेरा वजूद बनता है तो आधार कार्ड बनवाकर, चुनावी प्रक्रिया का हिस्सा बनकर, स्कूलों में संविधान पढ़कर। इसमें मेरा

निज तो कहीं नहीं है। सो, गांधी का जाना निज सार्थकता का खोना है। यह एक ऐसा खोना है जिसकी पूर्ति शायद कभी न हो पाए।

गांधी की प्रासंगिकता पर 'झोलावाला फिल्म्स' द्वारा बनाई लघु फिल्म/बातचीत ('गांधी मैटर्स ?' 2 अक्तूबर, 2017) पर आधारित

ट्रांसक्राइब करने के लिए मेरी बेटी कुनालिका सिंह का धन्यवाद। पाठन हेतु बातचीत संपादित है

□

32

# ये मस्तिष्क मेरा नहीं

ये मस्तिष्क मेरा नहीं। इसमें हो रहा या न हो रहा, सो मेरा नहीं। इसके मंसूबे, गैर-मंसूबे मेरे नहीं। मानें या न मानें, मैं जानता हूँ मेरे नहीं। जो स्मृति आती और जाती सो भी मेरी नहीं। इसकी भी नहीं। अपने से आती। जो विचार विचरते या न विचरते, सो भी न इसके न मेरे। किसी अजाने अंतरिक्ष में उड़ते-उड़ाते इस पर आन उतरते। जैसे संसार में मैं आन उतरा तो संसार मेरा नहीं हो गया, न मैं संसार का। ज्यों कोई पक्षी उड़ता-उड़ाता किसी छत पर आन उतरे तो छत उसकी नहीं हो जाती; न वो छत का। उतरा और फुर्र हो गया। छत भी फुर्र हो रही। बस इतना ही। ये रामलीला मेरी नहीं; राम की होगी। राम भी मेरे नहीं, अपने होंगे। यह शरीर मस्तिष्क को ढोते घूम रहा; शरीर ऐसा ही है; ढोता है। वो मेरा नहीं। मस्तिष्क भी शरीर का नहीं; विचार भी ऐसे। शब्द भी मेरे नहीं। उसके भी नहीं। ये खुद को गढ़ते स्वयंभू जैसे; राम और लीला रचते और छत पर अल्लले-तल्लले उतर आते; हरते-हराते।

शरीर, मस्तिष्क, विचार, स्मृति, साँस अलग-अलग गिनतियाँ हैं। कोई शरीर कोई अ-शरीर, कोई कुछ और-सा; अनदिखा-सा, लेकिन महसूस होता, जैसे हवा, संयम, प्रसन्नता, हिकारत महसूस होते। सब गिनतियाँ होते। सब विचरते, मिलते-बिछुड़ते, आते-जाते, बनाते-मिटाते। जैसे परिवार, भाईचारे बनते-टूटते। ये एक-दूसरे के नहीं। ये विचार है कि विचार मस्तिष्क के गुण या प्रॉपर्टीज होते। वे खुद में एक गिनती होते जिनका मस्तिष्क से कोई ताल्लुक नहीं। वे उसमें सिर्फ आते-जाते। रामलीला हो रही। मेले लगे हैं। उनके भीड़-भड़क्के, होते-खोते, हँसते-खेलते, मिलते-बिछुड़ते।

इनके मेल-जोल, रार-तकरार, ताने-तकाजे मेरे नहीं। मेल-जोल, रार-तकरार अन्य गिनती है, जो उड़ती-उड़ाती मस्तिष्क के प्राण-अप्राण में आ बैठ रहती।

तो ये जो है मेरा नहीं। यात्रा भी मेरी नहीं। शरीर यात्रा से आन मिला या उलटा

हुआ। राहगीर पगडंडी से आन मिला; या पगडंडी राहगीर से। तिस पर चलने के फासले भी मेरे नहीं तो यात्रा कैसी? कहीं भूल-भुलैयाँ, कहीं दिखता-दिखाता। है तो मात्र शून्य। शून्य का कोई काल या स्थान नहीं—न भूत न भविष्य, न इस पार न उस पार। उसमें घटना न घटती, न अ-घटती न प्राण न अ-प्राण। न शरीर न अ-शरीर—वीरान, निराकार, समयहीन, अघटित। हाल तक के गाँवों के लैंडस्केप, आर्किटेक्चर और व्यवहार में ये अहसास जिंदा रखे जाते। मानव के अपने और अन्य से संबंध पर इसके असर होते। दृष्टि और दृश्य बनते।

जो घटित हुआ, अच्छा या बुरा, सफल या असफल, स्व-स्फूर्त हुआ। उसका कारक न मैं था न हूँ। उसका कारक कोई न हो। स्व-स्फूर्त हो। आदमी कारण धरता, जहाँ कारक ही नहीं वहाँ श्रेय लेता, दोष देता। सृष्टि कारक नहीं, न खुद उसका कोई कारक। होती-मिटती। जिसे घटना नाम दिया गया वो भी उतनी ही स्व-स्फूर्त। प्राणी का बस नहीं, न अ-बस। प्राणी भी स्व-स्फूर्त मेले जैसी गिनती वाली घटना; उसके अनुभव, शिखर और गर्त भी। सब अर्थ, कारण, पौरुष के परे होते। उसके न कारण, न अ-कारण, न सरोकार, न विचार, न परिणाम न परिणामहीनता, न व्यर्थताएँ। घटना-अ-घटना, अर्थ-अनर्थ, कारण-अकारण, पुरुषार्थ, सरोकार, विचार, परिणाम, अपरिणाम, व्यर्थताएँ दुनियावी होतीं। सृष्टि लोक की नहीं। संसार हरता। हर संसार हरता। संसार विचार और अनुमान करता, अवधारणाएँ बनाता। मस्तिष्क और विचारों का खेल रचाता-मिटाता रामलीला करता। गाँव के वीरान संसार को बाँधे रखते। हावी न होने देते, जैसे अबुझमाड़िया ने गिनती पाँच के आगे न बढ़ाई। वो खतरे मोल न लेता।

जो रचा-बसा नहीं उसके पुरुषार्थ···ये कैसे पुरुषार्थ? उसका सिर्फ फौज-फाँटा; गिनती-गणित।

हमें फौज-फाँटा, भीड़ चाहिए। एक अजब सुरक्षा भाव आता। भीड़ की आदत है; व्यवहार भी भीड़ का। भीड़ चाहे लोगों की हो या विचारों, अहसासों, अनुभवों या शब्दों की। हम बिना इनके नहीं हो सकते। रहें भी तो खुद को दो या और अधिक में बाँट लेते और फिर एक अद्वैत में गढ़ने के दर्शन, शास्त्र, धर्म-अधर्म रचते-रचाते। अकेलापन हमें सताता। ज्यों गिनती-गणित अकेलेपन और असुरक्षा के भाव से आए हों। लेकिन बिना अकेलेपन उस शून्य-वीरान की कल्पना भी नहीं हो सकती। जिसका आज तक छोर भी नहीं मिला, उसकी कल्पना भी करें तो क्या करें? उसकी क्या कल्पना, जिसका जिक्र भी कल्पना में नहीं आ पाता? उसे शायद

सिर्फ छुट-पुट उड़नछू महसूस ही कर सकते हैं। इसके लिए सतत, बे-लगाम अकेलापन चाहिए। जीवन में इतना दूभर कुछ नहीं जितना अकेलापन। घटना-अ-घटना, अर्थ-अनर्थ, कारण-अकारण, पुरुषार्थ, सफलता-असफलता, सरोकार, विचार, परिणाम-व्यर्थताएँ, लोक-परलोक, भक्त-भगवान्—सब गिनती की भीड़ हैं। हम उनकी भीड़-भड़क्के की मानसिकता में रहते। मानव समाज की जरूरत और संरचना और उससे जुड़े तमाम सरोकार भीड़ की जरूरत से हुए।

वीरान वो, जहाँ एक भी नहीं; स्व-स्फूर्त। मात्र वीरान; न गिनती न गणित। न गुण न प्रॉपर्टी। गुण रहित, जब आदमी और वीरान में फर्क न रहे; जैसे झाड़ी बगल बैठा वो अबुझमाड़िया तुरंत न समझने देता कि झाड़ी की आकृति कहाँ शुरू हुई और उसकी अपनी कहाँ खत्म। दोनों अगल-बगल बैठे, लेकिन एक भी न होता। मिल के वीरान बनाते। दो की गिनती शून्य हो रहती। शून्य गिनती का नहीं होता।

~

भारत में जन-आंदोलन की कोई स्थानीय ग्राउंडिंग नहीं हो पाती। बेपैंदे-से वे रेत की दीवार पर खड़े होते हैं।

बस्तर में सड़कें बढ़ रही थीं। हिंदी अखबार थे। उनकी सर्कुलेशन काफी बताई जाती थी; रायपुर और दुर्ग से बसों और जीपों में आते थे। लेकिन मुझे पता नहीं पढ़ता कौन था? अपनी बोली की तरफ हीन भावना और तिरस्कार आ रहे थे। वेशभूषा की तरफ भी। स्कूल तो थे ही; बढ़ भी रहे थे। लोग नंगे पाँव चलना भद्दा मानने लगे थे। हवाई चप्पल दिखनी शुरू हो गई थी। बाँस, लकड़ी और घास के घर सीमेंट और ईंट के बनने शरू हो गए थे—सीधी दीवारों और चपटी छतोंवाले, रंगबिरंगे। नंगा बदन अब निक्कर, 'फुल पैंट' और बनियान पहनना शुरू हो गया था। महिलाएँ ब्लाउज और फुल साड़ी। नाइयों और दवाइयों की दुकानें बढ़ रही थीं। हिंदी और अंग्रेजी बोलते स्वयंसेवी संगठन और धार्मिक गुरु आ चुके थे। कंठी वाले बाबा ने तुलसी माला बाँट लोगों का मुर्गा, बकरा और महुआ छुड़वा दिया। बहुतों ने अपने बकरे-बकरियाँ जंगल में चलते कर दिए। 1982 में रामकृष्ण मिशन आश्रम आ गया और गाय माता बन गई। धोती पहननी शुरू हुई। दैनिक बातचीत और बरताव में एक खास तरह की उग्रता आ गई—इसमें दल्ली-राजहरा की ट्रेड यूनियन की सफलताओं का भी कुछ तो योगदान रहा। ऐसी बातचीत पुरातन आदर और आत्मसम्मान का नया प्रतीक बन गई। ये उग्र आत्मविश्वास इम्पोर्ट हुआ। आदिवासी जो नाम मात्र के कपड़े पहनता, कपड़ों से और कोई ऐसा सरोकार न

रखता, अब उसके हाट में मेरठ वाली मशहूर कैंची आन पहुँची। वो जानकारी और समझ, जिसकी गाँव को जरूरत न थी, अब जगदलपुर, रायपुर, नागपुर, दिल्ली वगैरह से आने लगी। गाँव की अपनी बात बाहरवाले सुनना न चाहते थे। दैनिक बातचीत में जहाँ पुरखे, देव और बुजुर्ग रहते थे, अब कलेक्टर, फारेस्ट रेंजर, इंस्पेक्टर आना शुरू हुए। गाँव धूमिल होने लगा। उससे जुड़ा सबकुछ अब गाँव में ही मिटने लगा। विकास, परिवर्तन, शोषण, न्याय-अन्याय आए। इनमें से एक भी बस्तर का अपना निज न था। अपना छोड़ बस्तर वो आदर और आत्मसम्मान माँगने लगा जो निज के धरातल से न उपज बाहर से इम्पोर्ट होता है। विद्यालयों और फैक्ट्रियों में बनाया जाता है। आत्मविश्वास आस्था को धकेल बाहर कर रहा था। हर तरह के इम्पोर्ट बढ़ रहे थे। आंदोलन बढ़ रहा था।

बस्तर डाँवाँडोल महसूस कर रहा था। उसकी धुरी बिखर रही थी।

ऐसे में नक्सल का आना शुरू हुआ। उनकी शोषण, बराबरी, अन्याय, वर्ग-शत्रु जैसी हथियार-बंद भाषा उस इम्पोर्टेड आत्मविश्वास को पोसती थी तो नक्सलियों की तरफ बहुत से लोग उमड़ पड़े। अखबार, स्कूल, स्वयं सेवी संगठन, कंठी वाले बाबा, मार्किट, रामकृष्ण मिशन, हवाई चप्पल, सीमेंट और ईंट, दल्ली-राजहरा जैसी उग्रता, नाई और दवाई जैसी ताकतों की तरह नक्सालियों को आदिवासी दृष्टि और संवेदना से कतई कोई लेना-देना न था; न आदिवासियों पर जो गहरे आघात हो रहे थे, उनसे लेना-देना था। न इससे कि तमाम जिंदगी अबुझमाड़िया को 500 की शब्दावली और 5 से ज्यादा गिनती की जरूरत न पड़ती थी। नक्सली उस बहाव को सशक्त और सबल सतह पर चढ़ा रहे थे जो नाइयों और दवाइयों के जरिए पहले से चला आ रहा था। आदिवासी सशक्तीकरण के नाम पर गैर-आदिवासी दृष्टि का सशक्तीकरण हो रहा था। सत्ता के खेल हो रहे थे। आदिवासी को उसमें समेटा जा रहा था। बचाने के नाम पर उसे मिटाया जा रहा था। ये कैसे पुरुषार्थ थे ?

इन ताकतों में से कोई न महसूस कर पाया, न कर पा रहा है कि आदिवासी समाज, विश्वदृष्टि और मूल्यों के रहते अपने समाज को बचा लें, कि खुद अपना समाज जितने अभूतपूर्व संकट में है आदिवासी उससे कोसों दूर है। अपने समाज में होने की अभूतपूर्व बाहरी पीड़ा और आंतरिक दमन को न पहचान पाना, ये कैसा अंधापन है ? सामाजिक और निजी जीवन में होने की ऐसी पीड़ा शायद पहले कभी न रही हो। इससे भी अधिक पीड़ा इस बात को न समझ पाने की कि अब हमें कोई बचा सकता है तो बस्तर या अन्य लोक-समाज ही बचा सकते हैं। अखबार,

स्कूल, हवाई चप्पल, सीमेंट और ईंट, धार्मिक गुरु, आश्रम, व्यवस्था, ट्रेड यूनियन, आंदोलन, आत्मविश्वास, न्याय-अन्याय, लोकतंत्र आदि जैसे मनगढ़ंत हमें न बचा पाएँगे। लोक-समाजों की रोजमर्रा जिंदगी की गति, सुर, लय और ताल ही बचा पाएँगे। आडंबर या कर्मठता धरे के धरे रह गए हैं। ये तो जहन की छिछोली सतह है; सोच और फिक्र के सतही अंदाज। इनसे कुछ होना होता तो हो चुका होता।

बचाव के आड़े कोई आ रहा है तो वो आवेग जिनसे अखबार, स्कूल, कंठीवाले बाबा, मार्किट, रामकृष्ण मिशन, हवाई चप्पल, सीमेंट और ईंट, नाई, दवाई, नक्सली और अन्य जन-आंदोलन। ये न होने देंगे। सांसारिक हैं; वीरान को न होने देंगे।

□

# 33

# एक परी थी

आदिवासी और लोक के स्वयं होने का पैमाना अब अन्य से आता है। अपने स्व की पैमाइश दूसरे के पैमाने से ही करने की इजाजत है। बाहरी समाज उन्हें अलग मानता है। ऐसा कर वो स्वयं में संवेदना और करुणा की गुंजाइशें जिंदा रखता है। बिना अलग छितराए उसके प्रति संवेदना और करुणा न हो पाएँ। दिशा और उसके बंदोबस्त तो बाहरवाले सत्ता-समाज की ही तय की हुई है। ऐसे बंदोबस्त, जो खुद के न हो, उनमें जो पीछे छूट गया उसे नकारना भी नहीं है। लेकिन अलग भी मानना है। ऐसी अलगाहट बिना बाहरी समाज की वो संवेदनाएँ और ग्लानि भाव न बच पाएँगे जिनसे करुणा और उदारता आती हैं। न ही वो ज्ञान प्रणालियाँ बच पाएँगी जिनमें आदिवासी और लोक के बंदोबस्त खारिज हो चुके हैं। न ही जीवन आचरण की प्रचलित दृष्टि बच पाएगी; अन्यथा वो स्वयं वैसा ही लगेगा, जैसा आदिवासी-लोक को मानता आया है—जाहिल और पिछड़ा। सो 'जो पीछे छूट गए उन्हें राह पर लाना भी कर्तव्य और धर्म है।' ऐसा कर वो अपने पुण्य और साधुत्व कमाता। ग्लानि, करुणा और संवेदना के स्थान बचा पाता और खुद को सभ्य कह पाता। अन्यथा ऐसे समाज में और ऐसी ज्ञान प्रणाली में, जिसमें करुणा और संवेदना सभ्य होने और जीवन के अनिवार्य पैमाने हैं, उसमें जीवन चल न पाए। बाहरी समाज के एक बहुत बड़े तबके की व्यस्तताएँ ऐसी ही हैं। आदिवासी में फूँका दोहरापन और विलगाव उसे सदा तड़पाता; एक शरीर में दो दुनियाएँ, दो आत्माएँ, दो विचार, दो अस्तित्व, होने के दो झगड़ालू आवेगों से ग्रस्त—विलाप और शिकायत करते उसका जीवन चलाते। उसके चैन और भीतरी-बाह्य मेल-जोल का प्राचीन वृतांत राड़ और कलह में बदल जाता। ये दो विपरीत उसमें अब एकसाथ वास करते। फटा-नोंचा स्व लिए वह सदा के लिए खो रहता। उस खोए को नई रोशनी में ला खड़ा करना, बाहरी समाज अपना कर्तव्य मानता।

कई लोग अपने सर कोई ऐतिहासिक जिम्मा मानते हैं और किसी बीमार-से रामराज्य की कल्पना देते हैं। गाय, टीपू सुल्तान आदि चर्चा के मुद्दे बने हैं। कहते हैं टीपू अंग्रेजों के विरुद्ध फ्रांसिसियों के हाथ में कठपुतली थे। क्या फर्क पड़ता है टीपू कठपुतली थे या जयचंद गद्दार? इतना जानना भी ठीक नहीं है। उदयपुर के आसपास के गाँव भीलों, हिंदुओं और मुसलमानों के हैं। कुछ वक्त पहले वहाँ मेरा बार-बार जाना हुआ। एक सवाल मन में रहता, लेकिन पूछने से कतराता। एक बार पूछ ही लिया कि 'आप लोगों को अकबर बादशाह और राणा प्रताप के युद्ध के बारे में क्या लगता है?' उन्होंने कहा, 'क्या लगना? मुल्क के दो राजाओं की आपस की लड़ाई थी। पाँच सौ साल पहले हुई। हमें अब क्या लेना-देना?' 500 साल बाद बादशाह और राणा मुसलमान या हिंदू न रहे। हमारे जैसे मानस सदियों बाद भी इतिहास जैसे भ्रमों या तथाकथित वास्तविकताओं के सिलसिले से जूझ और जुझा रहे हैं। ऐसे चर्चाकारों और विचार-बुद्धि वालों के बावजूद भी भील, हिंदू और मुसलमान अपनी शांति, समझदारी और विवेक के लिए वो स्थान बचाए हैं जिससे समाज, मुल्क और आपसदारी के सनातन मूल्य चलते हैं; स्वाध्याय के मूल्य चलते हैं। ऐसे स्थानों में स्व बीजता है और जिहाद अपने विरुद्ध होता है। अन्यथा बीमार रामराज्य और बीमार जहद पनपते हैं और एक-दूसरे की बलि होती है।

आम समाज—आम किसान, खेत मजदूर, जुलाहा, बढ़ई, लुहार, चमार, सुनार, कुम्हार, झीमर, दुकानदार, ठेलेवाला, चर्मकार, सब्जीवाला, गृहिणी, बच्चे, रिक्शावाला आदि की दृष्टि हम जैसी नहीं है। अनदेखा भी करता है। शिक्षित वर्ग प्रत्येक के प्रति आसक्त है। हर चीज को पकड़ना, समझना, समझाना चाहता है। ये आम होने की बहुत उपेक्षा है; विध्वंसकारी है। घृणा भाव से पैदा होती है।

गाजियाबाद में मेरे बगल के मुसलमान गाँव शाहबेरी में ईद के रोज गाय कटती है। आसपास के सारे गाँव हिंदू गुजरों, यादवों, ब्राह्मणों, राजपूतों और जाटों के हैं। सदियों से अनदेखा किया है। आज भी करते हैं।

~

सन '50 के आसपास जब पाकिस्तान ने मुल्लाओं को (आबादी का 1 प्रतिशत से भी कम) इसलाम सिखाने की छूट दी तो इसलाम लोक और माटी से निकल मुल्लाओं और बाकी मौकापरस्तों के हाथ आ गया। अजब तरह की परिभाषाएँ आईं, अजब मुहावरे बने, अजब मानस, अजब भाषा, रिश्ते, नफरतें आदि। इसलाम में माटी के अहसास खत्म हुए; मौकापरस्तों के विमर्श चले।

लोक का इसलाम खत्म हो शास्त्र का हो रहा। हिंदुवाद भी यही है। दोनों एक समान हो रहे।

~

हर चीज को परिश्रम से, मैग्निफाइंग ग्लास से देखना असहजता है। छोटी चीज अपने से बड़ी दिखती है। अपनी स्थिति से बाहर आ खड़ी होती है। निराशा और थकान करती है।

क्या करें ऐसे ज्ञान का जो प्रफुल्लित करने के बजाय हराता है? एक ही थका, निराश व्यक्ति काफी है पूरी मानवता को निराश करने के लिए।

वो धरातल जिनसे अहसास बनते हैं अब दिखते नहीं। यह भूमि विचार की है। इसमें विचार या उनकी धाराएँ ही पलते हैं। गाँव-गाँव में राम राज्य एक अहसास और जज्बा हुआ करता था। इसका धर्म से वास्ता न था। एक सांस्कृतिक विरासत थी जिसमें सब 'राम राम' और 'खुदा हाफिज' कह लिया करते थे। धर्म के परे बसती संस्कृति का एक भाव था जो किसी का भी हो सकता था। विचार या मत घुमाया-फिराया जा सकता है; अपने रूप बदलता रहता है। भूत-पिशाच की योनि से आता है। वो भरोसे का नहीं।

~

ज्यों बाह्यमुखी अपने बाहर की दुनिया को देखकर हँसता है, अंतर्मुखी को अपने भीतर की दुनिया देख हँसी आती है। बाहर वह देखता ही नहीं; देखता भी है तो नजरअंदाज करता है। तो वह अंदर देखता और हँसता कि गजब की रामलीला हो रही है। विचारों और मतों के मेले लगे हैं, जैसे मेलों में लोग घूमते-फिरते हैं, आते-जाते हैं। किसी एक जगह टिक बैठे तो मेले का प्रयोजन व्यर्थ हो जाए। विचार का प्रयोजन और स्वभाव ही घूमने-फिरने का है। व्योम से आता है, व्योम को जाता है। वह किसी का अपना नहीं। आने-जाने को मुक्त है, यद्यपि उन्हें विचारनेवाला मुक्त नहीं। कोई विचार या मत एक राग अलाप रहा तो कोई दूसरा। न सुर न ताल; न तादात्म्य। शोर मचाते, आते-जाते, जाते-आते। ज्यों रामलीला के पात्र आते-जाते। अंततः रामलीला में हैं तो सब पात्र ही। ऐसे किरदार निबाहते, जो वे खुद नहीं हैं। तो वे कौन हैं? हर कोई अन्य है और कोई खुद नहीं। जैसे मेले में लोग आ-जा रहे हैं; कोई किसी को जानता नहीं, पहचानना तो दूर। लेकिन फिर भी धोखे होते कि हर विचार या मत उचित और अपना है। राम असली है, रावण और अंगद भी। कहानी भी असली लगती; बादशाह और राणा भी; जानते

हुए भी दृश्य असली लगता। लोग एकटक हो सदियों से देखते आते। असली लगती। है नहीं।

तो जो बाहर हो रहा है वो असली लगता। विचार जो भीतर चल रहा वो भी असली लगता। दो संसार बनते। आदमी दो हो जाता।

तो संसार बनता। विचार-संसार जिधर घुमाता आदमी चल पड़ता। आस्था, विश्वास और दृढ़ मत में फँसते। फिर जुझारू बन जूझते। गाथाएँ बनतीं; किस्से सुनाए जाते। परंपराएँ भी बनतीं। मूल्य और दृष्टि भी। हालाँकि तल में कुछ है नहीं। तो न जाने किस बिना पर जीवन का इतना विशाल इंतजाम आन टिकता। अनेक भ्रम बनते-पनपते। अनेक तरह की मार-काट होती। ये न होगा तो संसार और कहानी न गढ़ पाएँ।

तो जो बाहर हो रहा है, अंदर भी वैसा ही तो अंतर्मुखी अंदर देख लेता और हँसता कि अजब लीला है; बारहों महीने मेले लगे रहते। आना-जाना, जाना-आना।

~

भाषा अवधारणाओं का संचारण है बोली अनुभूतियों की। मूलतः भाषा का संबंध कांसेप्ट से है, बोली का भाव से। भाषा में सत्य भी एक कांसेप्ट है। अपने बोलनेवालों को छोड़ भाषा अन्य लोगों की समझ में नहीं आती। विलगाव करती है। उन पर दंगे हुए, मारकाट हुई, जाति संहार हुए; बोली पर न हुए। भाषा लिपि की सत्ता पर टिकी और बोली अव्यक्तता लिए चली—उसके लिए स्थान रखे जिसे कहा नहीं जा सकता।

भाषा के आने से शब्दावली में इजाफा हुआ। उसका प्रयोजन ही इजाफे से है, अभिव्यक्ति से नहीं।

लय, गति या ठहराव या उनसे उभरी आपसदारी, आलमी होते हैं, किसी मजहब के नहीं।

कौमें तो थीं, अस्मिता या धर्म-मजहब की बात न थी। केवल आपस की बात थी—कुछ अलिखित, कुछ अनकही। बोली ऐसे स्थान बनाए रखती।

बोलियों के जाते ही किस्से, कथाएँ, कहानियाँ, सब एनेकडोटल बता खत्म कर दिए गए। ये केवल बोलियों में संभव थे। बोलियों का जेनोसाइड हुआ।

इतिहास भाषा के मानस से पनपता है। बोलियों ने कभी इतिहास न लिखे न सुनाए। वे अतीत के जिक्र करती, उड़ते-सी। अतीत का इतिहास नहीं होता। इतिहास ने अतीत से मुँह मोड़ लिया। अतीत लोक का है। इतिहास और भाषा राजतंत्र के।

~

एक परी थी। उसके देश में धरती न थी। वो बिना धरती का देश था। सिर्फ आसमान था। वहाँ उड़ने के लिए पंख न चाहिए। परी, हवा, दिशा और मौन सब बिना धरती के आसमान में रहते। वो धरती के आसमान जैसा न था। न वहाँ बादल थे न आकाश, न सूरज, चाँद या तारे। न शून्य-सा दिखता न भरपूर। उसमें सब साथ रहते। एक-दूजे संग मिलते-जुलते, हँसते-खेलते। खेलते-खेलते परी हवा और दिशा को चाहे, जहाँ मोड़ देती। कई बार खेल-खेल में कई चक्कर कटाती, गोल-गोल घुमाती। आसमान को न मोड़ती या घुमाती, क्योंकि उसका तो ओर-छोर या अता-पता न था। कभी विचार न हुआ कि देखें आसमान कैसा है, कितना बड़ा है, कहाँ तक है। न हवा, दिशा या मौन के मन में हुआ। सब की एक ही बात होती कि हँसे-खेलें, जब सबके मन की बात एक ही हो तो उसका क्या कहना-सुनाना? जैसे धरती पर भी हवा और दिशा कभी नहीं बतियाते, जब मन अलग हों तो ही बात होती है; एक होने को। वहाँ कोई बात ही न करता। करने को बात ही न होती तो बोली-भाषा भी न थी। मन एक था। बोलने-सुनने को कुछ न था।

धरती पर हवा और दिशा भी उसी आसमान की परी हैं। धरती पर भी उनके पंख नहीं होते; फिर भी यहाँ वहाँ उड़ती-फिरती हैं। पंख सिर्फ धरती वाले पक्षी-परिंदों को चाहिए।

तो वो परी दिन भर जहाँ मन हुआ घूमती, फिरती, खेलती। कभी हवा और दिशा संग तो कभी अकेली। जब वो थक जाती तो हवा को थाम उसपर बैठ सुस्ता लेती। वो कोई नन्ही परी न थी। वहाँ सभी एक जैसे बड़े या छोटे थे। किसी की उम्र न थी। कोई स्त्री या पुरुष न थे। न कोई जन्मा-मरा; न जीव-अजीव। सब आकाश थे। न रंग, न रूप, न आकार, न पहचानें न अजनबीयतें, न परिचित न अपरिचित।

दिशा और हवा धरती के संदेश लातीं। दोनों संग जातीं और कुछ संदेश ले आती। उसे आसमान में छोड़ देतीं। संदेशों के न शब्द होते न अर्थ। वे भी परी समान उड़ते-घूमते रहते। उन्हें लेने पर न रोक थी न छूट। कोई न लेता।

मैं न बता पाऊँगा, वो कैसा देश था।

□

# 34

# शव चुप रहा

शव चुप रहा।

खुद को चादर में लपेट चल रहा। चादर ने पूछा, 'तू कौन है? कहाँ ले जा रहा?'

शव चुप रहा।

पड़े रस्ते ने आहट सुन ली। पूछा, 'तू कौन है? इसे कहाँ ले जा रहा?'

शव चुप रहा।

बैठी बदरंगी चट्टान ने पूछा, 'कौन है? इसे कहाँ ले जा रहा?'

शव चुप रहा।

मटियाली-काली बाम्बी ने पूछा, 'कौन है? कहाँ ले जा रहा?' शव ने चादर से झाँका। बाम्बी की दहलीज से पुरखे तक रहे थे। चादर की चारों टाँगें जमीन पर पीछे-पीछे घिसटती आ रही देख पुरखों ने पूछा, 'कौन है? कहाँ ले जा रहा?'

शव चुप रहा।

कुछ न कुछ ऐसा जरूर हुआ जो चादर लपेटे जा रहा। नहीं तो इतना न पूछा जाता। सब पूछते चादर कहाँ ले जा रहा? उस रस्ते चादर लिए कोई न गया था। उँगली उधर ही मुड़ रही थी।

तालाब आन पहुँचा तो लबालब मिला। काँसे के उस कटोरे जैसे लबालब जिससे बचपन में बेहिसाब बार पानी पीया था। गिलास में न पीता। तालाब के फैले किनारे दूर से चल आए थे। पानी को घेर सुस्ता रहे थे। उन पर जड़े घने पुराने दरख्त भी, जैसे खड़े ऊँघ रहे हों। दरख्त प्राचीन होकर भी नए के अहसास लिये थे। पत्ते न थे। सिर्फ भारी-भरकम घुमावदार तने और ऊपर सलवटों वाली फिरकीदार फुनगियाँ। तने ढेरों घुमाव कसे हुए। फुनगियों में परिंदों की बिरादरी किलोल करती। पानी में भी किलोल करते उड़ते-बैठते। ठंड लगी तो फुर्र से फुनगियों पर जा

फुदकते। फुनगियों संग बतियाते। फुनगियाँ आसमानों को बुहारती। आँच होती तो पानी में आ कूदते। किलोल दोनों जगह; हाड़ाहूड़ी। विचार हुआ, 'अंगार लूँ? लूँ तो संस्कार हो जाए।'

न ली।

'कौन है? कहाँ ले जा रहा? टाँगें क्यों घिसटी आ रहीं?'

शव चुप रहा।

काल बीता तो रस्ते ने मशविरा दिया, 'चादर छोड़। अंगार ले ले; अब पिंड छोड़।'

शव आगे बढ़ा। कदम बौदे हो रहे।

दैवयोग से एक धधकता परिंदा फुनगियों से गिरा और चादर की घिसटती टाँगों में घुल-मिल लिया। भींचा और यूँ जकड़ा, जैसे जुते बैल को खेत में घोड़ा-पछाड़[1] जकड़ लेता है। जैसे बैल हल न खींच पाते वैसे चारों जम गईं। कुछ तो हुआ होगा कि अब टाँगें न चलेंगी। बैल जैसे स्तब्ध और शिथिल हो रहीं। दम, भिंचकर उड़ लिया। सुस्ताते किनारों ने दसों दिशाओं में विधिवत श्मशान बिछाया और अंगार संग संस्कार किया। टांगों का होना अब न रहा। न रह 'सो' हो रहा। बचपन से सुनता आया था, 'सो हो जाओ।'

सो से इतर न हो सकता था। न चादर ओढ़ने से।

परले पार का रस्ता था, सो निकलते ही लपेट ली थी। इतर न होना था। सो होना था।

बिना टाँगों की चादर लिपटी रही। अब पीछे कुछ न घिसट रहा। अतीत जाता रहा।

सूरज अब ऐन सर पर दमक रहा था। शव के लिए आधी रात ही थी। हवा बंद थी और स्याह सितारे तालाब जैसे लबालब हो लिए थे। चलते रस्ते ने कहा, 'कुछ बोल।' शव चुप रहा। रस्ता बोला, 'मैं उसके लिए नहीं हूँ जो चलने की कामना करता। उसके लिए भी नहीं जो विचारता। न उसके जो जानना चाहता। न उसके, जो नापने के प्रयोजन से आता। जो स्वर्ग-नरक की कामना करता, विचारता, जानता और नापता वो मुझ से छिटक गुमराह हो रहता। समझने-नापने में खुद से इतना दूर तिड़क जाता जितना पहले कभी न था। मुझसे वात्सल्य होता, प्रीति होती तो तब न कामना होती, न विचार, न ज्ञान, न नाप, न मेरा शोध। किसी अजानी, आस्था विहीनता में मुझ पर बस निकल पड़ता।'

शव चुप रहा।

रस्ते ने पूछा, 'आगे फाँक है। तू किस तरफ जाएगा? मैं तो हर तरफ चलूँगा।' उसे कौतूहल हुआ, 'उधर या इधर?' सोचा, मैं आया तो था पर किधर गया?

उँगली उधर ही मुड़ रही थी।

बदरंगे, चपटे और गोलाकार पत्थरों की ढेरों पुरानी कब्रें रस्ते से आन मिलीं। जहाँ-तहाँ बिखर धरती ढाँप दी थी। जैसे भिनभिनाती काली मक्खियों के झुंड आसमान को ढांपते। कब्रों पर बे-औसान सी दिखती लाल मिट्टी; मुँह में रखो तो कसैला कर छोड़े। ऊपर से अत्यधिक झाड़-झंखाड़, लिपटती विशाल पत्तोंवाली पुरानी लताएँ, बड़ी चट्टानें, दरख्तों जितनी ऊँची भयावह-सी बाम्बियाँ और मुँह बाए खोहों के जमावड़े। न मालूम पड़ पाया कि ये कब्रें मुर्दों को सँजोए हैं। वक्त आने पर उठ खड़े होंगे। अनजाने में किसी पर शव का पाँव पड़ भी जाता तो अच्छा न लगता; न ही उसे लगता जो नीचे इंतजार में लेटा है। घात लगाए उस घड़ी की जब उठ निकलना होगा। कुछ यूँ कि कब्रिस्तान है भी, जाहिर भी न हो रहा। जैसे सैनिक अपनी छावनियाँ बनाया करते थे। कुछ ढँकी-छिपी-सी, कुछ रली-मिली-सी। कोई चिह्न या जानने के उपाय नहीं। कब्रें तो थीं, उनमे मुर्दे घात लगाए लेटे भी थे, किंतु चरित वैसा न था जैसा कब्रिस्तान का होता है। गुमनामी-सी लिये था। यूँ तो पूर्ण इलाका ही कब्रिस्तान जैसा। गुमनामी लिए। मृत और जीवित दोनों इतने बुनियादी अलग न जान पड़ते। समान-से लगते। मृतों का संस्कार न हुआ था तो प्राण-ऊर्जा फुनगियों जैसे धधक रही थी। कुछ जमीन के नीचे इंतजार में थे, बाकी ऊपर। कोई पुराने काल से चली आई विरासत थी जो किसी अन्य काल में तेजहीन होगी। तब उत्तेजना और आवेग न होंगे। न इंतजार।

कब्रों पर बेतरतीब पड़े छोटे-बड़े पत्थर जैसे खुद ही बिखर गए हों। ऐसे पड़े ज्यों कोई मकान बेतरतीब-सा खड़ा हो—कुछ आड़ा-तिरछा, ढुल-मुल दिखता। जैसा उकसाए-से इंतजार में। यूँ ही बिखरे जैसे नीचे कब्रें बिखरी थीं। कहने को मकान है, है भी नहीं। हाजिर भी है, इंतजार भी। कुछ पर अलावा पत्थरों के इक्का-दुक्का बेढब-सी शिला भी खड़ी। पत्थर लम्बेट में रखे गए थे। सो ज्ञात हो पाया कि मुर्दा नीचे किस दिशा में लेटा है। कुछ यूँ भी संशय होता कि ज्यों गड्ढा न खोद यूँ ही जमीन पर रख ऊपर पत्थर रख दिए हों। पुरखे या परिंदे न उठा ले जाएँ और पालने लगें। उनके अंगार वाले संस्कार न हुए थे, सो उन्माद शेष थे। बहरहाल, कब्र खोद कर ही लिटाया गया था। तत्पश्चात् मिट्टी और पत्थर हुए; कहीं-कहीं

शिलाएँ। शिलाओं पर बदरंगी सूखी घास घुमाव मारती। न जाने कौन घड़ी अंगार आन मिले और धधक उठे!

इंतजार में लेटे हुओं का भी संस्कार न हुआ था। इंतजार करते लेटे रह गए। तालाब के किनारों ने टाँगों का संस्कार कर दिया था, नीचे लेटों को छोड़ दिया। स्थगित कर दिया। बुलावा होगा। उठने की बेला हो आएगी। तब तक घास, पत्थर, शिला और जमीन तले बुलावे का इंतजार हो। संस्कार होगा तो दोष और देह दोनों कटेंगे। प्रायश्चित्त और मुक्ति घट-घट जा स्वयं प्रतिपादित होंगे। किसी को भटकाव न होगा, न छिटकना न पहुँचना, न ढूँढ़ना, न रस्ते चलना। न मुक्ति होगी, न स्वर्ग न नरक, न ईश्वर न अन-ईश्वर। सब घुलेमिले। जैसे फुनगी से टपका परिंदा टाँगों में घुला-मिला।

तब ऊर्जाहीन और आवेगहीन होगा। शांत और स्थिर।

कब्रों के नीचे लेटे हुओं ने पूछा, 'कौन है? कहाँ ले जा रहा?'

शव चुप रहा।

कदम बोदे हो रहे थे। अब बे-पनाही थी। सब तरफ चलने वाला रस्ता अचानक ही वापस मुड़ लिया था। आगे आना-जाना न होता। वहाँ कोई चर-अचर न जाता, न आता। शेष—सतत, सनातन, चिरकाल के परले पार; आर-पार। न जीया न मरा।

उँगली उधर ही मुड़ रही थी।

उँगली उधर ही मुड़ रही थी···

## संदर्भ–

1. एक बड़ा साँप जो बैलों को जोतने नहीं देता

□□□